思想觀念的帶動者

文化現象的觀察者

本土經驗的整理者

生命故事的關懷者

心靈工坊 PsyGarden

Holistic

探索身體，追求智性，呼喊靈性
攀向更高遠的意義與價值
是幸福，是恩典，更是內在心靈的基本需求
企求穿越回歸眞我的旅程

靈魂密碼：

活出個人天賦，實現生命藍圖

The Soul's Code: In Search of Character and Calling

作者——詹姆斯·希爾曼（James Hillman）
譯者——薛絢

目錄

【導讀】

追隨召喚，詰問生命

洪素珍（國立台北教育大學心理與諮商學系副教授）

十七世紀理性主義哲學家斯賓諾莎（Baruch de Spinoza）是猶太人，因堅持非神論哲學，落到被猶太教會開除教籍；又拒絕教授哲學時避開宗教的條件，放棄大學聘書。他一生清貧，以磨鏡片維生，因此罹患肺結核告終。

時至二十世紀，思想中帶有斯賓諾莎自然神學影子的美國心理學家希爾曼（James Hillman），命運雖不至於如此悲涼，卻也跟他一般「執拗」，不跟隨大眾品味，也不理會政治正確，甚至近於「駭世驚俗」，像是不從「治療」，卻從心靈渴望的角度探討自殺者。如此特立獨行，也因此落寞大半生。

希爾曼一生出書近三十本，多半既不叫好，也不叫座；連開課講學，也常聽者寥寥。不管讀者或者聽者，都不太能接受他那不說理論、充滿神話譬喻，以及反詰聽者比回答問題還多的風格，更遑論聽得懂內容？他的抑鬱到中年達到了高峰，事業停滯不前、婚姻浮現問題、研究陷入泥淖……，就在這種沉降到黑底斯（Hades）的幽暗狀態中，他堅持不退，循著慣有風格風雨向前。終於在一九七五年，四十九歲時見到曙光，那年出版了他一生中最重要的作品 Re-Visioning Psychology，獲得了美國普立茲獎提名，總算得到賞識。

Re-Visioning Psychology 似乎還沒見到中譯本，我把它暫譯為《心理學的再深入省視》，這樣翻譯稍可體現希爾曼在當代心理學發展中的重要地位。

當代心理學的發展有幾個轉折，初以生物學經驗實證獲得科學社群認可，精神分析之父佛洛伊德就算發掘潛意識，卻也一再強調其理論基於實證，潛意識心靈只能隱隱依附著生物病理學發展。直到後起的榮格以文化、神話、藝術、宗教……等種種「非科學」的基礎材料，開始大膽探索集體無意識，重新認識心靈結構，並強調心理治療目的在於整合心靈元素起，出現了大反省和洞見（vision），心理學第一次有真正意義的革命；而希爾曼基於榮格分析心理學的省察，進一步突出原型在心靈中的主導地位，創立原型心理學，主張人類不應由意識主導心靈整合，該讓屬於自己的原型性格帶領人生，因為那是天生注定的命運，與生俱來、無可違逆，若以意識強解，只會埋沒天命。希爾曼激進的原型心理學，無疑是繼榮格之後的第二次心理學的再省視（re-vision）。

《心理學的再深入省視》獲得肯定，但還是沒有到達頂峰，一直到一九九七年，《靈魂密碼》（*The Soul's Code*）一舉登上紐約時報暢銷書排行榜首席寶座，希爾曼才算揚眉吐氣、一舒心中多年壘塊。

從某個角度來說，《靈魂密碼》很易讀，希爾曼不講理論、只說故事，不令大眾卻步。而通篇詩樣的語言、神話視角的詮釋，雖然多數人不太能真正掌握意旨，但讀來總能若有所感、心有戚戚焉，因此廣受歡迎，成為一本相當「勵志」的作品。不過，真要「讀懂」它卻也不容易，讀者容易被書中跟隨「代蒙」（daimon）的生命故事激勵，投射為人生自有心靈守護神帶領，終得幸福快樂。這毋寧是個──大誤讀！希爾曼本意絕非如此。跟隨代蒙得勇氣十足，因為橫亙在前方的，充滿著與理性意識世界衝突的磨難與險阻。

「代蒙」為希臘文，基本含義是「守護神」，有原始生命力、精靈、惡魔、靈體，或超自然者等意涵。簡言之，也可作「靈魂」（psyche）解，未帶善惡價值判斷。希爾曼使用代蒙解釋人生，認為生命的型態為之牽引，是被命定的。我們的性格、命運等，就是代蒙的顯現。

古希臘哲學家德謨克里特（Democritus）認為，有節制、有修養的靈魂會給人帶來「幸福」（eudalmoma，意為「好的守護神」）。它若有福於人，便稱作「善靈」（agathosdaimon），蘇格拉底認為，驅使他一生追求真理者，惟此「善靈」而已。赫拉克立特（Heraclitus）也指出：「人的性格就是他的守護神。」

代蒙以「原始生命力」解，類似榮格所謂的「陰影」，既是充滿混亂和生命原罪的混沌之物，也是充滿愛慾和創造力的強大生命能量。它是指我的「精靈」，與「神靈」、「上帝」可以互換，跟「命運」有相似意涵，因此引發「精靈」是來自於外，還是個人心理力量的問題。如果原始生命力純粹是客觀的，那麼人可能不過是自然力量的犧牲品；而原始生命力若被心理化，外物不過是心理的投射，人可能會喪失自然給予的力量，忽略客觀狀況如衰頽、死亡等，而活在虛無之中。

因此，要追隨代蒙，必須認出代蒙的存在，不偏不倚，對其召喚能夠敏銳省察，智慧以對。

哲學家叔本華（Arthur Schopenhauer）認為萬物的本質是生命意志，也就是求生慾望。將此觀念連結到代蒙，可以理解成命運的不可違逆性。但被慾望支配，只會帶來虛無和痛苦。在這種悲觀主義論調下的代蒙召喚，並非鼓勵放棄人生，反而該更有智慧地去實踐代蒙，以克服生命困境。比如說，叔本華鼓勵人們發展藝術克制慾望的痛苦，就可視為間接回應代蒙。

相對於叔本華，尼采（Friedrich Wilhelm Nietzsche）認為生命本質為權力意志。他不認為應當違抗心靈的權力慾望，該正視著其強大力量。他一生選擇擁抱痛苦，毫不猶豫接受代蒙召喚。他強調為了成為自己，人們不僅當歡迎混亂、超越性，掌握重新啟動生命的權力。接受過往不能改變，接受現在不可控制，也接受將來無從預料。依照傅柯（Michel Foucault）的說法，就是要承認代蒙就是「我自己」，但比現在的我更完美，人對它當有無比熱愛。

我們不得不承認，誠實擁抱代蒙不容易，蘇格拉底、尼采等人「下場」都頗「悽慘」；而企圖間接回應代蒙更困難，叔本華宣揚禁慾，本身卻貪戀物質享受，充滿矛盾，一輩子不見得快樂。然而這些認識到代蒙的偉大心靈，都以「怪異的生命」實踐了生命的精采。

只要遭遇代蒙，就無法輕鬆愜意。台語歌后江蕙，她在家境不得不然驅使下，十歲開始歌唱生涯，一唱四十多年，唱紅作品數量之多，幾乎已成難以超越的一代傳奇。她日前風光地步下舞台正式退休，風華亮麗成為多少「平凡老百姓」的理想投射。然而捫心自問，羨慕她迎接代蒙召喚的人們，有多少敢於像她那麼認命，且積極勇敢呢？

希爾曼是血統純正的榮格學派學者，師出蘇黎世榮格學院，還曾任該學院主任。然而，他並不諱言自己「背叛」了榮格學派，不但不求整合心靈，還要迎合心靈，走上一條更艱辛的個體化之路。他在書中敘述無數追隨代蒙召喚者的故事，用意不在「激勵人生」，而在刺激讀者思考自己的人生、傾聽代蒙的呼召；他用的是蘇格拉底的詰問法，以問題回答問題，再繼續引申出問題，這是他一貫的風格，讀者閱讀時，應該特別謹慎小心，切莫誤以為他給了任何答案。人生沒有標準解答，只能不斷地自問自答。

第一章

橡實人生觀

天才資質可能困鎖在胡桃殼裡，卻仍能環抱生命的全部。

——托瑪斯．曼（Thomas Mann）

我不發展我，我就是我。

——畢卡索（Pablo Picasso）

人生豈只是憑理論就能道盡？各人遲早會覺得有某種召喚當前，於是跟著它走上了某條路。有人也許還記得，這感召的發生是在童年時期，當時即有不知從何而來的驅策力，使自己受到強烈吸引，事情產生奇特轉變，像是有天降神諭指示你：這是我非做不可的，這才是我本來的面目。

這本書講的就是這種**非回應不可的感召**。

假如你回憶中並沒有這麼鮮活確定的一刻，也許感召的到來比較近似溪水的推力。你在這溪中不知不覺地隨流飄浮，卻在岸邊的某一處停住。你回顧時，意識到這多少是命運的安排。

這本書講的就是這種**命運意識**。

這些感召與回憶影響一生之深，與受傷害的恐怖記憶不相上下。然而，這些較神祕費解的時刻往往被擱置；一般理論只偏重創傷經驗的影響，認為人擔起人生大任，為的是要化解創傷。姑不論幼年受過什麼傷害，命運如何坎坷，我們一開始就帶著清楚的性格，以及一些耐久不變的特質。

這本書講的就是**個性的影響力**。

由於行之有年的「創傷」論點左右了人格心理學理論及其發展，我們回憶的焦點和自述時的用語，已經被這類理論的毒素滲透了。我們一生雖受童年的影響，但影響力更大的也許是，我們學來的那套想像自己童年的方式。本書要說，童年創痛固然造成傷害，但傷害更甚的是，以不忘創傷的態度記憶童年，把童年視為遭受外力施加而承受種種莫須有苦難的時期，以為童年誤了自己一生。

所以，為了修復這種傷害，本書要指出，你的本質中含有一些其他成分，是過去擁有而至今依然存在的。那些曲解讓你的人生之船漂浮於無意義之河的急流險灘中，而你本質中所擁有的其他成分，讓你在生命轉折中免於滅頂，重拾對命運的知覺。因為，這正是許多人生命中已經流失而必須找回的東西：它要你知道你生在世上是有道理的。

揭露生命的圖像

本書不打算妄言人生大道或生命意義，甚或宗教信仰之哲學。本書卻要肯定以下這些感覺：我這個人的降生有其道理可言；我要放眼日復一日的生活範圍之外，看看我為什麼繞著地球轉；天生我材不可辜負，它預定的生命圖像要在我的生命史中實現。

這種個人生命的固有圖像（innate image）是本書的主題，也是每個人生傳記的主題——在本書中我們將走入許多人的人生傳記。傳記式的敘述主導著西方文化中的主體意識，總是在自我表演的治療中浮現。接受治療的人，或被心理治療那一套反思方式影響的人，即使是透過電視談話節目中的眼淚來表現，其實都在尋找與自身相符的人生傳記：我的這些生命片段如何拼湊成一致的人生圖像？我的人生故事的主軸是什麼？

我們若要揭露個人生命的固有圖像，就得把慣常套用的心理學架構擱置一旁。心理學架構無法完整表露人生；它修剪人的生命，才能安插到架構裡。心理學的架構有其固定的成長發展階段：從嬰兒期開始，經過困擾的青年期、中年危機、老化，直到死亡為止。你腳步沉重地按這預定好的地圖走，在你還沒走到某個定點前，行程表已為你預示了一切。這就好像保險公司的精算師事先算出來的統計數字，你的人生過程在未發生時就已經完成了。如果人生不在預定的大道上，就會被歸類為非常規的「旅程」，那就只好依照圖樣增刪事件，好讓它們照著時間順序列在履歷表中，一件接著一件。這種人生沒有情節，主角「我」在一片乾透了的「經驗」沙漠中飄蕩，趣味漸失。

我們真正的生命史被竊占了，橡樹果實注定要長成大樹的運數不見了；我們去接受心理醫師治療就是要把它找回來。然而，若不承認這種心理真相與命運召喚相繫的心理學說，就沒法找到生命的固有圖像。我們各自的本相仍將是社會學意義下的消費者而已，甘受隨便取樣的統計數字左右。至於命運之神派下來的監守神「代蒙」（daimon），他的驅策未受到肯定，看來倒像是怪癖，被歸入怨憎、過度強烈的渴望之類。心理治療的各派各家都說壓抑是人格結構的關鍵，其實真正被壓抑的未必是過往的記憶，而是橡樹果實的命運。

我們的人生構想方式把生命搞得索然無味，毫無浪漫傳奇的色彩。因此，本書也會從美、神祕性、神話等思考觀點來大膽假設生命過程，勇於聆聽諸如「洞察」（vision）與「感召」（calling）此類用語的啟發，賦予它們具體化的含義。我們絲毫不願輕忽所不理解的領域。即使是本書的後續章節，當我們仔細檢視遺傳學的解釋時，仍然看到其中的神祕與迷思。

解除外力擺布心態

現今探討人生的主要理論，即遺傳基因與環境影響的交互作用之說，遺漏了一個基本要項——每個人自覺與眾不同的特質。如果我們承認自己是遺傳與社會因素較勁下的結果，等於是自甘降格。如此一來，我的生命舞台上演的，只是基因排列密碼、遺傳特徵、創傷時刻、父母親的潛意識、社會環境偶發事故，外力編排好的一齣戲。我的人生傳記變成一部受害者的故事。

本書要把這種外力擺布的心態牢籠掀掉；藉由拆穿導致這種心態的理論，擺脫這種心態之困。美國人目前的受害者自我意識，乃是一個銅板的反面；其正面則是恰恰相反的耀眼形象，不屈不撓創造自己命運的英雄。擺布我們更甚的是學院心理學、唯科學主義心理學、治療用心理學；它們設下的範疇應付不了也銜接不上人的命運感召意識，於是就罔顧每個生命核心的神祕本質。

總歸一句話，這本書要談感召力，要談命運，要談人的個性，要談生命的固有圖像。這些大綱集結而成「橡實原理」（acorn theory），按這個原理，每個人生來自有其獨特本質，等著每個人把它挖掘出來，在未被挖掘出來之前，它確實已經在那兒了。

讓時光暫停

「未被挖掘出來之前」這句話，恐怕要和主流理論的另一個範式，也就是「時間」，產生衝突。時間指揮著世界的一切，但它現在得停一停了。時間的考量必須擱一旁，否則在前的，永遠要影響後來的，人被「因」拴住，只能夠坐以待「果」。所以，本書用較多時間來談論「無時間性」（timeless）；閱讀生命故事，要往前看，也要往後回溯。

以回溯的方式讀生命史，可以看出早年的執著大略會預構現在的行為模式。有些頂點會在早年出現，以後再也無法達到。回溯解讀也意味著，成長並不是就生物的意義而言，而是形式；只有當固有圖像的某一面被揭開，這樣的發展才有意義。我們確實看得見人會發展各種不同的智能，也看得見這些智能日益萎縮。但是，各人注定的固有圖像卻包含一切，連貫著生命的昨日、今日、明日。人不是一個過程，也不是一種發展。人本身就是會發展的生命固有圖像，如畢卡索（Picasso）說的：「我不發展，我就是我。」

這就是圖像的本質，任何圖像皆如此，它以完形（gestalt）[1]呈現。你看著你面前的一張臉、窗外的景致、牆上的一幅畫，看到的都是整個完形，圖像各個部分同時呈現，而不是某一小塊導致另一小塊出現，也不是甲小塊比乙小塊先出現。圖畫中的一抹紅色是畫家畫的第一筆抑或是最後一筆，灰色的條紋是事後才加上去的，還是最初構思就有的，這些都不重要。反正你眼中所見的就是整幅畫。看著一張臉孔的時候，也是如此；皮膚五官組成的是一張臉，一個獨特的圖像，各部不分先後、完整呈現。橡樹果實所含的圖像亦然。人生而具有自己的個性，這是稟賦的。按古老傳說，乃是守護神在人出生時贈予的。

新瓶舊酒更芬芳

本書走的是一個新方向，秉持的卻是古老的觀念：每個人都是受了感召而降生人世的。這個觀念來自柏拉圖，見於他的代表作《理想國》（*Republic*）結尾處的「厄耳神話」（Myth of Er），概述如下：

> 我們每個人出生之前，各人的靈魂便獲賜一位獨有的監守神「代蒙」，靈魂選好了各自要在人世活出來的圖像和樣式。伴守著靈魂的代蒙便帶領人降生。但人一出生就忘記先前的事，

以為自己是空手而來的。代蒙一直記著你圖像的樣子，以及樣式的內容，所以，代蒙帶著你一生的定數。

新柏拉圖主義大師普羅提諾[2]解釋說，我們選擇了適合自己靈魂的肉身、父母親、出生地、境遇，而按照神話，這一切條件都屬必然。所以，人生境遇，包括我的身體，也包括可能令我痛恨的父母親，都是我的靈魂自己選中的。因為我把這回事全忘了，所以不明白這個道理。

柏拉圖為使我們牢記，便講了這一則神話。他還在最後一段說，我們保存這則神話比喻，為的是保障我們自身的昌盛。換言之，這則神話有心理救贖的功能，由此衍生出來的心理學，可作為安身立命的基礎。

這則神話也可激勵實際行動：用神話啟示的觀點來看待自己的生命。後文將一一詳論感召、靈魂、代蒙、命運、必然等觀念。其次，神話也暗示，人們必須非常小心地處理童年，才能看清代蒙早發的一舉一動，明瞭它的意圖而非阻擋它的路。繼而應當做的是：⑴肯定命中召喚；⑵針對這召喚調整人生；⑶認清意外事故，包括身心所受的挫折創痛，都是生命固有圖像的花色，有益於將圖像填滿，是圖像本身必需的。

命中的感召可能延後，可能被躲過、被斷斷續續錯過。但也可能把人緊纏不放。不論是哪種情形，它終究要現身，來認領原本歸它所有的。代蒙是不會遁逃的。

代蒙的多種稱呼

多少世紀以來，人們一直在找一個恰當的名詞來稱呼這種「感召」。羅馬人稱它是每個人的「守護神」（genius）[3]；希臘人稱它「代蒙」；基督徒稱之為「守護天使」（guardian angel）。詩人濟慈[4]等浪漫主義者認為，這種召喚發自心中。米開朗基羅（Michelangelo）直覺的眼光，能看見他正在雕刻的人物內心的圖像。新柏拉圖主義者指它是一種想像的載體「奧克瑪」（Ochema），它就像車輛般載著人，[5]是每人各自的支撐力。有人說它是「幸運女神」（Lady Luck）或福爾圖娜（Fortuna）；有人則說它是魔奴（genie）或靈僕（jinn），可能是來作惡搗亂的。到了埃及，它也許是可以與你交談的精神力「卡」（ka）或元神「巴」（ba）。愛斯基摩人和其他有巫師儀式的族群會說，它是你的靈，是你的自在靈魂（free-soul）、動物靈魂（animal-soul）、氣息靈魂（breath-soul）。

一百多年前，維多利亞女王時代的宗教學者兼文化研究者泰勒[6]指出，「原始社會」（當時用來指非工業化的社會）的人以為，我們所說的「靈魂」即是，「一個稀薄而無實體的人形，其實只是一種氣體、薄霧、影子……；通常是可以感知而看不見的，卻能發出有形的威力。」[7]研究文化人類學的胡特克蘭茲（Åke Hultkrantz）說，美洲印地安人認為，靈魂是「從一個圖像產生」，「用圖像的形式表達」。[8]柏拉圖在「厄耳神話」中用了一個類似的字paradeigman（範圖），意指包含個人整個命運於其中的形體。這個長相左右的形象承載著命運，籠罩人的一生，但它並不是道德導師，不可與良知混為一談。

羅馬人說的「守護神」不是道德家。它「曉得與這人未來相關的一切事，掌握著他的命運」，但是「這神祇對此人並沒有道德約束力，只是促成其個人吉凶運勢。如果祈求守護神滿足私慾、實現惡念，也不會招致辱罵。」[9]古羅馬、西非洲、海地都有祈求代蒙（或名稱不同而職司相似的神）降禍於仇敵、幫自己計謀得逞的風俗。代蒙的「邪惡」面，後文（第十章）將詳論。

靈魂圖像因人而異，這種觀念素來就有，普遍存在於各種文化中，所用的名稱多不勝數。只有我們當代的心理學和精神病學把這一切從教科書中刪去。現代社會有關心理和治療的研究都有意忽視這個因素，而在其他文化中這被視為人格的核心，以及個人命數的倉庫。

說到這顆蘊含命數的橡樹果實，我會視情況需要採用不同的名詞，如：圖像、個性、命運、守護神、感召、代蒙、靈魂、定數。這種鬆散的風格遵循那些較為古老的文化傳統，這些文化比現代心理學更理解人生中這股不可思議的力量，而現代心理學總是把複雜的現象窄化成單一的定義。我們不需要害怕這些宏大的名詞，它們並不虛無空洞；這些字詞幾乎要被摒棄了，需要我們來復興。

這些字詞不能明白說出它們所指究竟是何物，但能確認那就是它，並且指出其神祕性。我們不可能確切知道它為何物，因為「它」的本質始終模糊，顯現的形態多半是暗示、直覺、耳語，或是突如其來而擾亂生活的迫切衝動和異常舉止，也就是我們常稱之為「徵候」（symptoms）的情況。

感召出現的時刻

且看這個實例：哈林歌舞戲院（Harlem Opera House）的某一次業餘表演比賽之夜，一名十六歲的瘦女孩怯生生地走上舞台，報幕人宣布：「諸位，下一位參賽者是艾拉．費茲傑羅（Ella Fitzgerald）小姐，她為大家帶來的舞蹈是……對不起，請大家稍候。小妹妹，你要說什麼？噢，諸位，我要修正一下，費茲傑羅小姐要改換節目，她不跳舞了，她要唱……」艾拉．費茲傑羅唱完之後，又應觀眾要求安可了三首歌，當晚得到冠軍。其實「她本來是要表演跳舞的」。[10]

她當場換節目純屬偶然？還是體內突然冒出歌唱的基因？抑或是那一刻神意顯現，召喚費茲傑羅走上該當她走的運數？[11]

心理學儘管不願意讓個人命運登堂入室，卻也承認人人各有自己的性格氣質，每一個人都是僅此唯一的個人，而且應該做自己。可是，一旦要解釋獨特的跡象，要討論人受什麼驅策而固執於獨特，心理學就大感為難了。按分析法來辨，就是把個人分解為形成人格的各種因素和行為特徵，再歸納為各種典型、情結、性格，企圖用大腦基質和基因來解開個人之所以獨特的謎。更嚴苛的學派則是把這個問題趕出實驗室，扔給超心理學（parapsychology）去作超自然「召喚」的研究，甚至丟給與法術、宗教、瘋狂相關的研究。心理學最大膽卻最無效的作為，就是將個體的獨待性變成充滿隨機性的概率統計問題。

本書不想把「我」最核心的個體意識交付給心理學實驗室，也無法接受我這獨特與寶貴的人生是概率統計的結果。但這不表示我會因此把腦袋埋藏在宗教的圍欄之中。對個體命運的感召並不是介於不可信的科學和不科學的信仰之間。個體性仍然是心理學的一個重要議題——心理學有「psyche」（心靈）這個前綴，以「靈魂」為前提，所以心理學無須靠宗教教條來支撐其信仰，也不需要遵循制度化的科學方法來觀察現象。宗教與科學作為兩種信條極盡西方思想的寵愛，在經年累月的對立與爭論之後，橡實理論降臨在它們之間。

橡實原理主張，你、我以及每一個人生來就有確定的圖像；我將證明這個觀點。用亞里斯多德的哲學語言來說，個體性的形成有其確切的動機。用柏拉圖和普羅提諾的話來說，則我們每個人都體現著自己的思想。這種形式、思想與圖像不允許太大幅度的偏離。實現理論視這固有圖像為天使或代蒙的意向，彷彿是意識的閃現；而這意向總是為我們本身著想，因為它選擇我們是有其緣故的。

無形的眷顧

代蒙處處為你著想，這也許是橡實理論中最難以接受的部分。心的動向是有緣故的，這不難接受；人的潛意識有它自己的意向，這也可以接受；世事發展的結果受命運影響，這甚至是一向慣有的看法。

然而，我是受到眷顧的、我的所作所為是受到關注的、我可能受著保護、而且可能不是單憑個人的意志和行為保持活命的，這些看法為什麼那麼難以想像呢？為什麼寧願信賴保險，卻不願相信生命有著一種看不見的擔保存在？人是很容易喪命的。剎那的不留神，可能使堅定的自我所做的最上乘計畫當下腰斬。我不會跌下樓梯，不會在馬路旁絆倒，不會遭到冷不防的侵害，是因為有什麼東西天天在那兒保護我。你在高速公路上疾駛，車上播放著音樂帶，思緒飄到幾百里外，你為何安然無恙？時時監視著你的起居，以及使你免受食物的病毒、細菌之害的這個「免疫系統」，到底是什麼？我們都說這種保護著我們的力量叫做本能、自保能力、第六感、潛在知覺（subliminal awareness）。它們都是無形卻確實存在的。古早時代，這樣好好照顧人的是守護神靈，人也曉得對它輕忽不得。

明明有這無形的眷顧，我們卻甘願想像自己被光溜溜地扔到世上來，孤伶伶地毫無自保能力。我們覺得人全憑自力獨力奮鬥的說法比較可信，卻不願相信人受著天意的愛護，帶著別人沒有的東西來到世上，被人世所需，而且自己的這份稟賦有時候可以用以自救。如果我說這是原原本本的事實，無須引據專家權威的話為證、不必為基督作見證，不用列舉傷病痊癒的奇蹟，你願意相信嗎？正規心理學為什麼就不能容納古早人所說的「天意」——肉眼看不見的監視保佑力？

心理學研究天意的時候，可以從小孩身上看到最佳證據。我指的不僅僅是幼童從高處跌落後，只受到皮肉擦傷；小孩被地震的瓦礫活埋後，依然無恙。我要說的是一般認為不值得大驚小怪的事——個性特質出現的時刻，小女孩突然顯示她的天生本色，小男孩無來由地覺得自己非做某樁事不可。

諸如此類命運驅動，往往被機能不良的觀察和反應遲鈍的環境扼殺了。於是，兒童被冠上不好帶、有自毀行為、經常惹事、有過動性格等等徵候；這些都是成人為自己的錯誤理解發明出來的辯詞。橡實原理提出一個全新的方式來思考童年的行為失調：少談起因，多觀察不可抗拒的必然；少從過去經驗使然的角度看，多注意直覺的乍現。

橡實為兒童請命

兒童心理學研究應摒除慣性思考（以及隱藏在慣性思考背後的敵意）所造成的翳障。兒童的種種經歷，攸關他們為自己特有的稟賦尋找施展空間。他們活著雙重的生命，一重是自己，一重是環境中、人群中的自己。如同小小的橡實蘊含著注定的完整圖像，擔負著長成巨大橡樹的命運，兒童聽見的命運召喚是既響亮又執著不懈。召喚使他們表現出不聽話、調皮、害羞、孤癖，似乎是在與這個世界作對，但這也可能是他們從降生之前的那個世界帶來的保護措施。

本書要為兒童說話。書中提出如何理解兒童的理論基礎，其依據來自神話、哲學、其他文化和想像。目的在於設法解讀兒童的機能異常，避免因輕信標籤字面的「失調、病態」，而將兒童交由心理治療處置。

如果沒有一套理論、神話把小孩子連接到出生以前，他們來到人世時，不論是意外到來或計畫好的，都是空空如也，毫無立足根據。如果小孩沒有他之所以誕生的理由，沒有一個由監守神帶領實現的生命藍圖，他出生時造成的驚動打擾將是沒有意義的。

橡實原理要提供一套童年心理學。這套理論確定小孩子天生具有獨特性與注定的命運。精神病理學的臨床數據與官能障礙，從某些方面看，應當歸屬個人的獨特性與命運。小孩子若表現出精神機能障礙，這種表現的意義和孩子本身一樣真實，而非僅僅是附屬於孩子身上的偶發現象。不論是與生俱來，或是後天賦予，這些臨床數據都是孩子稟賦的一部分。每個小孩都是帶著稟賦降生，而稟賦裝著的就是各種所謂的臨床徵候，對孩子本身有特定用意，且會以獨特的方式表露，而且往往導致適應不良而承受痛苦。所以這是一本關於孩子的書，以不同的角度來觀察他們，藉以進入他們的想像世界；從兒童的異常徵候中，發掘代蒙在指示什麼、了解他們的命運又將行至何方。

職志感召

舉兩則童年事蹟為例：第一則是英國大哲學家柯林烏，[12]第二則是西班牙傑出鬥牛士馬諾列特。[13]前者指出監守神代蒙可能突然衝進幼小的生命，後者顯示代蒙有時會帶著偽裝，拐彎抹角降臨：

> 我父親藏書很多……，我八歲的時候，有一天受了好奇心驅使，取下一本書脊上寫著「康德倫理學理論」（Kant's Theory of Ethics）的黑皮小書，我的小身軀嵌在書架和桌子之間，開始要閱讀它，這時我感到陣陣奇特的情緒襲來。最先來的是很強烈的興奮感。我覺得書上寫著最最重要的話，談的是極為迫切的事物——這是我無論如何要弄明白的。接著，在一陣憤怒

中，我發現自己看不懂書的內容。這令我感到羞恥，這本書裡的文字是英文，句子合乎文法，但我竟弄不懂它的意思。末了，另一種情緒降臨，也是最奇怪的感覺：我認為，這本書的內容雖然是我不懂的，卻是關乎我個人，更可能與未來的我相關……。當中並沒有熱切的渴望；我絲毫沒有「想要」在我年紀夠大的時候把康德的理論讀通的意思，但是我覺得就像是有一片遮幔掀開，我的命運赫然展現。

這件事過後，我逐漸感受到有一份重任壓下，我說不出它的確切本質為何，只能告訴自己：「我得思考。」我要思考的是什麼，我也不知道；每次聽從自己的指示後，我就墮入若有所思的默然。14

這位曾經在形上學、美學、宗教、歷史等領域留下諸多重要著述的哲學家，在他八歲時就受到感召，要開始進行「哲學式思考」。他的父親提供了書籍和看書的機會，但是，是代蒙的「好奇心」伸手取了那本書，這位父親只是代蒙選中的。

馬諾列特幼年時似乎沒有跡象會成為名鬥牛士。這位扭轉老式風格而重塑鬥牛典範的名人，原本是個既害羞又膽怯的孩子。

馬諾列特小時體弱多病，兩歲時患肺炎險些喪命，幼年時只愛畫畫看書。他極少到室外，老是跟在母親的裙邊，姊妹們和別家的小孩都愛戲弄他。老家鄉親眼中的他是個「細瘦而憂鬱的男孩，放學後就在街上漫步想心事。他難得和其他男孩子踢足球或玩鬥牛遊戲。」但這一切都在他十一歲左右時改變了，「從此除了鬥牛之外，別的事都不是太重要了。」[15]

這是徹頭徹尾的轉變！馬諾列特第一次上場鬥牛的時候，不過剛過穿短褲的學童年紀，他毫不畏怯地撐完全程。當時他腹股部受了傷，卻不當一回事，拒絕半途讓人陪著回去，因為他要和同來鬥牛場的伙伴們一道回去。

他的英雄氣質顯然已經漸具雛形。英雄的神話在他的橡實之中召喚他了。

這召喚是否早就若隱若現伴隨著他？兒時的他原本膽小而離不開母親（他緊跟在「母親裙邊」，這裙子是否象徵他日後揮舞的鬥牛士披風？），不去參加街上兒童們的鬥牛遊戲，寧願待在廚房裡。為何到了九歲時便毅然迎上前去面對命中定數？豈不是因為他的橡實之中已命定將有重達千磅、雙角鋒利的黑色公牛朝他衝來，其中之一即是那頭伊斯列洛（Islero），這頭牛注定要刺穿他的腹部，導致他死於三十歲之英年，以西班牙國境內有史以來最壯觀的葬儀入土。

柯林烏和馬諾列特的事蹟顯示一項基本事實：兒童幼弱的能力不足以勝任代蒙的要求。兒童的天賦是跑在他們自己前面的，即便成績表現落後的孩子也不例外。有些小孩會衝得超前，最著名的例子如音樂神童莫扎特，即是得力於引導有方。也有些小孩會退縮而不肯接受代蒙引導，如躲在廚房裡的馬諾列特。

柯林烏感受的那股「憤怒」來自他的能力不足；他竟看不懂這與他個人有關的康德。一部分的他，是閱讀能力還不足以看得懂康德哲學的兒童；另一部分的他卻不是這個八歲大的男童，甚至從來就不是個兒童。

人小鬼大

從另兩個實例可以看出，孩童的能力與天資的要求有何區別。前者是遺傳學界先驅人物麥克林托克，[16]後者是名小提琴家曼紐因。[17]

麥克林托克曾獲諾貝爾獎，這乃是她樂此不疲的獨自思索與實驗室辛勞的成果之一。據她說：

> 我五歲的時候想要一套工具，我父親給我的工具不是給成年人用的，是我可以抓在手中的……。這種工具不是我想要的。我要「真正的」工具，不是小孩子玩的工具。[18]

曼紐因也想要他的手還抓不住的東西。未滿四歲前，他就常和父母親在劇院，聆賞管弦樂團小提琴首席裴辛格（Louis Persinger，後任曼氏之師）擔綱的獨奏段落。他在《未完的旅程》（*Unfinished Journey*）一書中說：「某一次聆聽這樣的演出時，我問父母親，可不可以在我四歲生日時送我一把小提琴，並且請裴辛格教我拉琴。」父母親答應了。結果，一位親友拿了一把金屬絃的玩具小提琴送他，「我忍不住哭起來，把它往地上一摔，怎麼也不肯碰它。」[19]

天資不受年齡、身材大小、教育、訓練的束縛，每個小孩子都是自負得過分；自戀、要求過多的注意，每每自不量力，如想要自己操控不來的樂器，因而被說成有幼稚的全能幻想（omnipotent fantasy）。這種自認無所不能的態度，如果不是發自與靈魂一同來到人世的遠大眼界，又是什麼呢？浪漫主義者懂得兒童天生的這種宏偉雄心，詩人華茲華斯[20]就曾說過：「我們隨著榮耀之雲而來。」

麥克林托克的小手還舉不起沉重的槌子，曼紐因的臂長與指力也都不足以拉奏正規小提琴，但他的眼界卻已經和他心中的音樂一樣大了。他一旦想要的，即非要不可，因為「出於本能，我確實已經知道，演奏小提琴就是生命。」[21]

我們不妨說，儘管曼紐因才四歲，他的代蒙卻不願被人當成小孩子。它大發脾氣，非要真的小提琴不可，因為拉奏小提琴並不是玩玩具。代蒙不願被當作小孩子；它本不是小孩子，也不是存於內在的孩子。它被禁錮在懵懂幼童的身體之內，自己的完整構想和不完整的人合為一體，這樣的摻和可能根本是他受不了的。不聽話的暴躁表現，例如曼紐因摔玩具小提琴，乃是「橡實行為」的主要特徵。

守候的天賦

法國作家柯萊特，[22]童年時代就被她日後要從事的職業所使用的工具深深吸引。不同於曼紐因的是，不像小提琴的來勢猛如虎，柯萊特的紙筆較像蹲在窗邊的法國貓，因守候、觀察她父親的意圖，而把她寫作的必然性引開。她的情況與馬諾列特較類似，是變得退縮——這是自我保護的做法嗎？

柯萊特在自傳中說，抗拒寫作的心理防止她太早動筆。似乎是她的代蒙不願意她在沒有能力承擔稟賦之前就開始寫作，它要她先多多閱讀，先生活學習，先感受體驗。寫作終將降臨她生命，而且帶來種種磨難；但在那之前，她必須先汲取感官歷練。這些歷練不只豐富了她記憶中的一樁樁動人故事，也使她的寫作素材無不躍然紙上。她即便不肯寫，卻渴望得到寫作的用具：

一疊純細的沾墨紙；一把烏木尺；一、二、四、六枝鉛筆，顏色各個不同，都用削筆刀修得尖尖的；細筆頭和適中筆頭的蘸水筆、特粗筆頭的蘸水筆、超細的繪圖筆；紅、綠、紫色的封口蠟；吸墨台、一瓶膠水，還有一片片琥珀色透明的「口膠」；一小片阿爾及利亞騎兵斗篷布裁成的扇狀筆頭拭布：銅質的大墨水瓶邊排著小墨水瓶；盛滿吸水漬金粉的漆器深皿；一碗各式顏色的脆薄餅（我常揀白色的吃）；桌子的兩旁是一令令有白線條、打好橫條格的、印了水印的紙張。

曼紐因清清楚楚知道自己想要什麼：他要拉小提琴。柯萊特也一樣確知自己不想做的事：寫作。她當時已經六歲，早就可以學認字了，她卻「不肯學寫字」。

不，我不肯寫，我不想寫。能認得字了，能進入書的迷人領域了，為什麼要寫？……我少年時從來沒有想要寫作。我不曾半夜偷偷爬起，在鞋盒的蓋子上塗寫詩句；我從未文思泉湧；十二歲到十五歲之間，我的作文成績從來就不好！因為我覺得，而且感覺一天比一天強烈，我天生不是要從事寫作的……。我這種人就是為了不要寫作而降生人世的。[23]

在此，我要總結一下上述命數影響童年的例子。柯林烏受到突如其來的感召啟示；馬諾列特和柯萊特受壓抑而退縮。至於麥克林托克、曼紐因、柯萊特的共同經驗是：一心渴望著那些能夠幫他們實現定數的工具。此外，我們也看得出幼童和代蒙之間有差距。但最主要的印象是，感召來得離奇，而且各人的情況不同。沒有普遍的模式可循，每個人的模式都是獨一無二的。

親職的謬誤

讀者如果熟悉佛洛伊德（Sigmund Freud）的理論，不免要指出上述各例的共同現象：故事中幾位當事人，均得到父親的大力協助。這種「親職的謬誤」（parental fallacy）難以避免，本書第三章將作詳論。我們常以為童年所受的父母親影響會跟著我們一輩子，殊不知，所謂父母親的強大影響力，主要來自我們的想像。我們為什麼緊抓著這個謬誤不捨？這謬誤是否一直在呵護著我們、安慰著我們？我們是不是不敢讓代蒙進到生命裡，只想躲在廚房裡，我們拿父母親影響的謬誤作擋箭牌，是因為不願面對自己的定數。

柯萊特以強烈排斥來延緩或認定自己的命運，以色列前總理梅爾夫人，[24]卻於小學四年級時就迎向命運了。那時她在美國威斯康辛州就學，公立學校規定必備的教科書價錢太貴，貧寒子弟可能因買不起書而失學，她便組織學生們發動抗議。年僅十一歲的她，租了一處大廳充當集會與募款的場所，她集合了女同學，且教她妹妹用意第緒語[25]朗誦一首社會主義詩歌，然後親自上台對全場演講。這是否已有日後工黨總理的架式了呢？

梅爾夫人的母親敦促她先寫好講稿，她卻說：「可是我覺得『想到什麼講什麼』，更有意義。」[26]

未來生涯未必都能如此公開展現。但果斷而有領導才能的梅爾夫人，在時機到來時當仁不讓。她的代蒙幫她指出道路，並且使她一直走在這條路上。另一位果斷而富領導力的女性羅斯福總統夫人，[27]也是在差不多的年紀走進生涯的未來，但她不是付諸行動，而是退縮到幻想之中。

編織的女孩

羅斯福總統夫人自稱曾是個「不快樂的孩子」，童年是她的「灰暗時代」。對照她所經歷的痛苦，這樣的借辭還嫌太委婉平和了。「我小時候一直怕自己將來會瘋掉。」[28]母親從未喜歡過她，父親是只知玩樂的公子，她未滿九歲時，已先後經歷了母親、弟弟、父親亡故之痛。「她幼年時滑稽又老氣橫秋，大家都叫她『阿婆』。」自五歲起，或更早些，她天生的拘謹更緊繃了。她變得更加陰沉、頑固、易怒、有敵意，而且能力很差（她七歲時還不識字，一般這個年紀的女孩子都會烹飪和縫紉了，她也全不會）。她會撒謊，會偷東西，在人前亂發脾氣。

有位家教管她很嚴，令她「懷恨了好幾年」。[29]

她說，在那段時間，「我自己編織每天連載的故事，而這故事乃是我生命中最最真實之物。」[30]故事中的她和父親同住在大宅子裡，她是家中的女主人，也是父親出外旅行時的伙伴。父親過世多年後，這故事還持續編織著。

換到今天的話，「R夫人案例」是得交付心理治療的。即便考量家庭系統理論，這樣的小孩十有八九還是會接受生物精神病學的全套藥物治療，並且憑著生物學的有力根據而更加確定自己就是「壞孩子」。（我一定是天生就壞，如同帶著原罪或疾病一樣。否則為什麼要吃藥使自己覺得好些？發燒生病的人才吃藥啊！）

羅斯福夫人童年長期編織的白日夢，也不會被當作是代蒙在發揮想像或感召，反倒會被視為逃避現實、溺於妄想。精神病學處理病態心理，可利用藥物降低白日夢的強度與頻率，從而藉循環式推理證實，被精神病藥物排除的確實是一種疾病。

如果再找一位心理醫生會診「R夫人案例」，他會懷疑這種幼年期的天天連續幻想與她日後撰寫的報紙專欄「我的時代」（My Day，以社會現實為主題）有關。這位心理諮商者會把她對民主精神與人類福祉的強烈傾向，以及她樂觀的廣遠見解，歸入幼年孤獨內向幻想的「補償作用」。

又是父親。又是一個套上佛洛伊德公式的機會：羅斯福夫人童年時的戀父情結（Electra

complex，愛父親而想要取代母親）給了她灰暗的沮喪期，並且以一廂情願的全能幻想作為逃避。她的幻想其實還可能有別的內容，例如藉魔法而飛行、簽祕密盟約、與情人幽會、拯救動物、盛大婚禮等，因此橡實原理對羅斯福夫人的童年幻想有截然不同的理解。

她那些照顧父親主持家務的白日夢，是有深遠意義的。這些幻想是代蒙的感召造就出來的，為她日後責任重大的生涯作準備。所以，就心理定位的功用而言，幻想其實比平日的現實更切實際。想像權充老師，指點她如何去擔當未來的大任，照顧好一個複雜的家庭、一位殘障的丈夫，以及以紐約州長夫人和美國第一夫人的身分關注一州一國的福祉，甚至處理聯合國的福利事務。她那些照顧「父親」的幻想，是預作的練習，實踐她的終身職志——為他人的福祉奉獻。

補償心理的驅使

補償理論（compensation theory），係指羅斯福夫人以幻想自己位尊權大來補償現實中的絕望感，向來是心理傳記的要角。[31]一言以蔽之，補償理論即是說：後來的優越表現起因於早期的自卑感。身材矮、多病、陰鬱的小孩，受補償心理的驅使，終究成為活躍而強悍的領袖人物。

西班牙獨裁者佛朗哥，[32]於一九三九至七三年間任元首兼大元帥，很容易被套上補償理論的框架。根據《佛朗哥：傳記歷史》（*Franco: A Biographical History*）所載，他小時候「害羞膽小到了極點」，「體格孱弱」，而且「身材非常矮小」。「十五歲時，個子瘦小而娃娃臉的他，進了托列多的步兵學校……。有一位教官拿了一把短的滑膛槍而非沉重的正規步槍給他。」佛朗哥憤然昂首站直了說：「凡是小隊上最壯的人能做的事，我都能做。」[33]這次的羞辱，佛朗哥始終不忘，因為他把尊嚴看得比什麼都重。除了明顯要為早年體弱補償，他也要與外向、開朗、健談、表現出色的兄弟競爭。結果，佛朗哥以戰勝、壓制、鐵腕克服了早年的自卑感。

功業彪炳的大人物童年一無是處的，還可以舉出一大串例子。如沙漠之狐隆美爾[34]是驍勇的軍人，兩次世界大戰都獲頒陣前表現英勇的最高榮譽勳章；他曾任陸軍元帥，老謀深算而沉默寡言，在比利時、法國、羅馬尼亞、義大利、北非，都寫下輝煌戰績。幼年時，因為面色蒼白，時常心不在焉，講話很慢，家人都叫他「白熊」。小學時功課落後，別人眼中的他是個懶散、粗心大意的孩子。[35]

皮爾利[36]在冰凍荒原探險，終於「發現」了北極。他是寡母的獨子，小時候亦步亦趨貼著母親，不肯走出自家院子，「為的是躲開那些叫他『瘦皮猴』又戲弄他膽小的男孩們。」

史蒂芬森[37]也是一位極地探險家，少時被同學呼為「嬌滴滴」，常常獨自拿玩具船在水桶裡玩，可以一玩數小時。

甘地（Mohandas K. Gandhi, 1869-1948）小時候又矮、又瘦、又弱、又醜，最怕蛇、鬼、黑暗。[38]

上述這些人物足以示範的這個補償作用理論，是心理治療學派三巨頭之中排名第三、也是最不起眼的阿德勒（Alfred Adler, 1870-1937）提出的，另外兩人是佛洛伊德和榮格（C. G. Jung, 1875-1961）。阿德勒憑研究有特殊天分的個人，把補償的觀念說成通則，歸納成人性的基本定律。他所引的證據是二十世紀初期在藝術學校收集來的；證據顯示，美術科學生有七○%視力不正常。而且大音樂家如莫扎特、貝多芬（Ludwigvan Beethoven, 1770-1827）、布魯克納（Anton Bruckner, 1824-1869），都有聽力退化的情形。

按阿德勒的理論，生過重病、天生有缺陷、家境貧窮，以及其他的少年時代逆境，都會成為刺激因素，使人表現較突出。每個人都會截長補短，雖不如傑出偉人表現得那麼壯觀，卻同樣是將自己的能力不足化為強勢特徵。阿德勒認為，人類天性就會按照強勝弱、優勝劣的觀念而思考，所以會力求處於強勢、優勢。[39]

獨裁者佛朗哥少時的那件軼事，闡明了阿德勒主張的補償理論。比這個理論更隱晦的，是佛洛伊德的昇華（sublimation）論。按佛洛伊德的理論，早期的弱點不單會化為優點，而且轉換為藝術創作與文化產物。但縱有這樣的成果，追根究柢，還是幼年所受的委屈化成的力量所致。

畫家波洛克的故事

這種惡性的詮釋法，隨處可以派上用場。例如，首創以滴繪法作畫的抽象表現主義行動畫派（action painting）畫家波洛克，[40]就曾以巨幅白色畫布進行創作，他將畫布舖在地板上，行走間任畫筆上的顏料滴落，形成錯綜的弧形、波紋狀、曲線狀、斑漬，構造出有節奏的圖案。據說他自稱：「我作畫的時候並不自知在做什麼。」

可是，聰明的心理學家卻能從畫布的色跡中，追查出波洛克童年時明顯的自卑感。他生於美國懷俄明州的農家，五兄弟中排行老么，一直到十幾歲還被哥哥們呼為「小寶寶」，他卻「痛恨」這綽號。按照《傑克森．波洛克：一部美國英雄傳奇》（*Jackson Pollock: An American Saga*）中所述：

波洛克家的男孩子和大多數農場工人一樣，要方便時能不去廁所就不去，寧願在最近的一片乾土地上（或冬天覆了白雪的地上）解決。老么傑克森常見哥哥們尿尿比賽……看誰能尿得最遠。他不夠格參加比賽，便退避到廁所去，即便後來已經能夠尿出和哥哥們一樣長的弧度，仍舊如此。[41]

畫家本人儘管不自知在做什麼，高明的分析派心理傳記家們可都瞭若指掌！波洛克後來滴繪的弧形是乾土地上尿印的昇華，而那些尿印一直留在畫家的自卑潛意識中。分析派心理傳記家拒絕相信波洛克本人的話。（因此他們或許也瞭解畫家本人並不知道，或無法知道自己那隱藏的創作之源。）而且，詮釋者也漠視「潛意識」的真正意義，而這詞正是他的詮譯所仰賴的。如果能曉得潛意識的內容是什麼，也知曉潛意識正在把陰莖競爭和手足競爭昇華成行動畫作，那麼，作畫的原因就不再是潛在的，而波洛克就變成正在為心理傳記的詮釋執行某種計劃或驗證某個理論。

這樣一種貶低感召的理論，是該被嘲笑的。補償理論剝奪了非凡人物與特異作為之所以與眾不同的理由。按補償理論，人的優越表現源於較低層次的原因，並非為了呈現一個有意義的圖像。其實幾乎每個不凡生命都顯示有某種幻想、理想在召喚。至於究竟要召喚到何處，若非全然不明，也通常是模糊的。

假如所有的優越表現都只是自卑感得到補償，所有的天資只是創傷和弱點改造後的高貴偽裝，都可以用心理分析的利器揭穿，那麼，佛朗哥只不過是個矮男人，一直陷在與兄弟的競爭之中，而波洛克也一樣，只是個「小寶寶」。他們每個人都是孤伶伶活在地球上，沒有守護者相伴，只得任由遺傳因子安排，承受家庭和環境的欺凌，非得有「極強自我」的意志力才能克服逆境不可。

橡實理論看名人

探究補償理論並將之摒棄後，再從橡實原理的觀點檢討甘地、史蒂芬森、皮爾利和隆美爾的個性，按我們方才讀馬諾列特幼年害羞的故事那樣往回讀，又是如何？甘地小時候害怕看不見的東西、怕黑，因為掌握他命運的代蒙知道，他會遭印度警察逮捕毆打，會被囚禁在黑暗牢房中許久，也知道他一路走下去都會有死亡相伴。「遇刺身亡」已寫在甘地的生命腳本中了。

史蒂芬森和皮爾利是否已用各自奇特的、幼稚的方式，預習他們日後要在嚴寒極地遭遇荒涼寂寞？隆美爾曾告訴兒子：「我還是陸軍上尉的時候，就已經曉得該如何指揮一團的兵力。」[42]也許小時候那個蒼白、遲鈍、懶散的「白熊」，已經預感戰爭疲勞症（shell shock）之苦，以及兩次世界大戰中要經歷的連連衝擊，這包括在諾曼第遭低空射擊導致他頭骨斷裂，也包括納粹祕密警察懷疑他涉及謀刺希特勒之變，而迫他服下自殺毒藥。

我們重讀佛朗哥的自負姿態，也可以看出，阿德勒式的補償作用較少，代蒙展示自尊的成分較多：「我不是個愣頭愣腦的小男孩，我是全西班牙的『艾爾考第尤』（El Caudillo，即

「元首」），因我的職志必須受到應得的尊重。」要求受尊重的不只是元首（殺人兇手亦然，見第十章），凡是職志在召喚，代蒙必傲然挺立。代蒙是不容輕忽的，小孩子會護衛代蒙的尊嚴。柔弱的「年幼小兒」往往對他認為不公平、不正確的事深表不服氣，對於傷害他的誤解行為會有暴怒的反應，原因即在此。兒童受虐待的定義不該僅限於性的方面，縱使是性侵犯，其殘暴不在於侵犯的行為與性有關，而在於人格核心的尊嚴，即神話的橡實受到了屈辱。

動機理論

我雖然痛批補償理論不適用於解釋一生職志，動機理論卻可以藉我們舉的例證站住腳。依據哈佛大學精神病學教授羅生柏格（Albert Rothenberg）所作的創造力研究，卓傑人物的生平，表現職志召喚最顯著的例子，都有一個共通的特徵，那就是他們的動機特強。羅生柏格認為，智力、氣質、人格典型、內向性、遺傳特徵、早年環境影響、靈感啟發、強迫觀念、精神病等都不是最重要的因素。某些因素可能甲有而乙沒有，某些可能略有影響，某些可能影響特別大，但只有動機是「絕對普遍、人皆有之」。[43]

心理學所說的「動機」，豈不正是橡樹生成的果實所包含的推動？說得更確切些，豈不是橡實中固有的「橡樹性」在推動？橡樹會結出橡實來，但橡實蘊含著整株的橡樹。

動機會以稀奇古怪的方式出現，可能非常迂迴間接，如羅斯福夫人童年的白日夢；可能十分猛烈，如卡內提[44]五歲時的經歷。這位於一九八一年獲得諾貝爾文學獎的保加利亞籍作家，在《暢所欲言：歐洲童年憶往》（*The Tongue Set Free: Remembrance of a European Childhood*）之中說：

我父親每天看《新自由新聞》（*Neue Freie Presse*），他緩緩展開報紙時，是氣勢莊嚴的一刻……。我想明白報紙為什麼深深吸引他，起初我以為是報紙的氣味……。我會爬上椅子，猛嗅著那紙張……。後來他解釋，重要的是文字，他用手指輕敲著的那些細小的字。他說，我不久就會學習認它們了，這挑起我內在對文字止不住的渴望。

我的一位親戚在學認字寫字。她在我面前鄭重其事地打開簿子；裡面是藍墨水書寫的字母習作，那是有史以來最令我著迷的東西。我想摸它們的時候，她卻說不可以……。我好言懇求換來的，只是准許我用手指指那些字母，但不可以摸到……。

日復一日，她任我百般哀求，就是不肯把簿子給我……。

在某個全家人都不會忘記的日子，我和平時一樣站在大門口等她。「給我看你寫的字。」我說……。我追著她到處跑，不斷哀求她把簿子給我……，我要的是簿子和她寫的字，在我看來，兩者是合而為一的。她高舉雙臂，把簿子抬到她頭頂之上……，高高在牆上。我搆不到它，我太矮了⋯⋯。突然，我不纏她了，我大老遠繞到廚房的後院，去取那柄亞美尼亞斧頭來殺她⋯⋯。

我舉著斧頭⋯⋯，又大老遠跑回中庭，口中不斷反覆唸著蓄意謀殺的調子：「這下我要把蘿麗卡殺了！這下我要把蘿麗卡殺了！」[45]

非凡的人表現職志的感召特別明顯，也許非凡人物令人感興趣的原因也在此。也許他們之非凡，是因為他們的感召來得如此不含糊，他們對於感召又如此忠貞。由他們的例子可以證實感召的效力，也可示範他們如何信守感召發出的訊息。

他們似乎非恪守這種訊息不可。卡內提一定要有文字，否則怎能成為作家？佛朗哥必須和軍校的同學有一樣強健的體魄。麥克林托克和曼紐因要求擁有真正的工具，因為他們得開始試試手了。非凡的人是更有力的證據，因為凡夫俗子根本不可能有他們的表現。我們一般常人似乎動機較弱，分心的事物卻比較多。但人人的命運都受著同一個引擎的驅動。非凡人物並不另屬一個別類，只是引擎對他們的作用更顯而易見。

因此，我們較少關注這些人物和他們的個性，較多關注命運這個非凡因素——命運如何降臨、如何現身，命運要求什麼，又引來什麼附帶的後果。我們瀏覽非凡人物的傳記，要看看命運是怎樣作用的。

所以我們不是在崇拜功成名就的人物，不是在研究創造力與天才，不是在探討莫扎特或梵谷（Vincent van Gogh）這等奇才。每一個人都有一份天資，但人不是這份天資，也不可能變成天資。因為，天資（或稱代蒙，或稱守護天使）是伴隨著人的、人形的、非屬人類的，它不是那個它所伴隨的人。

如何看童年

童年時代的人和代蒙常被視為一體，兒童會被他的天生資質吸納於無形。如此混淆是可以理解的，因為兒童除了代蒙之外無其他力量，而代蒙的來勢又特別強。在此情況下，孩子被人看作是異常、特殊的，是神童；或是心智功能不良的惹事生非者，是潛在的暴力刑事犯，需要接受測驗、診斷，然後將劣根性拔除。

把病態和非凡混為一談，也是自浪漫主義時代就有的觀念。那時候的人認為天才和瘋子很近似，所以言行愈是瘋癲愈像天才。我們一般人的生命，非尋常的怪誕時刻，都可以因本書的做法歸結出某種固有圖像，生命的零散片段因這固有圖像而結合成一個意義模式。書中引述每一樁不凡人物早年的軼事，不僅僅是為了說明這些人物的童年，也是為了幫讀者了解自己的童年，了解你我關切或擔憂的那些孩子的生命。每一則引述都顯示，不安分的怪異舉止蘊含著命運感召的直覺。我們能不能抱持這樣的態度去觀察兒童？這可以教我們更謹慎，在以醫病的眼光看待兒童的性格與習慣之前三思。

我們原本用來治療兒童問題的那些方法，反而成了威脅兒童安康的惡性傳染病，導出一場「對抗兒童之戰」（The war against children，同彼德和金格・布萊根〔Peter & Ginger Breggin〕合著之書名）。[46]往昔發生過的惡行，如今又在輔導方針、藥物預防法、種族分隔政策的偽裝下再現。一切又再回來了——優生學、白人種族主義、絕育、驅逐、酷刑、餓死。就像在殖民時代，施予苦力藥物以減緩痛苦、增強順從，而藥物提供者即是苦難的製造者。

孩子們就像在古時候的地中海地區，變成了摩洛神[47]的獻祭品。兒童的異常與極端，以及他們在幼年時展現的那些可能帶來範式轉移的想像力，都讓科學主義者恐懼，兒童因此成為代罪羔羊。在我們的「心理健康中心」，分發藥物比分發避孕套來得更坦然；在那裡上演的一切，也許會讓任何一位本書所提到的非凡人物在童年時就被麻木了。

治療不當反而為害，這並不是治療者的本意。他們原本是善意的，只是因為理論無能——或說理論惡毒，才發生這令人無奈的結果。只要標準化的發展心理學統計數字仍在決斷個人生命特有的準則，偏離平均數字者就會被視為不正常。診斷搭配統計，這是問題所在；而「診斷」搭配「統計」，正好組成《精神疾病診斷與統計手冊》（*Diagnostic and Statistic Manual*）——這是美國精神醫學會制定、全球公認的手冊，成為精神疾病專業者、保健專業者，以及保險公司的依據。[48]然而，這本又重又厚卻無能的書，描述的都是代蒙影響個人命運的各種方式，以及它們在我們的社會中如何顯得怪異與可悲。

本書贊成將病理學與特殊性連結起來，將「異於常態」改為「不平常」，讓不平常的生命成為我們檢視平常生命的參考背景。心理學家不要再看個案病歷，要改讀人的歷史；放棄生物學而讀個人傳記；與其套用西方知識去理解異域的、部落的、非工業化的文化，我們應把他者的人類學（他者記述的人性故事）套用到我們的知識架構上。我想要顛覆我們對心理學的想法，改變我們教授與應用心理學知識的方式，期望這門學科中的某些原罪因此得到救贖。

顯要與不凡

穿插在書中的事蹟引述，指出了本書的重心所在：一個人早年經歷的重要；指出了本書的方法：以軼事例證為主；也指出了本書熱愛的題材：非凡人物。

這項熱愛需要略加說明。非凡人物用放大的、強化的圖像來曉諭平凡人。研究非凡人物以啟迪凡人的歷史淵遠流長，早在古羅馬、希臘時期，就有瓦羅[49]、普魯塔克[50]、蘇埃托尼厄斯[51]所撰的古典偉人列傳。中期有基督教早期教父[52]的行誼錄，[53]以及瓦薩里[54]所寫的文藝復興時期藝術家傳。越過大西洋至美國，有愛默生[55]的《典範人物列傳》（*Representative Men*）。

自始就與偉人傳記傳統並行的，還有聖經人物亞伯拉罕（Abraham）、路得（Ruth）、以斯帖（Esther）、大衛（David）等故事包含的道德教訓，以及聖徒事蹟。這些無一不是表現氣質個性的鮮明例子。此外，傳統戲劇裡所搬演的非凡人物故事，如伊底帕斯（Oedipus）、安蒂岡妮（Antigone）、菲德拉（Phaedra）、哈姆雷特（Hamlet）、李爾王（Lear）、浮士德（Faust），以至威羅曼（Willy Loman），也都是我們反省自己生命的範本。

本書將諾貝爾獎得主、大政治家、影視紅星、殺人兇手、脫口秀節目主持人相提並論，這並不表示名人都是有創造力的，而是顯要名人可以證實職志召喚的不凡力量。書中列舉名人事蹟的用意，即在證明，我們也跟書中人物一樣，受到命運感召。

我們選擇這些人物，因為我們的文化中習慣利用他們來激發一般常人的潛能，使常人的生命得到啟示。非凡之人可能產生激勵、導引、警惕作用。他們立於想像境界中央，一個個都是供人瞻仰的塑像，象徵著奇遇或悲劇，用他們的經歷幫助我們承受自己的命運。藉由名人之助，我們在生命中找到想像的空間。就是因為這個緣故，我們會買名人的傳記來讀，想知道他們的運氣、過錯、流言蜚語。我們不是把他們往下拉到我們的水準，而是藉以提升自己的水準。我們藉由熟知他們的世界，鼓勵我們自己接受所遭遇的逆境。若非這些名人傳記，我們無法看出命運召喚的端倪，只能被診斷為精神病態。

鮮活的想像一旦化為人物代表，會深入人心，牽動人心。不但英雄人物引人崇拜，悲劇人物、絕色佳人、可笑的丑角、醜陋的老太婆、英俊的男主角，一樣令人難忘。以做作誇張方式呈現非凡人物的個性怪癖，這是浪漫主義時代奠定的傳統。浪漫主義的壯麗風範，以及其舞台上的瘋子、戀人、詩人等，一旦被平等主義縮小了，被學院譏誚主義解構了，被精神分析診斷法貼上裝腔作勢的標籤，文化中的那塊空白就由乘虛而入的當紅影歌星、捏造的權貴、蝙蝠俠所占據了。文明社會要找文化典範，只得將就用這些華而不實的名人了。

因此，本書要把心理學往回推兩百年，放在浪漫主義熱忱將要衝破理性時代（Age of Reason）的時期，希望心理學從人的想像力出發，不要只以統計學和診斷學為憑據。我希望用詩意思維解讀個案病歷，這樣才可讀出個案的真相。要當它是現代新形式的虛構故事，而不是科學報告。

個案病例除了可以指出個案的毛病何在，確實也可顯示心理學本身的問題。臨床的案例顯示，常見的心理學是按逆向研究達成結論：以平常者為起點，進而研究特別者。而我們每個人都受這種思考方式的影響，只注意「其差異」而忘了「特出之處」。

埃德加·溫德（Edgar Wind, 1900-1971）是研究文藝復興的偉大學者。他說：

> 只適用於小事而無法用來做大事的方法，從一開始就注定是錯的。……平庸可以理解成優異的縮減，但優異不可理解成平庸的擴展。從邏輯或因果關係而言，優異才是至關重要的，因

為它帶來的是……更全面的範疇。[56]

如果優異才是更全面的範疇，那麼研究一個不平常的人，也許比研究最龐大數目的個案，更能幫我們了解人性的深層，一件軼事就足以照亮整個視野：馬諾列特畏縮在廚房裡，躲避他命中要遭遇的那些公牛；卡內提為了文字掄起斧頭。我們的視野中有了這種軼事，或許可以教我們別把不安分的兒童，當作發展心理學上的難題，而是藉此找出暗藏的玄機。

打破時間順序

本書的每一則傳記點滴，都指出全書的要旨：我們需要以全新的眼光來看待生命的重要性。一般慣有的主張是：現在的你，是由過去與時間累積而成。我卻要攻擊這種解讀人生的方式。

自從希羅多德和修昔底德[57]發明了歷史，以及《聖經》記述了亞當夏娃的歷代後裔，西方的一切事物都是按時間順序排列。希伯來人和希臘人對於時間的看法一致，都認為時間有重要影響。進步端賴時間，進化必須靠時間，自然科學賴以為基礎的各種計量法，也都是以時間為本。那些挑逗每個人消費慾望的「新穎」、「改良」等概念，都是時間的產物。西方式的思維不知如何把自己的鐘停下來；西方人把生命的最深層，想像成一個生物性的時鐘，其中心即是滴答響的發條。吾人佩戴的錶，正是西方思維受時間牽制的具體象徵。西方人確實相信，萬物都在時間之內走過，時間這條河帶著全世界、所有物種、每一個人的生命前進。不論觀察什麼事物，我們都把它放在時間的背景裡來看。我們似乎連時間的樣子也能看得見。

戀愛能使平時看在眼中的一切事物都改了模樣。我們若能轉換觀點，也會獲得愛情那種改造的力量，雖不是宗教意義上的靈魂得救，卻足以換回我們原先誤以為不值一顧的東西。以前看來只是不良的徵候，現在可以重作評估了；以前覺得無用之事，現在也可重拾其價值。

在西方文化裡，「徵候」（symptom）是個壞字眼。其實這個詞的本義只是指偶發諸事的集合（sym），不分好壞；也就是這些事與那些事總合而成的圖像。這些事毋需按道德是非的標準評斷，也不必放在醫學範圍之內來看。徵候也和一般偶發的事故一樣，即便要歸類，也該先歸入命運，不應立刻歸入疾病。

即使徵候已帶來困擾，如果能不把徵候看成孩子的毛病或缺陷，我們就可能導引想像力走出一心要治好徵候的牛角尖，也可以掃除對於醫界諺語「以毒攻毒」的曲解，不致再用錯的方法去消滅被當作毛病的徵候。既然徵候不是壞的，就不必用壞方法去除。

經驗老到而特別謹慎的心理治療師常會有的疑問是：徵候消失後到哪兒去了？它真的消失了嗎？會不會以別種形態復返？就算它現在消失了，它原來究竟要表達什麼意思？這些疑問令人想到，某個徵候除了有反社會、機能不良、生理障礙的缺陷之外，可能還有些什麼「別的」。

這些疑問教我們把目光投向徵候隱含的意圖，從而以不那麼焦慮的態度看待徵候，不那麼把徵候當作毛病缺陷，而只當它是一種現象（phenomenon，這個字的原義指的是事物具有指示、發光、照亮、呈現之功用）。徵候不能只被查究，它希望被觀看。

重建看事的觀點，正是本書的目標。希望我們換個角度看看自己曾是什麼樣的小孩，現在是什麼樣的成人；換個角度來看這些或多或少倚賴我們的孩子，好讓誘發力的來源能從禍害轉為幸事，如果不能變為幸事，起碼應當它是命運召喚的徵候。

忽略美感的心理學

心理學的諸般罪狀之中，最「要命的」就是忽視了美感。生命畢竟有頗多美的成分。然而，讀了心理學書籍的人就不會有這種想法。不論是社會心理學、實驗心理學、治療心理學，都騰不出一席位置歌頌讚美生命。心理學的任務是調查、說明，它所用的素材（不一定是波洛克、柯萊特、馬諾列特這類為美而奉獻的人）一旦迸發美學現象，只能讓根本不具備美學感知力的心理學來解釋說明。

命運的每一個轉折都有可判讀的含意，但也蘊含著美。想像一下這些圖像：曼紐因扔下金屬弦玩具琴，跺腳走開；柔弱的史蒂芬森在水桶邊玩著小船；招風耳、瘦巴巴的甘地又怕鬼又怕黑。以圖像呈現的生命，不需用家庭動態或遺傳基因排列來解讀。生命尚未有故事之前，便以圖像呈現自己了。圖像的第一個要求是被看見。即便每個圖像確實蘊含著意義，這含意也等待詳細解析，然而，我們如果不先欣賞一下圖像，一步就跳進含意裡去，不論作出多麼上乘的解讀分析，也換不回我們所喪失的樂趣。我們思考生命，卻把生命的樂趣剔除，使生命之美與生命的意義脫節。

我說心理學犯的「要命的」罪狀，是指其扼殺生命之罪。我們讀的這門專業心理學，我們聽到的心理學專用術語、心理學的單調語聲、大堆教科書，那些鄭重宣布而實際上再陳腐不過的新「發現」，那些教人自助的鎮痛撫慰劑，那些裝模作樣、使人心平氣和，卻如同一潭死水的心理諮商室（乃是白人中產階級文化的最後避難所，老舊、僵硬、生不出一絲希望），一切都給人死氣沉沉之感。

忽視美就是忽視女神，而女神只好以性騷擾的形式回歸，以性與性別的「研究」議題潛回實驗室中，以充滿誘惑的幽會進入諮商室。一直以來，欠缺美感的心理學是它自身窄狹認知的受害者，它所有的熱情都傾注在研究出版與升等。缺乏美感，也就沒有了樂趣和幽默感。偉大的動機消失在宏偉和膨脹的心理學分類之中，對理念的探索只能裁裁剪剪以適應心理學的實驗設計。僅剩的浪漫，大概就只是帶著那份助人的意圖進入治療師「培訓課程」。但是，若你的職志是幫助受苦的人，與其指望缺乏靈魂、美與愉悅的心理學，還不如跟著德蘭修女學習。心理學甚至沒有一本自助手冊來處理它自己的傷痛。

這本書顯然想要走出這停屍間一般的沉悶小室，書中完全不使用現代心理學的語言。你在書中看不到以下這些如「傳染病原體」的用語（除了在某些地方帶著引號出現，以免讓心理學的病態污染了文句）：表現、成長、創造性、閾值、連續（continuum）、認同、發展、主體性、調節、測量結果……。你也幾乎找不到診斷標籤及首字母縮略字。這是一本沒有「問題」（problem）一詞的心理學書籍，更不提「自我」（ego）、「意識」，還有「經驗」！我也盡量阻擋「自我」（self）這個最具危害性的詞；它是個大嘴巴，能無止盡且不著痕迹地吞下所有人格化的詞語，如「守護神」、「守護天使」、「代蒙」及「命運」。最後，我必須自誇：這是一本富有熱情的心理學書籍，而其熱情不會轉移、沉溺到性別戰爭中去。當文明下陷到其自身的沉渣中，你是男是女，或是兩者的組合，都不重要了，我們將一起毀滅。遠比性別更急迫的事物，需要心理學付出熱情。

本書希望結合心理學與美。能走到這一步當然皆大歡喜，但我們必須接受自己的生命圖像，按各自的固有圖像，做每人該做的事，才能實現這希望。

我們若懂得尋找蘊含生命圖像的橡實，就會以不同的態度看待別人和自己，從我們所見之中發現美，並且喜愛我們所見的。我們也能夠因此而接受人的奇特個性，聽從命運的召喚。喜愛這召喚，承擔這感召對我們的苟求之愛，與這感召結合至死不渝，這便是本書的大義所在。

美的療癒力

我們若能視自己為回應感召的實例，視自己的命運為代蒙發揮作用的證明，並且運用讀故事的感性想像眼光，來看待自己的生命，我們或許不會再為探尋原因而受憂慮懊惱之苦。我們如果苦苦探尋「為什麼？」，就會像追著自己尾巴的狗一樣不得安寧，而且「為什麼」又會引來它的雙胞胎「怎麼辦？」——該怎麼辦才能夠扭轉已造成的後果？於是，生命的目的原本是追求幸福，倒變成在為錯的問題尋求解答了。我們很少留意到心理學是如何把焦慮宣揚到一種狂熱的程度，父母、孩子、治療師、研究者，甚至這個學科本身，都陷入其中，且不斷擴張去尋求更多的「問題領域」。一切事物似乎都必須加以研究、調查、分析，如老化、工商管理、運動、睡眠，連研究的方法本身，也在此列。其實，焦躁不安地探求答案不是求知的唯一方式，自我檢視也不是自覺的唯一途徑。用看景致的眼光，來欣賞生命故事中的一幅幅圖像，可以緩和探詢答案的焦躁，暫歇憂慮與懊惱。經院神學宗師多瑪斯．阿奎那[58]在《神學大全》（*Summa theologica*）之中曾有明確定義：美可以制服動。美足以治好莫可名狀的心理不安症。

以人心為本行的心理學，應當肯定人心中對美的渴望。如果只是為了保持其活力，心理學也應當回歸於美。奇怪的是，即便在研究藝術創造者的人格時，心理學也把美的追求當作一個可變的因素，甚至根本不涉及美。傳記讀者期望得到人生的提示，心理學寫傳記的方式，卻是把美的動力略過不提（橡實的目的是要長成美麗的橡樹），怎能解救讀者的飢渴？生命的故事必須能傳遞美感，才可能使生命獲得滿足。

生命理論必須札根於美之中，才能闡釋生命所追求的美。浪漫主義那個時代的人深知箇中道理。他們雄心萬丈地追逐宏偉燦爛，因為他們曉得這些遙不可及之物都是憧憬生命原貌時不可或缺的。

最後的浪漫主義者，美國詩人史蒂文斯，[59]點明了這些崇高飄渺的思想：

……雲走在我們前面。
有一個濁暗中心在我們呼吸之先。
有一個神話在神話開始之先，
莊嚴清晰而完整。[60]

我們引用自柏拉圖的那則故事——靈魂選定各自命運後，一生受代蒙監守，便是這樣的一則神話，莊嚴、清晰、完整。你稱之為生命史的那個神話還沒開頭之前，這則神話已經在那兒了。

代蒙的作用

一言以蔽之，橡實原理主張，每個生命是按其特有的圖像形成的，這圖像即是這個生命的精髓，召喚生命走上既定的命數。圖像是命運的作用力，化為每一個人固有的代蒙，它銘記著生命應有的職志，導引生命去實現其圖像。

代蒙用許多方法發揮提示導引的作用。它會激發動機、它能護衛、它能開創，而且擇善固執。它能抗拒合情合理的妥協，往往逼得受他監守的人標新立異，它尤其不會輕饒忽視它或反抗它的人。它能撫慰人、包容人，卻不許人裝糊塗。它可能折磨人到生病的地步。它不配合時間的腳步，在生命的行程中發現各種各樣的裂縫、缺口、糾葛，反而中意這些曲折。它倒向神話的引力，因為它原是神話中物，會按著神話的模式思考。

代蒙有預知能力，卻未必料得分毫不差（如隆美爾和波洛克會自殺、羅斯福夫人會貴為第一夫人、卡內提會獲得諾貝爾獎等），因為它沒有能力左右世事配合圖像而發生，不能安排世事來滿足命定的職志。所以，代蒙的預知能力不是十全十美的，它的影響力局限在那個要體現它的生命之內。因為它不會消失，凡俗講的那套道理也殺不死它，所以它是不朽的。

獨一無二之感、豪壯之感，以及心中的焦躁不安、不耐煩、不滿意、渴望，都和代蒙的關係密切。代蒙要求美的分享，它要人看見它、注意它、肯定它，被它伴隨的這個生命尤其不可輕忽它。它難得停泊；喜愛飛躍。它卸不下天降的使命，因為它既自覺遭放逐而孤獨，又自覺與天地一體。它不學就會的第一套語言即是喻意的圖像，這奠定了詩意思考的基礎，使所有人與萬物都可能藉喻意而交流。

後續的章節將詳細討論橡實原理，並發掘代蒙的其他影響。

註釋 NOTES

1 編註：Gestalt 是德文，中文音譯「格式塔」（意即「模式、形狀、形式」等，指「動態的整體」〔dynamic wholes〕），意譯「完形」。完形學派的理論主張人腦的運作原理是採取整體的認知，而整體並非其部件的總和。

2 編註：普羅提諾（Plotinus, 205-270），羅馬帝國時代的希臘哲學家，被認為是新柏拉圖主義之父。其學說融匯了畢達哥拉斯和柏拉圖的思想以及東方神祕主義，視太一為萬物之源，人生的最高目的就是復返太一，與之合一。其思想對歐洲中世紀神學及哲學有很大的影響。

3 編註：「genius」一詞有天資、天賦的意思，在神話中又是賜予人類這些天賦的守護神。

4 編註：濟慈（John Keats, 1795-1821），英國浪漫主義詩人，代表作包括《夜鶯頌》、《希臘古甕頌》和《秋頌》。

5 原註1：E. R. Dodds, *Proclus: The Elements of Theology*, 2nd ed. (Oxford: Oxford Univ. Press, 1963), 313-321.

6 編註：泰勒（E. B. Tylor, 1832-1917），英國文化人類學的奠基人、古典進化論的主要代表人物。

7 原註2：Edward B. Tylor, *Primitive Culture*, vol. 1 (London, 1871), 387.

8 原註3：Åke Hultkrantz, *Conceptions of the Soul Among North American Indians* (Stockholm: Statens Etnografiska Museum, 1953), 387.

9 原註4：Jane Chance Nitzsche, *The Genius Figure in Antiquity and the Middle Ages* (New York: Columbia Univ. Press, 1975), 18, 19.

10 原註5：Sid Colin, *Ella: The Life and Times of Ella Fitzgerald* (London: Elm Tree Books, 1986), 2.

11 編註：艾拉・費茲傑羅自一九三〇年代起享譽爵士樂界，有「歌后」（First Lady of Song）之稱。

12 編註：柯林烏（R. G. Collingwood, 1889-1943），英國哲學家、歷史學家和美學家，主要著作有《歷史的理念》（*The idea of history*）。

13 編註：馬諾列特（Manuel Manolete, 1917-1947），二十世紀四〇年代西班牙薪酬最高的鬥牛士和民族英雄，西班牙歷史上最偉大的鬥牛士之一。一九四七年在西班牙南部利納雷斯（Linares）的一場鬥牛中，不幸被憤怒的公牛頂死。他因傷去世後，西班牙的領導人佛朗哥下令全國哀悼三天。

14 原註6：R. G. Collingwood, *An Autobiography* (Oxford: Oxford Univ. Press, 1939), 3-4.

15 原註7：Barnaby Conrad, *The Death of Manolete* (Boston: Houghton Mifflin, 1958), 3-4.

16 編註：芭芭拉・麥克林托克（Barbara McClintock, 1902-1992），美國著名細胞遺傳學家，終身致力於玉米細胞遺傳學研究，一九八三年獲得諾貝爾生理學或醫學獎，是獲得諾貝爾獎的第三位女科學家，也是遺傳學領域的第一位。

17 編註：耶胡迪・曼紐因（Yehudi Menuhin, 1916-1999），美國著名小提琴家，九歲時演出《西班牙交響曲》而被喻為神童。

18 原註8：Evelyn Fox Keller, *A Feeling for the Organism: The Life and Work of Barbara McClintock* (New York: W. H. Freeman, 1983), 22.（編按：中文版《玉米田裡的先知》由天下文化出版）。

19 原註9：Yehudi Menuhin, *Unfinished Journey* (New York: Alfred A. Knopf, 1976), 22-23.

20 編註：華茲華斯（William Wordsworth, 1770-1850），與雪萊、拜倫齊名的英國詩人，後人視為浪漫詩歌之父，稱他作「第一位現代詩人」。

21 原註10：Yehudi Menuhin, *Unfinished Journey* (New York: Alfred A. Knopf, 1976), 22-23.

22 編註：柯萊特（Sidonie-Gabrielle Colette, 1873-1954），特立獨行的法國女作家與前衛舞蹈家，一生著作有七十三本書，西蒙波娃稱她為「了不起的女神母親」。一九四五年入選龔固爾文學院（Academie Goncourt）院士，成為法國最高文學院的第一位女院士。

23 原註11：Colette, *Earthly Paradise: An Autobiography*, trans Herma Briffault, Derek Coltman, and others, Robert Phelps, ed. (New York: Farrar, Straus and Giroux, 1966), 48, 76, 77.

24 編註：梅爾夫人（Golda Meir, 1898-1978），以色列建國者之一，曾任勞工部長、外交部長及第四任以色列總理（1969-1974），時人及後人評價為「內閣中的唯一男士」、「雄偉的母獅」、「猶太歷史和世界歷史上最偉大的女性之一」。

25 編註：意第緒語（Yiddish或Jiddisch）是中歐及東歐沒有被同化的猶太人日常生活中所使用的語言及文字。

26 原註12：Golda Meir, *My Life* (New York: Putnam, 1975), 38-39.

27 編註：安娜・愛蓮娜・羅斯福（Anna Eleanor Roosevelt, 1884-1962）美國第三十二任總統羅斯福的妻子，擔任美國第一夫人十二年。第二次世界大戰後出任美國首任駐聯合國大使，並主導起草聯合國「世界人權宣言」，積極提倡女權並保護窮人。其政治和社會活動、獨立意識、公開講話及作家生涯，從本質上改變了白宮女主人的傳統形象，成為各種社會活動的積極倡導者、政治活動的熱情參與者、丈夫事業的有力支持者和政治合作夥伴，為後來的第一夫人們所效仿。

28 原註13：Eleanor Roosevelt, *You Learn by Living* (New York: Harper and Bros., 1960), 30.

29 原註14：Blanche Wiesen Cook, *Eleanor Roosevelt*, vol.1, 1884-1933 (New York: Viking Penguin, 1992), 70-72.

30 原註15：Eleanor Roosevelt, *You Learn by Living*, 18.

31 編註：心理傳記即從精神分析學或強調幼年經驗影響行為之觀點論述個人性格之形成。

32 編註：佛朗哥（Francisco Franco, 1892-1975），發動西班牙內戰推翻民主共和國的民族主義軍隊領袖，一九三九年內戰結束後，成為終身國家元首，直到一九七五年逝世為止，獨裁統治西班牙長達三十多年。

33 原註16：Brian Crozier, *Franco: A Biographical History* (London: Eyre and Spottiswoode, 1967), 34-35.

34 編註：隆美爾（Erwin Johannes Eugen Rommel, 1891-1944），二戰期間德國陸軍元帥，著名的軍事戰略及理論家，人稱「沙漠之狐」。

35 原註17：Desmond Young, *Rommel: The Desert Fox* (New York: Harper and Bros., 1950), 12.

36 編註：皮爾利（Robert Peary, 1856-1920），美國極地探險家，世上有史以來首位徒步抵達北極點的人。曾多次探險格陵蘭，並證明其為第一大島。

37 編註：史蒂芬森（Vilhjalmur Stefansson, 1879-1962），美國探險家，人類學家，祖籍冰島，領導過數次北極探險活動。曾生活在愛斯基摩人當中，進行人種史及動物學的研究，熟悉他們的語言和文化。二戰時任美國政府顧問，調查阿拉斯加的防禦條件，為軍隊編寫報告手冊。

38 原註18：有關皮爾利、史蒂芬森、甘地的內容，引自：Victor Goertzel and Mildred G. Goertzel, *Cradles of Eminence* (Boston: Little, Brown, 1962).

39 原註19：James Hillman, "What does the Soul Want - Adler's Imagination of Inferiority," in *Healing Fiction* (Dallas: Spring Publications, 1994).

40 編註：波洛克（Jackson Pollock, 1912-1956），美國畫家，抽象表現主義（abstract expressionism）運動的主要力量，以獨創的「滴畫」而聞名，藝術評論家稱其創作為「行動繪畫」，認為他的「每一張作品都不是輕易畫出的……當他作畫時沉湎於嚇人的狂熱行為」，公認為是美國現代繪畫擺脫歐洲標準，在國際藝壇建立領導地位的第一功臣。

41 原註20：Steven Naifeh and Gregory W. Smith, *Jackson Pollock: An American Saga* (New York: Clarkson Potter, 1989), 62, 50-51.

42 原註21：David Irving, *The Trail of the Fox* (New York: E. P. Dutton, 1977), 453.

43 原註22：Albert Rothenberg, *Creativity and Madness: New Findings and Old Stereotypes* (Baltimore: Johns Hopkins Univ. Press, 1990), 8.

44 編註：卡內提（Elias Canetti, 1905-1994），猶太裔保加利亞小說家、劇作家，一九八一年因「作品具有寬廣的視野、豐富的思想和藝術力量」獲得諾貝爾文學獎。一生發表了十九部著作，其中最有影響的是《群眾與權力》。

45 原註23：Elias Canetti, *The Tongue Set Free: Remembrance of a European Childhood* (London: André Deutsch, 1988), 28-29.

46 原註24：Peter R. & Ginger R. Breggin, *The war against children: The Government's Intrusion into Schools, Families and Communities in Search of a Medical "Cure" for Violence* (New York: St. Martin's Press,1994).

47 編註：摩洛神（Moloch），是上古近東神明的名號，與火祭兒童有關。

48 原註25：Mary Sykes Wylie, "Diagnosing for Dollars?" *The Family Therapy Networker* 19(3) (1995): 23-69.

49 編註：瓦羅（Varro, 116-27 B.C.），古羅馬學者、作家、政治家，以淵博學識受到當時和後世中世紀學者的崇敬。他一生著述豐富，但唯一流傳到現世的完整作品只有晚年的《論農業》，為研究古羅馬農業生產的重要著述。

50 編註：普魯塔克（Plutarch, 46-120），羅馬帝國早期希臘傳記作家和倫理學家，西方傳記文學的鼻祖，以《希臘羅馬名人傳》一書留名後世，莎士比亞不少劇作都取材自他的記載。

51 編註：蘇埃托尼厄斯（Suetonius, 69/75-130），羅馬帝國時期的歷史學家，最重要的現存作品《羅馬十二帝王傳》（*De Vita Caesarum*），記述凱撒到圖密善共十二位羅馬帝國皇帝的傳記。

52 編註：基督宗教早期重要的神學家、主教與護教者，他們的言論著作影響了後世教會的信仰生活，直到今天仍然被奉為圭臬。

53 原註26：Patricia Cox, *Biography in Late Antiquity: A Quest for the Holy Man* (Berkeley: Univ. of California Press, 1983).

54 編註：瓦薩里（Giorgio Vasari, 1511-1574），文藝復興時期義大利畫家和建築師，以傳記《藝苑名人傳》留名後世。

55 編註：愛默生（Ralph Waldo Emerson, 1830-1882），美國詩人、思想家、文學家和演說家，是美國文化精神的代表人物，他的自立主張、民權觀念等對美國文化影響深遠，林肯總統稱他為「美國的孔子」、「美國文明之父」。一生著述豐富，大多為散文。

56 原註27：Edgar Wind, *Pagan Mysteries in the Renaissance* (Harmondsworth, England: Penguin, 1967), 238.

57 編註：希羅多德（Herodotus, 484-430/420B.C.）是古希臘作家，他把旅行經歷，以及波斯阿契美尼德帝國的歷史記錄下來，寫成《歷史》一書，成為西方文學史上第一部完整流傳下來的散文作品；修昔底德（Thucydides, 460-400 B.C）是古希臘歷史學家、思想家，以《伯羅奔尼撒戰爭史》傳世，該書記述了公元前五世紀斯巴達和雅典之間的戰爭。

58 編註：多瑪斯·阿奎那（Thomas Aquinas, 1225-1274），中世紀哲學家、神學家，以亞里斯多德哲學整合「理智」與「信仰」，構造出博大而完備、精微而廣深的神學哲學體系。天主教會尊為教會聖師及天使博士。

59 編註：史蒂文斯（Wallace Stevens, 1879-1955），美國現代最重要的詩人與詩論家，一九〇四年取得律師資格後，在意外事故保險公司任職，一九三四年就任副總裁，一九五五年獲普立茲詩歌獎。史蒂文斯視寫作為私人的興趣，因此終生不與文學界人士來往，以一個保險公司的高級職員，遠離紐約的文藝界，卻意外讓自己的名字寫進了文學史。

60 原註28：Wallace Stevens, "Notes Toward a Supreme Fiction," in *The Collected Poems of Wallace Stevens* (New York: Alfred A. Knopf, 1978), 383.

第二章

向下成長的美學

歸根結柢，人的價值全然根據我們所體現的自我本質。
假如我們不體現它，就是虛度生命。

——榮格（C.G.Jung）

人總得付出喪失純真的代價，來得知自己的奧祕。

——摘自戴維斯（Robertson Davies）的《第五業》（*Fifth Business*）

階梯長久以來就被比喻為精神境界提升的象徵。古希伯來人、希臘人、基督教都特別嚮往高處，西方受宗教影響的道德羅盤，不免要把一切好的事物往高處放，愈壞的就愈往下擺了。到了十九世紀，「生長」的觀念再也離不開升天的幻想了。甚至達爾文（Charles Darwin, 1809-1882）在《人類的由來》（*The Descent of Man*）中講的人從猿類進化之說，在我們腦中也變成人類在向上提升了。人會往社會階級的高層爬，一如大廈房屋樓層愈高的愈貴。煤、鐵、銅、石油等礦物，一旦從地下升上地面，就能提增自己的經濟價值和老闆的財務狀況。如今講到人的成長故事，必然免不了向上發展的濫調。所謂成年人，就是向上長的人（grown-up）。其實「向上」只是描述成長的方式之一，而且是一種英雄式的描述。看看小蕃茄藤和最高的樹木，除了向陽生長之外，根部也要往地下伸。描述生命的譬喻偏偏只重視向上的有機動態。

向上論有沒有遺漏哪一項重點呢？有的，人的出生。正常的分娩都是嬰兒的頭先出來，像是要投向人海之中，頭下腳上。此外，嬰兒頭頂有一塊地方是軟的，按傳統解釋的肉體象徵意義，嬰兒的靈魂仍可由此接收其來源處的影響力。等到這個囟門縫隙緩緩密合，長成沒有裂隙的硬頭殼，嬰兒也就脫離那不可知的來處，真正進入現世。「降生」要花費一些時間。我們是向下成長的，需要活過很長的時間才能腳踏實地。

小孩子要吃過大苦頭才學會務實。他們的執著、恐懼，他們費盡力氣學習適應，他們對身邊瑣事的困惑好奇，都證實到世上來是多麼艱難的事。日本人照顧嬰兒的原則是要求母親（或負責照顧者）片刻不離的，因為嬰兒從極遙遠的地方來，必須緊緊帶在身邊，帶入人群之中。

西方和亞洲的占星術都以頭部為黃道帶的開端。最精細微妙的是十二象的末一個，西方的是魚，東方的是豬。[1]而末一象的象徵部位是腳。似乎腳是最後到來的，卻又是最先走的。例如蘇格拉底飲毒藥緩緩而死，就是從腳開始，就好像他被拖離人世時是腳先出去的。把腳穩穩在地上踏定——這是一生之中莫大的成就。難怪虔誠的佛教徒要向斯里蘭卡的佛陀腳印敬禮，因為腳印證明佛陀的確曾在人世，他真正降到地上來過。

其實，佛陀早在他青年時代就開始往人世向下成長了，那時他走出備受保護的皇宮生活，踏進街市；街上的生、老、病、死揪著他的心往下沉，沉到該如何在人世生活的疑問之中。

蘇格拉底與佛陀的這些故事，以及占星術的圖像，使「下」有了另一種方向和價值。否則一般人提到「下」，只會往壞處想。盲目隨著生涯趨勢往上爬的人，腳步不情不願，心中有疑惑猜測，甚至可能生出什麼症狀來。前途無量的大學生可能因為意外閃失，突然從向上攀的半途跌下來，這時候他可能沉溺於酒精、毒品，沮喪而無法自拔。其實，每個人必須明白陰鬱與絕望的道理何在，才可能進入生命的深層。但是，在西方文化尚未確立向下成長的正面意義之前，這文化裡的人只有在走過這種經歷時自求多福了。

顛倒人生之樹

樹的生長最常用於象徵人生，我現在卻要把人生之樹顛倒過來。按我的成長模式，樹根是在天上的，並且想像它逐漸朝著世間人事下降。這是猶太教與基督教神祕主義中的卡巴拉（Kabbalah）之樹。

猶太教神祕哲學卡巴拉[2]的主要經典《左哈：光輝之書》（*Zhaor - The Book of Splendor*）明白指出，下降是艱苦的；靈魂不甘願降生到世上來受磨難。

上帝將要創造宇宙之時，決定塑造好所有的靈魂，以適時給予人類作為後裔，每個靈魂均按她注定棲居的軀體造好……。去吧，下降到某某地方，進到某某軀體裡去。

靈魂卻答道：宇宙之主啊，我寧願留在這個國裡，不願往別處去，我在別處將被束縛且受污染。

於是，上帝會說：汝的命運是，自被造之日起即去到那個世界裡。

靈魂既知不能不服從，便不情願地下降到這世間來。[3]

在十三世紀的西班牙，卡巴拉之樹開始有了周詳的闡述。按此，向下伸展的樹枝象徵靈魂降生後的處境，而且是愈往下伸愈清楚明白。龐斯（Charles Ponce）最近曾將卡巴拉哲學作心理學式的解讀。他認為，靈魂愈向下降，就愈不理解其降生的意義，「下肢始終是個難解的謎」。[4]我們卻不難看出這幅頭下腳上圖像的道德意含：一個人涉入世事的深淺可證明他靈魂下降的程度。美德也表現在向下的行為中——謙虛、體恤、教誨，並不在於抬高自己。

卡巴拉之樹，是在重申西方文化兩個最悠久的創造神話——《聖經》傳統與柏拉圖思想傳統。按猶太教、基督教《聖經》傳統，上帝在六天之中創造了全宇宙。上帝第一天忙著造巨大抽象的重要事物，如分隔黑暗與光明，開天闢地。到了接近尾聲的第五、六天，動物和人類才被創造出來。創造過程由崇高漸降至凡世的瑣碎。

柏拉圖思想傳統中的下降之說，是《共和國》最後一章中的「厄耳神話」，我將它簡述如下：

> 所有的靈魂都在神話世界中閒遊，它們都經歷過前生了，各自有其要去完成的遭遇。這份遭遇又叫作命運之神給予的天數，往往可以代表承擔遭遇的靈魂本身。例如，性情激烈的偉大戰士艾傑克士[5]的靈魂選了獅子的生命，飛毛腿的女跑者亞特蘭大[6]選了運動家的遭遇。尤里西斯[7]的靈魂還沒忘記前世顛沛流離的漫長生命，「厭倦了壯志豪情，花了很長時間選了無所事事的平凡生命，好不容易找著它，原來別人都不予以理會的它正躺在某處。」

「所有的靈魂選定各自的人生之後，便來到主管壽命長短的靈魂女神拉姬希斯（Lachesis）面前。她即派下每人自選的代蒙做為各人生命的監守者，以實現其人生抉擇。」拉姬希斯再指引靈魂去見命運三女神的第二位——克洛托（Klotho）。「由這位女神之手轉動紡錘，定下每個人抉擇的遭遇。」然後，代蒙再領著靈魂來見阿特羅波斯（Atropos），這位女神織成了不可反悔的命運網。[8]

「靈魂便從『必然』的寶座之下頭也不回地走了。」此處的「必然的寶座」，也有人譯為「必然的裙兜」。[9]

遭遇（Kleros）源於克洛托女神（Klotho）的名字，原文中沒有詳加形容。但希臘文原字融合了三個密切相關的意思：⑴一片土地、空地，⑵萬物整體秩序之中屬於個人的那一片「空間」，⑶個人應當承受的那一份遺產。[10]

靈魂圖像

按我的理解，神話比喻中所說的遭遇都是圖像。由於遭遇各有不同，而且包含著整個運勢，靈魂應當直覺地看見一幅呈現生命全景的圖像。它必須去選那個吸引它的圖像：「這一個是我要的，這是該由我承擔的。」每個靈魂會挑中自己要活出來的那個圖像。

柏拉圖的原文中稱這圖像為paradeigma，一般大多譯為「模式或圖樣」。[11]而遭遇即是個人理當承擔的圖像，是靈魂在整體秩序中的定數，是生命在世間的一席之地，這一切壓縮成一幅圖樣，靈魂在生命未開始之前就選好這圖樣了。說得更確切些，同一個圖樣老是一再被某個靈魂意中，因為時間並不包含在神話的方程式裡。研究異教的羅馬哲學家薩魯斯特（Sallust, 86－34 B.C.）曾說：「所謂神話，即是從未發生，卻永遠存在的。」古代的心理學通常認為靈魂在心的四周，或是在心的部位，所以心掌握著命運的圖像，在向人召喚。

要把這圖像拆卸開來，得花上一輩子時間。它的全景一覽無遺，要理解其究竟卻得慢慢來。所以，靈魂曉得自己命運的模樣，這命運卻得由時間用「未來」呈現。「未來」是不是命運的別名？人老在想「未來會怎樣」，這是不是對命運興起的幻想？

根據神話，靈魂踏入人生之前要走過冥府的忘川[12]平原，因此，進入現世的時候，以前那些選擇遭遇、經過「必然」而降下的種種行為，都從記憶消失了。人便在這「一片空白」（tabula rasa）的狀況下出生。過去的一切全忘了，那躲不掉的個人遭遇的圖樣卻保留下來，守護在側的代蒙全都記得。

最偉大的柏拉圖思想追隨者普羅提諾，在《九章集》（*Enneads*）中簡明地指出：「生得這麼一個身體，有這樣一對父母親，生在這個地方，有這些所謂的外在環境……形成統一，結為一體。」[13]這便是生命的神話。每一個人都由一位代蒙導引至某一個身體、某一個地方、某一對父母親、某些外在環境，這都是「必然」。卻沒有一個生命曉得這些來龍去脈，因為這些都在走過忘川平原時一筆勾消了。

按照另一個猶太傳說，人一出生就忘記靈魂在出生前所做的一切，是因為天使用食指按了唇上的人中，[14]把一切舊記憶都封在人的上嘴唇之中，所以人中上有一道凹槽。靈魂和代蒙在人出生前的作為，只留下人中的那一點記號了。人在思索或追憶時，手指會摸到上唇人中，原因就在此。

千百年來，這樣的情景總引人遐思猜測。女神的名字為何叫作「必然」？上帝為什麼在創造人類之前花了一整天去造游魚飛鳥？難道是最後造人，所以人是最好的？抑或人是最微不足道，是上帝事後才想到的？

科學宇宙觀

這種宇宙觀的神話把人放在宇宙裡，使人和宇宙相關。如今的宇宙論是大爆炸（big bangs）、黑洞、反物質，以及曲線狀、不斷擴張的、不知要走往何處的太空，這些使我們陷入畏懼與茫然。似乎一切都是沒有定規的，沒有一件事是真正必然的。科學講的宇宙論從不談靈魂，不講靈魂為什麼存在、從何而來、會往哪兒去、可能有什麼任務，所以科學無從感動靈魂。我們覺得，一些無形的事物把生命跟超越生命的某些東西糾結在一塊，科學的宇宙論卻用遙遠的銀河系或振動，把它解釋成不折不扣的無形。這些東西不可知、不可見，因為人們是用時間去計量它們。人類的生命在科學神話的遼闊陣勢中只是十億分之一秒，人生哪有意義可言？

物理宇宙中的這些無形事物是不可知不可見，只可計算的，因為它們都在多少光年以外，因為它們在定義上就是不確定的。值得注意的是，有些古代哲學認為，不確定（apeiron）乃是邪惡之源。[15]自然科學針對生命終極起因與存在目的提出的說法，也許不是一條康莊大道。起步就走錯的宇宙論，不但會提出蹩腳的判斷，也會使我們對生命存在之愛變得殘缺不全。無垠空間中的一切皆隨機出現，這種觀點將西方文化中的靈魂禁錮在平流層中無法呼吸。難怪我們會轉向其他神話，如柏拉圖的「厄耳神話」、《創世紀》，以及卡巴拉之樹。每個神話都給了我們一樣的說法：我們在神話中降生，神話向下展開，傾注於每個人的靈魂。乃至柏拉圖曾就他的「寓言」這麼說：「若我們相信它，就能得到它的保護。」

降臨人世的經歷可能十分痛苦，而且要付出很高的代價，尤其對家庭而言。一粒橡實的生根處往往要為職志的感召付出代價。牽涉的範圍包括個人的軀體、家庭，以及與接受感召者直接相關的人——丈夫、妻子、子女、朋友、事業伙伴、恩師。職志感召的種種需索，時常會毫不留情地攪亂原本好端端的生活。

受到召喚的當然不僅限於表現突出的人。不論從事哪一行的人，都有感覺壓力太重太緊迫的時候。不論是誰，都會覺得自己還可以再努力做到更好，例如，想給豐盛的年節大餐再添一道菜，想在苦練鋼琴或鍛鍊體能許久後再多練半小時。所謂完美主義者，乃是換個說法來形容守護神的召喚。這毫不鬆懈的守護神提出的無情要求，被歸咎於現代生活的壓力、急需用錢、個人超我（superego）發出的命令、迫在眉睫的最後期限。人人都有受召喚催迫的時候，不過，這種催逼在浮而不實的名人生涯之中最為明顯，也記錄得最為真切。

名與利似乎永遠抵消不了名人付出的代價；他們似乎總是流離無依，總是困苦、受冷落，擺脫不了父母疏忽或愛人背叛造成的無言悲劇，揮不去疾病或災禍形成的陰影。一切只怪守護神代蒙，只怪天降大任太難承擔了。命運感召與生活不能一致，經常導致巨星名人吸毒以自我麻醉、企圖自殺、早夭等悲慘命運。在一個眾人皆按常俗行事的世界裡，受了召喚的名人巨星，該如何活出那些非比常俗的要求？

巨星之一：茱蒂・嘉蘭

我要借兩位舉世公認、才華非凡的演藝巨星的故事，來證實向下成長之苦。第一位是茱蒂．嘉蘭。[16]她本名佛蘭西絲．甘姆（Frances Gumm），一九二二年六月十日藉著美國明尼蘇達州的大瀑布城（Grand Rapids）一個演藝家庭來到人世，這個家庭大約在她剛能站穩時就帶她亮相了。她兩歲半的時候，命中的職志開始召喚，她以「甘姆寶寶」（Baby Gumm）的藝名與兩位姊姊一同登台。後來她能獨唱了，便以一曲「聖誕鈴聲」換來觀眾的如雷掌聲。應觀眾要求，她一再出台獻唱，歌聲和搖鈴聲也一次比一次響亮，等到父親來拉她才肯下台。人與歌一拍即合，歌迷也立即回應。

那時候甘姆寶寶已經看過一場「藍色姊妹」（Blue Sisters，由三名年齡在五至十二歲的女孩組成）的表演，其中最年幼的一個女孩在這次演出中獨唱。她開始唱的時候，甘姆全家都曉得小佛蘭西絲這下要著迷了。不出所料，她坐在那兒看呆了。據茱蒂．嘉蘭的姊姊維吉妮亞說：「節目演完的時候，那情景我永遠不會忘記，她轉頭向爸爸問道：『爸，我可不可以？』她兩歲的小腦袋已經一清二楚自己想要做什麼了。」

茱蒂．嘉蘭認為自己的演藝職志是「遺傳的。從來沒人教過我在台上該如何如何⋯⋯。我做的不過是我本來的樣子。」她回憶當初唱「聖誕鈴聲」的情景，好像「吞服一千九百顆興奮劑」似的。以後要在好萊塢巨蛋和紐約卡內基音樂廳表演的茱蒂．嘉蘭，已經在兩歲的甘姆寶寶身上看出雛型了。

她所謂的「遺傳」，說的不太是生理的遺傳（見第六章），倒是比較接近內在固有的「本性」，這似乎就是她的代蒙及其職志召喚。縱有一千個霸道控制孩子的父親，也調教不出一個莫扎特。同樣的，再厲害的星媽也製造不出茱蒂．嘉蘭這樣的巨星。來自大瀑布城兩歲大的佛蘭西絲．甘姆為什麼有如此驚人的魅力？我倒會歸之於茱蒂．嘉蘭這顆橡實，它選中了這些以演藝謀生的父母親、姊姊們，以及他們的環境，做為它在世上生命的起點；就在那一天，這顆橡實被喚醒了。

然而，它選的生命要佛蘭西絲．甘姆付出代價。雖然路上布滿閃亮的明星生活，向下成長卻是一條痛苦之路。影藝界曾與她共舞、合唱、合作電影演出的響亮名字，以及曾經評論她演出的人士，都給她嘉許。一九六一年她在卡內基音樂廳一人獨挑兩小時半的演出，觀眾席裡坐著影星李察．波頓（Richard Burton）、音樂家萊納．伯恩斯坦（Leonard Bernstein）、百老匯歌舞巨星卡洛．錢寧（Carol Channing）、名演員傑森．羅拔茲（Jason Robards）、茱莉．安德魯斯（Julie Andrews）、史本塞．屈賽（Spencer Tracy）、導演麥克．尼可斯（Mike Nichols），以及各界名流。

她灌的唱片可能賣得比貓王艾維斯．普里斯萊（Elvis Presley）還暢銷。曾有一組高價的雙碟專輯，居於排行榜前四十名達七十三週之久。世人給她最高的盛讚。舞王佛烈．亞斯坦（Fred Astaire）說她是「空前也可能是絕後的最了不起的演藝者」。歌王平．克勞斯貝（Bing Crosby）說她是「我所知道最有才華的女人」。歌舞巨星金．凱利（Gene Kelly）說她是「美國有史以來最佳全材表演者」。大導演伊力・卡山（Elia Kazan）列舉可歎為觀止的精湛表演，包括了男高音卡羅素（Enrico Caruso）、女高音卡拉絲（Maria Callas）、法國演員海穆（Raimu）、女星嘉寶（Greta Garbo），以及「生涯末期的茱蒂・嘉蘭」。嘉蘭自己曾說：「我這一輩子，做每件事都做得過度。」

尾隨巨星的厄運

噩運也在她身旁亦步亦趨。她幾度被救護車送進醫院，洗過胃，遭過勒索，喉部用破玻璃割過，曾經在臨登台前怯場，曾經當眾和人叫罵；藥片一把一把地吞、酗酒、濫交男友；酬勞被扣，被掃地出門，陷人絕望，一蹶不振。這往下走的過程是年華老去、糾纏混亂與死亡。

一九三〇、四〇年代的社會困苦與民主理想主義時期，即景氣蕭條、羅斯福「新政」、參戰的時期，茱蒂・嘉蘭過著好萊塢的生活。她的確成為那時代的一份子，可是她有沒有往下成長呢？她對美國戰時的貢獻是，適時注入美國最重視的、最有效的抗沮喪藥；美國若是沒有了這劑藥，仗不能打，生產會停頓，日子沒法子好好過。這劑藥即是：對純真之迷思，以及否認的心理機制。所以，她不必跳出自己的個性，也不必捨棄她選中的遭遇，便藉著在軍事基地歌唱表演為戰時公債募款。軍中上下舖貼著的、船艙壁上掛著的、戰死兵士的皮夾裡夾著的，是她那「鄰家女孩」的相片，這使她依然在上而不致往下走。她的影像雖然呈現佛蘭西絲・甘姆那種小鎮高中學生的模樣，茱蒂・嘉蘭卻沒有找到一條直通現實世界的大路。她得灌錄唱片、拍叫好叫座的電影、談判交涉，直至力竭而崩潰。

她演出的影片中有兩部給了她向下成長的機會，也讓她一嘗向下成長的不易。一部是一九四五年的《時鐘》（*The Clock*），一部是一九六一年的《紐倫堡大審》（*Judgment at Nuremberg*）。她在《時鐘》裡飾演一名和軍人相識而結婚的平凡職業婦女。她在《紐倫堡大審》的戲分很少，卻十分尖銳，飾演的是一個外表邋遢的德國家庭主婦，曾與一猶太人友好而命運乖蹇。這兩部影片給了嘉倫一條向下走的路，讓她步下迷人神童與乍然大紅大紫的光環，走出可愛小女孩的角色。但是這樣的機會少到極點，真正到來的時候她也會抗拒。因為，她的橡實屬於「彩虹的那一邊」。[17]即便到了她演唱生涯的末期，她以臃腫而虛弱的身體登台，語無倫次、神情慌張，但只要一曲「彩虹的那一邊」，依然緊扣觀眾心絃，讓她和觀眾一起往上飄。

命運乖戾

評論家法迪曼（Clifton Fadiman）看出了嘉蘭天生的「過度」和那幅固有圖像，即是那不受年齡影響、無性別、無形體、不會死亡的稟賦：

我們為什麼一再地把她喚回台上，好像不當她在作一場精湛演出，而是在作靈魂拯救的工作。

當我們聆聽她的歌聲……當我們注視著一身流浪頑童戲服的她……我們忘了她是誰，也忘了我們自己是誰。她就像所有的正牌小丑（茱蒂．嘉蘭的丑戲造詣不輸她的歌藝），似乎是非男非女，非幼非老，既不俏麗也不平庸。她沒有動人姿色，有的只是魔力。她把兩、三種簡單的、普通的感覺表達得那麼純淨，以致於這些感覺像是脫離了特定的人，悠然飄在暗黑的戲院裡。[18]

談到茱蒂．嘉蘭一生大小風波不斷的可歎遭遇，大家通常都把矛頭指向「好萊塢風氣」、影藝界經紀人與製片公司的需索壓力，以及宣傳的不實報導。這麼有天分的一顆巨星，按理說，這麼一個「該有的全都有了」的人，為何「如此糟蹋自己」？

我倒認為這一次次的「糟蹋」都是在企圖往下降，要向下成長，用的方式卻太欠缺考慮。那情形就如同，她從未涉足的那個真實世界一直要拖她進去，用的是這世界常用的工具：性與金錢、生意人與情人、掮客與合約、婚姻與失利。她一次又一次往下走，甚至因謀殺案出庭受審訊，以六月二十一至二十二日[19]的午夜入廁時死亡，為落幕的最後一場戲，而那一天正是太陽曆一年之中的頂點，是晝時最長、黑夜最短的一天。

絕大多數人這輩子達不到茱蒂．嘉蘭的「功成名就」，可能一生都在夢想成為明星，或是希望能摸一下明星。嘉蘭本人的願望卻顯然相反，她想走入常規的世界，和一個男人共享穩定的婚姻生活，生育小孩（她生了三個孩子，卻在四十歲的時候滿懷渴望地說：「我現在要再生一個孩子大概嫌晚了。」），結交朋友——不要只有影歌迷相隨。但是，推著她往前走的不是這些生活常模，而是與這些常模背道而馳的力量——命運毫不鬆懈的召喚。

當不成折翼仙女

現在的人常說，工作與家庭難以兼顧，事業與親情令人左右為難。茱蒂．嘉蘭的遭遇恰如一個十字架，迫得她不得向下成長。十字架垂直的這一條路，下端是苦不堪言的折磨，上端是無比奇妙的經歷，橫在中間的那一條是平淡無奇的日常世界。做一顆巨星已足以讓她手忙腳亂；好萊塢加倍誇大職志的召喚，要求她的生命完全遵從那超世俗的命運指示，整個好萊塢就是她那粒橡實的代理人。他們以為她的世俗生活理當不成問題，其實佛蘭西絲．甘姆並不曉得該如何持家、如何走入婚姻、如何養育小孩、如何打理一餐飯、如何用一雙手去做任何事。她甚至不知如何找一套得體的衣服穿上身。與她合作《星海浮沉錄》（*A Star Is Born*）的男主角詹姆斯．梅遜（James Mason），曾在她的葬禮上說：「像她這樣付出得那麼多而豐富的人……是需要回報的。她需要的忠誠與愛，窮我們任何人的能力也無從應付。」一個非凡俗的人卻對凡俗的世界有需要，這是多麼殘酷的事。

嘉蘭曾經這麼說她的命運：「也許是因為我能發出某種聲音，一種悅耳的聲音，似乎屬於全世界的聲音。可是它也屬於我，因為它是從我裡面來的。」

因為心中的圖像在驅策她，所以想去抓住每一樣可能帶來安全感的機緣，不論是朋友的忠誠、合約的踏實感、健康帶來的信心、忙碌行程的條理感、環境的熟悉感，都可以依附。但是這「似乎屬於全世界的聲音」，卻找不到大得夠它向下生根的一片地。巨星們為什麼「糟蹋自己」，一個個變成商品化的酒鬼、性變態、宗教妄想狂？這種行徑豈不也是拚了命要站到凡人立足點的表現嗎？佛洛伊德說過，每一個徵候都是一次妥協讓步。徵候原來的目標是對的，卻用錯了方法去達成。在高處的會往低處去；為了要往下走，他們不計手段，甚至藉自殺、自毀合約與破產，以及捲入感情糾紛來達成。硬衝下來是不會平安著陸的。茱蒂．嘉蘭的女兒麗莎．明妮莉（Liza Minnelli）在母親的葬禮上曾說：「中庸之道從來就不是她走的路。」[20]

寂寞無依

「茱蒂．嘉蘭的故事」講的是在全世界喝彩聲中的孤寂。每個生命都免不了寂寞，這又該如何解釋？寂寞不是好萊塢華廈中的巨星和安養院老人的專利。童年也有寂寞。孩子心中的寂寞感，會因怕黑、父母親的嚴厲、被同儕排斥而加重。但寂寞的起因似乎是每一個代蒙自己的獨一無二性，這最初始原型的寂寞是兒童的語彙表達不出的，成人的言語也未必講得清楚。

情緒低落的時候，人會掉入寂寞深淵。生產、離婚、親人亡故震撼過後，會有一波波強烈的寂寞感。靈魂在這時候會退回來獨自感傷。甚至在歡愉的生日宴會，在做出得意的成果之時，也會感到寂寞的刺痛。這不過是宿醉嗎？這難道是上高峰之後的補償性下跌嗎？掉下來的時候，似乎什麼也阻攔不了。我們向外向下伸入世界的聯繫網絡——家人、朋友、鄰居、愛侶、例行的瑣事、多年工作的成果——似乎都不值一顧了。這時候我們會有一股很奇怪的、不再是自己的感覺，似乎離一切都很遠，被放逐了，無依無靠。因為我們已被寂寞主宰。

寂寞特效藥

為了提防這樣的時刻，我們備有解釋寂寞意義的哲學理論，有拒絕接受寂寞感的藥物。哲學理論說，現代都市生活的疏離匆忙，以及工作非人性化，造成一種社會環境的紊亂狀態。工業化的經濟制度使人孤立，每個人都變成只是一個號碼，生活只為消費而沒有人際交流。寂寞感乃是受傷害的表徵，人人都是錯誤生活方式的受害者。人不該感到寂寞，所以要改變既有制度，要生活在合作農場或公社裡，要團隊一起工作。要不然就去建立互動關係，主動與人溝通；或是擴大社交領域，加入病友團體。現在就拿起電話與人聯絡。或者，請醫生給你開百憂解。[21]

道德神學的說法比社會角度的診斷與藥方更深刻。從道德神學的角度看，寂寞包含著墮落之罪。人類因為有原罪而被逐出伊甸園，離開了上帝身邊。所以，我們覺得孤單抑鬱的時候，乃是迷失的時候，偏離了得救之路，忘記了救恩與信心，只感到絕望。這時候我們是迷途羔羊，聽不見牧羊人的呼喚，也不理會緊拴著我們良知的那條狗。我們會孤獨，是為了要聽見那被塵囂淹沒的細小語聲的召喚。更糟的是：寂寞是我們易腐的肉身犯下原罪後招致非難的證據。所以茱蒂．嘉蘭的無家可歸、窮困潦倒、破敗孤獨也是必然。這些都是原罪之果。

東方的道德神學則認為，孤單乃是今生的業，是為了償前世種下的因，或是為來世做準備功夫。不分東西方的道德神學家，都巧妙地把寂寞感轉化為罪惡，使寂寞更加難堪。寂寞的人只得苦笑隱忍，否則就得認罪懺悔。

解釋孤寂感的另一種方法是存在主義。按此，人類存在本來就要受孤獨之苦。海德格和卡繆[22]都把人置於「被拋」的處境，認為人是被拋到既有存在狀況之中。因此，人得在世間走一遭，卻無從明白生命的意義，自然會感受到存在主義的焦慮與恐懼。存在主義告訴你，凡事不一定都有意義可言，每個人在世上是孤伶伶的，一切都靠自己。未來沒有上帝接引，也沒有果陀（Godot）[23]在等著你，你一輩子過的是最深沉的無意義感。英雄豪傑能把寂寞化為力量，茱蒂・嘉蘭卻找不著出路。她太倚賴別人、太弱、太膽怯，所以無法將「孤獨」（solitary）和「連帶」（solidary）結合，這是卡謬在著作《放逐與王國》（*L'exilet le Royaume*）中的箴言。嘉蘭表現的那種走投無路之狀，證實存在主義的虛無說不假。這便是存在主義式的解讀。

這種種關於寂寞的思考，無論是從社會、心理治療、道德、存在主義等等角度切入，提出了兩種我無法接受的假設：第一、寂寞似乎直接等同於單獨，最終都可以透過某些人為的行為補償，例如懺悔、建立治療關係、以英雄式的姿態去經營人生；第二、寂寞的本質就是令人不快。

另眼看寂寞

然而，假如從生命開端就有某種原型的寂寞感相隨，活著就注定要寂寞。我們採取的對策影響不了寂寞感的來去。不一定是形單影隻的時候才有寂寞感，處在朋友群中、和愛侶在床上、手持麥克風面對歡呼的群眾時，一樣會感到寂寞來襲。如果能把寂寞的感覺視為原型的現象，這些感覺就成為必要的了。寂寞感也不再是罪惡、恐懼、做錯事的兆頭。我們承認寂寞感有其特別的自主性，也就不會把寂寞與形體上的單獨混為一談。此外，寂寞既是原型的現象，也不一定是令人不快的了。

我們若能仔細觀察——不妨說是感受——寂寞感，會發現其中含有多種成分：懷舊、悲情、寂靜、嚮往此地此時以外的事物。要讓其中的成分與圖象展現，我們首先要細仔看看它們，而非急著讓自己脫離孤單。若因絕望而轉身離去，只會變得更絕望。

而茱蒂・嘉蘭的歌曲，她的歌聲和唱法的抑揚頓挫，她的身體語言，她的表情和眼神，都在表現懷舊、悲情、寂靜、遙遠的想像。難怪她的演出能打動人心，為他人所不及。懷舊、悲情、寂靜、想像中的渴望，在許多語言與文化背景中，也是宗教詩與浪漫文學的最深層素材。這些情感讓生命的橡實憶起它的來處，就好像史帝芬・史匹柏（Steven Spielberg）在電影中塑造的外星人E・T，它的模樣看來是懷舊、悲哀、寂靜的，它總是遙想著「回家」。

寂寞描繪出被放逐的情感：靈魂未能完全向下長定，所以想回去。回到哪兒去？沒人知道。神話和宇宙論都說，記憶裡存不住那個地方。悲情與想像的渴望肯定是遭到了放逐，而靈魂卻除了寂寞，說不出別的；它只記得有股鄉愁，遙遙嚮往著什麼，以及一種超越個人需求的想望。

我們再回頭來看茱蒂・嘉蘭，似乎可以理解連她自己也說不明白的理由了。原因就在觀眾需要聽她唱「在彩虹的那一邊」，要聽歌曲結尾的那一句：既然小青鳥可以去，「為什麼我不能？」我們也終於明白，為什麼佛蘭西絲・甘姆雖一再丟人現眼地情緒崩潰、酗酒、嗑藥，弄得她做事顛三倒四、亂發脾氣，茱蒂・嘉蘭卻能掌握住歌迷和演藝同行的讚賞。因為她讓每個聽她唱歌的人覺察到各自內心最私下的願望——被放逐者心中的圖像被喚醒了，繼而渴望著某種世間沒有的東西。

我們也可以從她生命最後的章節讀出符合被逐者的處境。那浪跡天涯者、無家可歸者、遠途朝聖者、背井離鄉者、神祕主義蘇非教派的托缽乞討詩人、喝醉酒的禪宗和尚都有相似處境。總之，代蒙的家原本不在這人世，它活在肉體裡並不自在。可是，脆弱的肉體正是靈魂降生人世的先決條件。其實，每個靈魂離開人世時，不都有些壯志未酬的遺憾嗎？拋開社會學和精神分析學，我們便可看出茱蒂・嘉蘭是個異數。她始終不能完完全全向下成長得當，因為她命中注定不但要在劇院聚光燈下載歌載舞，而且要做可愛的小魔女，以粉白臉的丑角模樣搬演非世俗的故事，並且現身說法道出被驅逐者的寂寞與渴望。

巨星之二：約瑟芬・貝克

她的神奇不輸茱蒂・嘉蘭，可是她的卡巴拉之樹長勢完全不同。她出生於一九〇六年，時間也在六月，地點是聖路易市的「社會弊病醫院」（Social Evil Hospital）。這麼丟臉的入場式，使她得先掙到與星星等高的地位，之後再開始多彩多姿的下行之旅。蘊含著「茱蒂・嘉蘭」稟賦的是佛蘭西絲．甘姆；而將要展現「約瑟芬．貝克」（Josephine Baker）光芒的，是弗莉妲．麥當納（Freda J. McDonald）。

約瑟芬．貝克這位迷人且耀眼的女子於一九二五年十月間，在巴黎的「香榭大道劇院」（Theater of the Champs-Elysees）以遮了幾片羽毛的裸體登台而竄紅。她熱舞的身軀「令全巴黎欲仙欲死」，當時她十九歲。

她十三歲就結婚了。首任丈夫是鋼鐵廠工人，收入不錯，但約瑟芬「把他拿回家的每一毛錢都花在穿著上」。巴黎登台成名後，她賺的錢多了，添置的「行頭」也多了：她有一條陪著她旅行的狗，一隻立在她肩上的猴子，一輛駝鳥拉的車。她愛汽車，自己卻不會開車。她的數輛汽車中包括稀有而昂貴的布嘉蒂（Bugatti）。一九二八年一月，她與經理人一同自巴黎出發前往維也納的時候，除了帶著一幫食客、情人、親戚之外，隨行的還有「祕書、司機、女傭、打字員各一名；狗兩隻、一百九十六雙鞋、各式衣服與皮草、六十四公斤搽面粉、三萬幀分贈舞迷的宣傳照」。

她的靈魂所降生的這個身體，早年的遭遇卻大不相同。自幼她難得吃飽、被臭蟲咬、和狗一起睡在地板上。稚齡時就做雇工，食宿都和一條狗共享。雇用她的那個婦人常打她，嫌衣服太貴而讓她光著身子。後來，她在年幼時就被典押到另一戶人家，為一個白髮老男人做事，並且和他同床。她能掙扎活下來，已經算得上是一種成就了。按聖路易市衛生部的檔案所示，五分之三的兒童活不過三歲。

即使在那段悲慘時期，她已經起舞了。她在地下室布置一個小舞台和一些包廂座。別的孩子不專心看她表演的話，她會打人。只要有機會，她一定到當地的舞廳或俱樂部看表演，等藝人們下了場，她就耗在他們身邊。

有一次，她帶了一條蛇到葬禮中，現場的棺木蓋子尚未蓋下。結果蛇溜了，弔唁者恐慌起來，棺材翻倒了，躺在裡面的屍體掉了出來。憤怒的人們把蛇打死了，愛護動物的約瑟芬尖聲叫道：「你們把我的朋友殺死了！」小孩子能感受動物的靈魂，這不算是不尋常的事。值得注意的是，蛇是古來公認的天資靈感的傳遞者，是守護者的象徵，蛇即代表「天賦」。她那時候已經和命運的橡實建立友情了嗎？

再提約瑟芬的一則縱情故事：

她在斯德哥爾摩為國王獻演。她卻說：「你們要是問我他長得什麼模樣，我可不曉得。我跳舞的時候就跳舞，誰也不看，是國王我也不看。」……

王儲古斯塔夫—阿多夫（Gustav-Adolf）當時年方二十八歲，他也在座。……王儲邀約瑟芬到王宮，引她走過一道祕門，進入一個放著鋪了珍貴毛皮的四柱大床的房間。她躺下，赤裸著，王儲召了僕從，此人捧著一個堆滿珠寶的托盤進來。王子便將鑽石、翡翠、紅寶石一顆一顆地鋪在約瑟芬的身體上。……這件事如今已成為瑞典的民間傳說了。

糾葛混亂的私生活

約瑟芬．貝克的巨星生命有許多與茱蒂．嘉蘭相似之處——大紅之後黯然消失；表演令人癡狂；需要「被愛」；和男人糾葛不斷，無論是情人、伴侶或利用她的人（曾有一青年當著她的面舉槍自戕，死在她腳邊）；有錢存不住；作息與健康被演藝生涯攪得昏天暗地；只往上飄而沒有立足點；完全沒受過正規教育；唯恐自己外表不美（嘉蘭時時擔心自己過胖，貝克忘不了自己的頭髮難看）；以及複雜的性愛。

性關係對約瑟芬．貝克的表演是絕對必要的：她在舞台兩側幕後和人做愛；上台之前以站姿做；和每一個伴舞做，不分對方是否為同性戀；和肯花錢的富豪權貴做；和名人做；只要是她喜歡的人，只要她高興的時間，地點合她的意，她都做。有一次，她在她的豪華包艙地板上引誘一位態度冷淡的伴舞者，說道：「看我的身體，全世界的人都愛上這軀體了，你為什麼這麼傲慢？」

著名偵探小說家，「馬戈探長」的創造者西默農[24]也曾是貝克的無數情人之一，他敘述這個軀體之所以可愛，要點在於 croupe。「這個法文名詞意指馬的後腿、屁股、臀部。西默農在文章裡說，約瑟芬的 croupe 是全世界最性感的。原因何在？『老天，顯而易見，那 croupe 有幽默感啊。』」

為茱蒂・嘉蘭作傳的人也指出同樣的「酒不醉人人自醉」的特質。她倆的主要相似之處在於能迷惑人，能呈現出人類靈魂超脫的情境，呼喚每一個觀者的靈魂共鳴。那就好像她倆能炫示代蒙，讓人看見、聽見代蒙。嘉蘭的代蒙是「彩虹的那一邊」，貝克的代蒙是「狂野者之舞」（La Dance de Sauvage）。

但是，她倆的相同處到此為止。以後約瑟芬・貝克就向下成長了。這個走向的動因絕對不在於她的表演「淫穢下流」、她的出身「卑下貧困」、她的演藝事業「走下坡」了；更不可以藉此發種族偏見之論，說她既是黑人，理應往下走。事實上，她不是被壓下來的，也不是跌下來的，而是向下成長。

投入政治、社會工作

約瑟芬・貝克是一步步走入政治與社會的。最初是在一九三九年歐戰爆發之時，她當時三十二歲，有心為她的第二祖國法國盡一己之力。也就是說，她冒著生命危險，在法國、葡萄牙、西班牙之間，為法國地下組織傳遞藏在樂譜裡的情報。由於她是黑人，所以不得在劇院露面，而且有遭遞解出境或處死之虞。她在摩洛哥被皇親養為專寵的時候，曾努力營救猶太人，以免他們落人集中營。有一陣子，她在外衣上佩戴黃色的「大衛之星」（即猶太人的標記），這與她在舞台上披掛的粉紅色羽毛真有天壤之別。盟軍解放巴黎後的那個嚴寒冬季裡，她竭力搜募到上百磅的肉品、一包包蔬菜和煤，去救濟窮苦者。她因貢獻卓著而獲頒「光榮勳位章」（Légion d'Honneur）與「十字勳章」（Croix de Guerre），並蒙戴高樂（de Gaulle）致賀。

往下走的下一步是返回美國，開始以行動配合聖路易市的需要。她成為民權運動的元老；堅持舞台工作人員要雇用黑人；她參加了一九六三年的「華盛頓大遊行」[25]；到新澤西州監獄探視受刑的黑人。她為取消種族隔離所投注的心力，受到金恩博士（Dr. Martin Luther King, Jr., 1929-1968）與勞夫·本奇（Ralph Bunche, 1904-1971）[26]的稱許。她還去訪問過卡斯楚（Fidel Castro）統治下的古巴，以致於聯邦調查局記錄她的檔案厚達一千頁。

往下走的最後一步，是領養十一名不同國籍、不同膚色的孩子。為了撫養這些孩子，供應他們的食宿教育，她撐得十分辛苦。為了保住他們在鄉間的家，她旅行表演，告求援助，不惜花掉最後一分錢。摩納哥王妃葛麗絲·凱莉（Grace Kelly）救過她一次，影星碧姬·巴杜（Brigitte Bardot）也救了她一次。贖回房地產權終究被取消，她在下雨天被趕出了家門。一文不名、無家可歸、年事已高的她，在巴黎的瘋狂喝彩聲中作了最後一場演出，幾天後，一九七五年四月十二日死在「硝石場療養院」（La Salpêtrière）；生命在這兒結束，重演了她在社會弊病醫院出生的一景，因為「硝石場」是專供收容無家可歸婦女、娼妓、梅毒患者、貧民、罪犯的地方。

「起與落」的生命本色

起與落，這是生命模式的原型；有起必有落，也是最古老、最廣受共認的人生道理。值得重視的是如何「落」，用什麼方式下降。茱蒂．嘉蘭之落，是勇敢復可悲地落入崩潰。她一心要捲土重來，一再試圖重返星星的世界，幾番掙扎卻終止於她在倫敦一所公寓中的淒涼之死，豈不諷刺？約瑟芬．貝克在生命的最後一個星期裡，得到巴黎觀眾長達三十分鐘的起立鼓掌，是為她身體裡的代蒙鼓掌（「人們捨不得離開劇院」），也是為了她多彩的一生鼓掌，讚美她緩緩向下成長到這有「社會弊病」——法西斯主義、種族歧視、兒童遭遺棄、待遇不公——的世界裡來。27

本章開端所說的柏拉圖神話中，靈魂下降到四種處境——肉體、父母親、地點、環境遭遇。這四種處境可以提示我們，如何去實現、完成當初帶來的固有圖像。第一是肉體；肉體向下成長，意謂著年老時被地心引力拉得向下鬆垂。（約瑟芬．貝克五十四、五歲時就說她已經六十四歲了；她穿起老舊的衣服，也不再遮掩禿髮。）第二，承認你和周遭的人一體，是家庭中的一份子——不論家人是否與你八字相沖。第三，活在適合你的心靈、讓你有責任可擔、有規範可循的地方。末了，環境給了你什麼，應予回報，用宣示你確實歸屬這個世界的行動來回報。

註釋 NOTES

1 編註：西方星座十二象的排序最後一個是雙魚座；東方十二生肖排序最後一個是豬。

2 編註：希伯來文字面意思為「接受／傳承」，猶太教的一種神祕教導傳承，以《摩西五經》、《希伯來聖經》及宗教學者的著作為基礎，追索神性本質、創造、靈魂起源和命運、人類在世界中的位置和存在目的的本質，及其他各種本體論問題，並提供方法來幫助理解這些概念和精神，進而達到精神上的實現。

3 原註1：Gershom Scholem, ed., *Zohar - The Book of Splendor: Basic Readings from the Kabbalah* (New York: Schocken Books, 1963), 91.

4 原註2：Charles Ponce, *Kabbalah* (San Francisco: Straight Arrow Books, 1973), 137.

5 編註：艾傑克士（Ajax），特洛伊戰爭中有兩位希臘的英雄叫艾傑克士。大艾傑克士叫特拉摩尼亞（Telamonian Ajax），是荷馬《伊利亞德》的主要人物，以雄厚的力氣和勇氣著稱，其勇武僅次於阿基里斯。年紀較小的艾傑克士是國王路克力斯（Locris）的兒子，被稱為小艾傑克士或路克力安（Locrian）艾傑克士，他是特洛伊戰爭中優秀的軍隊領導者，《伊利亞德》和《奧德賽》都有提到他。希臘悲劇作家索福克勒斯寫了一部名為《艾傑克士》（*Ajax*）的悲劇，寫的是大艾傑克士，此處所指的應該也是前者。

6 編註：亞特蘭大（Atalanta），希臘神話中一位善於疾走的女英雄，出生後被父親放棄待死，受到一隻母熊哺育並為一群獵人收養，成為一位兇猛的獵人。她和丈夫因褻瀆神殿，被宙斯變成獅子。

7 編註：尤里西斯（Ulysses），即荷馬筆下的奧德賽（Odysseus），特洛伊戰爭中的希臘聯軍英雄，他是島國伊薩卡（Ithaca）的國王，傳說逆轉特洛伊戰爭的大型木馬就是他所設計。特洛伊戰爭後，因冒犯海神波士頓而遭到海難，與眾希臘英雄在海上漂流十年之久，經歷各種磨難才終於回到家園。

8 編註：希臘神話中的命運三女神（the Fates），轉動生命之輪來紡織人類的生命之線。克洛托（Klotho）是紡織者，給予眾生生機，她所編出來的生命之線象徵每個人出生後的命運；拉姬希斯（Lachesis）以繩索丈量生命的長短，並決定生命之線所帶來的不同命運；阿特羅波斯（Atropos）手持剪刀，剪斷生命之線，宣告人的生命已告一段落。

9 原註3：Plato, *Republic*, trans. Paul Shorey, in *Plato: The Collected Dialogues*, Edith Hamilton and Huntington Cairns, eds., Bollingen Series 71 (New York: Pantheon, 1963), 614ff.

10 原註4：Gerhard Kittel, ed., *Theological Dictionary of the New Testament*, 3d ed., vol. 3 (Grand Rapids, Mich.: Eerdmans, 1968).

11 原註5：Plato, *Republic*, 617d.

12 編註：忘川（Lethe）是希臘神話中不和女神厄里斯（Eris）的女兒和遺忘的化身，也是冥府的河流或平原的名字。

13 原註6：Plotinus, *Enneads*, vol. 2, trans. A. H. Armstrong, Loeb ed. (Cambridge, Mass.: Harvard Univ. Press, 1967), 3.15.

14 原註7：Joel Covitz, "A Jewish Myth of a Priori Knowledge," *Spring 1971: An Annual of Archetypal Psychology* (Zurich: Spring Publications, 1971), 55.

15 原註8：Aristotle, *Nicomachean Ethics*, trans. Martin Ostwald (Indianapolis: Bobbs-Merrill, 1962), 1106b.

16 編註：茱蒂．嘉蘭（Judy Garland, 1922-1969），生於美國明尼蘇達州，童星出身的美國女演員及歌唱家。一九九九年，美國電影學會選她為百年來最偉大的女演員第八名。嘉蘭四十五年多采多姿的演藝生涯中，曾獲得奧斯卡最佳青少年演員獎、金球獎、葛萊美獎和東尼獎。一九六九年突然離奇死亡，終年四十七歲。

17 編註：over the Rainbow，此乃嘉蘭代表作《綠野仙蹤》（*The Wizard of Oz*）影片的主題曲。

18 原註9：David Shipman, *Judy Garland: The Secret Life of an American Legend* (New York: Hyperion, 1993).

19 編註：茱蒂．嘉蘭死於一九六九年。

20 原註10：Mickey Deans and Ann Pinchot, *Weep No More, My Lady* (New York: Hawthorne, 1972).

21 編註：百憂解（Fluoxetine, Prozac），一種口服抗憂鬱藥。

22 編註：馬丁．海德格（Martin Heidegger, 1889-1976），德國哲學家，近代最偉大的哲學家之一，他試圖讓哲學脫離形上學及知識論的問題而朝向本體論的問題，對現象學、詮釋學、解構主義、後現代主義、政治理論、心理學及神學有很大的影響。卡繆（Albert Camus, 1913-1960），出生阿爾及利亞的法國小說家、劇作家、評論家及荒謬哲學的代表，曾被視為存在主義者（他本人多次反對），一九五七年獲頒諾貝爾文學獎，其所主張的人道主義精神使他受譽為「年輕一代的良心」。

23 編註：《等待果陀》（*En Attendant Godot*）是荒謬主義大師貝克特（Samuel Beckett）的劇名，該劇講述二位主角漫長而毫無意義地等待果陀到來，最終徒勞無獲。

24 編註：西默農（Georges Simenon, 1903-1989），比利時小說家，寫作速度甚快，平均每月一部，一生作品三百多部，大部分是偵探小說；作品構思嚴密，情節緊張，筆下小人物的處境令人同情。其作品被譯為幾十種文字，一九五二年獲選為比利時皇家文學院院士。

25 編註：發生於一九六三年八月二十八日，也稱為「向華盛頓進軍」，是美國歷史上最大的一場人權政治集會，目的在於爭取非裔美國人的民權和經濟權利。集會中，金恩博士在林肯紀念堂前發表了著名演講《我有一個夢想》。

26 編註：聯合國創始人之一。

27 原註11：所有關於約瑟芬．貝克的引文皆摘自 Jean-Claude Baker and Chris Chase, *Josephine: The Hungry Heart* (New York: Random House, 1993)。

第三章

走出父母主宰的迷思

所謂創傷經驗不是意外事件，而是孩子一直在耐心等待的機會，它若沒發生，孩子會找到另外一個同樣微不足道的事件；為了讓事件的存在有其必要性和方向，也為了讓人生變成一樁嚴肅的事。

—奧登（W. H. Auden）

科學家始終未曾發現有哪個深刻的原理，足以說明兒童的心理特徵是與他父母和手足的行為息息相關的。

—摘自凱根（Jerome Kagan）的

《孩子的本質》（*The Nature of the Child*）

當代西方文明最難以擺脫的夢魘即是：我們是父母生的；父母親的行為就是塑造我們命運的主要工具。我們的染色體得自父母親，所以也會繼承父母親的缺點和脾氣。父母二人的潛在心理狀態，包括被壓抑的憤怒、實現不了的願望、夜裡的夢境，都在塑造我們的靈魂，我們永遠擺脫不了這種因素的制約。按照西方文明的想像，個人的靈魂始終是上一輩的生物性後裔，我們的心理狀態也來自上一輩的心智。

法律、人口結構、生物化學的滲透力，雖然已經開始模糊父母身分與親職的明確定義，道德改革家和心理治療師心目中的親職觀念，卻比以往更加鞏固。所謂的「家庭價值」，透過「母職養育不良」、「欠缺父職角色」等響亮放話，輾轉形成「家庭系統治療法」。有關個人社會機能障礙的理論以及心理健康醫療，莫不以這套說法為最可靠的依據。

儘管如此，我們心裡卻有個小聲音在說：「你和別人不一樣；你不像家裡的任何人；你和他們不是一路的。」心裡那個不服氣的聲音認為，親人是虛幻的，是假象。

物競天擇之謎

如果只看生理層面，也有令人疑惑的空白。避孕的原理易解，懷孕的過程反而不容易說明白。上百萬的微小精子游向卵子，卵子為什麼只讓其中的那一顆精子進入？抑或我們該拿這問題來問精子，是否有一顆精子最狡猾、積極，而且和卵子最意氣相投？抑或是因為碰上「運氣」了？——那麼運氣究竟是什麼東西？我們曉得ＤＮＡ（去氧核醣核酸）是什麼意思，曉得其結合的後果是什麼意思，我們仍然不懂的是達爾文畢生要解開的那個謎——選擇與淘汰之謎。

「橡實原理」提出一個簡單的解答：每個人的代蒙選了這麼一對卵子和精子，也選擇了它們的攜帶者，即此人的「父母親」，正如代蒙為每個人選定生涯。卵子與精子結合是因為命中必然，那麼多人的父母親在幾乎不可能的情況下結合，或因嫌隙而成為怨偶，或是迅速生育子女又突然離異，名人傳記中尤其常見這種聚散無常的父母親，這一切是否能藉橡實原理解答一、二？一對男女相聚不是為了自己結合，而是為了要生育某個特定的人。你該由什麼人生下來，橡實已經預定好了。以喜歡長篇大論的浪漫小說家湯瑪斯．吳爾夫[1]為例。他於一九〇〇年十月三日出生。為他作傳的騰布爾（Andrew Turnbull）曾說，他的父母親之「不相配可以歎為觀止。難以想像什麼人會比這兩個人氣質更不相稱」。他父親是「耽於感官享受的、花錢大方的、豪爽的」；他母親是「嚴峻的、吝嗇的、壓抑的」。

天生一對冤家

他倆是怎麼聚到一塊兒的？在吳爾夫出生的十六年前，二十四歲的鄉下學校老師茱莉亞．

魏斯托（Julia Westall）來到老吳爾夫（W. O. Wolfe）店中；他是切割大理石製作墓碑的工匠，已經歷過一次離婚、一次喪妻。年輕女老師是來推銷書籍賺外快的。

> 他看了她銷售的書一眼，就認購了。然後他問她看不看小說。
>
> 「噢，我幾乎什麼都看，」她答，「倒是很少看我該多看看的《聖經》。」
>
> 吳爾夫說他有一些很好的愛情故事，當天下午……他就送了一本艾文斯（Augusta Jane Evans）的《聖．埃爾摩》（*St. Elmo*）給她。幾天後，茱莉亞又來推銷另一本書。……吳爾夫硬把她留下來吃午飯，飯後就帶她到客廳，放南北戰爭的幻燈片給她看。……他拉著她的手，說他在她走過店前時，已經看她有好一陣子了，然後他就向她求婚了。
>
> 茱莉亞……辯說他們兩人根本還不熟。吳爾夫卻堅決不改口，以致她終於說，要拿她推銷的這本書隨便翻開來，看右邊這一頁的中間一段寫的是什麼，她就照這內容去做。多年後她回憶此事是「我自己一時的傻氣胡為」，而她翻到的是一段描述婚禮的文字，其中還有一句「我倆至死不渝」。吳爾夫大聲道：「就是這樣！我們正是要這麼辦，永不變心！」婚禮是在一月間舉行的，距離他猛然求婚的那天不過三個月。[2]

這兩個不相配的人突然結合，可用很多理由來解釋：異類相吸；老少互補；彼此互利（她需要經濟安定，他需要有個操持家務的人）；虐待狂與受虐狂的逼迫力；重演上一輩的經歷；單身者難忍社會壓力……。這些足以令你心服嗎？

何不考慮用最明顯的「書因緣」來解釋？她為推銷書而找上他；他也以書回報，送她一本；兩人的結合由翻開一本書決定，然後生育了這樁書緣的果實——會寫書的湯瑪斯．吳爾夫。他兩歲時，父母就讓他當著客人「朗讀」。茱莉亞相信是她無形中造就了湯瑪斯的文學能力，因為她懷孕期間「下午都躺在床上看書」。

至於湯瑪斯那六位兄弟姊妹，各別有其他的命運橡實，為其他的癖性發展而選了這對父母。前面已經說過，每個人的命運橡實都要現身，但不凡人物的橡實總是顯現得特別清晰。湯瑪斯．吳爾夫被召喚到北卡羅萊納州阿許維爾（Asheville）的這戶人家來。他的父母親受召喚來合力組成這個家，為了讓他能做他原本該做的。守護之神先替他設想好了父母親的人選，他的父母親才會孕育他。

母親對子女的影響

茱莉亞．吳爾夫深信自己對作家兒子有決定性的影響。母親的性格本來就會在親生子女身上留下印記，這一點我絕不質疑。每個人身上都有母親的影子，這已經毋需再費唇舌來辯駁或證明了。其實母親原本是時時伴在我們身旁的，默默站在我們人生舞台中央的巨大偶像，本書中的諸篇人生故事，都是在這偶像下形成的。

這偶像本身發出的力量，以及我們膜拜它而得來的力量，可以用一則人們常常述及的故事證實：

一對同卵雙胞胎男子，現年三十歲，自出生後便分別由兩對父母親收養，在不同的國家中成長。兩人都好整潔——整潔到了成癖的地步。兩人都是衣著一絲不苟，守時得分秒不差，洗手徹底到把皮膚都搓得發紅了。其中一人被問及為何必須這麼整潔，他的回答很簡單。「因為我母親的緣故。自我小時候起，她就是把家裡打點得有條不紊。她規定取用所有大小物件都得歸回原位，家裡的鐘——我們有十幾座鐘——全都撥定在正午的時候齊鳴。她要求非做到這樣不可，我都是跟她學來的。我不這麼做也不成啊！」

他的同卵雙胞兄弟，苛求整潔完美並不遜色，而這一位卻如此解釋自己的行為：「理由很簡單，這是我對我母親的反抗，因為她是個邋遢到極點的人。」[3]

該如何交代這故事的三大要素——苛求完美的行為、因果作用之說、「母親神話」？主張先天遺傳最重要的人會說，這故事是遺傳重於一切的最佳例證。認為早年環境因素影響最深的人則會說，這兩個人的確都對各自的母親有反應，只是方式不同，一個是配合，一個是反其道而行，但母親的確對於兩人形成潔癖有舉足輕重的影響。

依我看來，這件事證明，神話可取代理論，可以解釋事實。因為，其中有一點是不可忽略的：這對同卵雙胞胎除了同樣苛求整潔之外，也同樣認定造成這個潔癖的是母親。在我們的文化裡，「母親神話」帶有和學理一樣崇高的尊嚴與力量，美國人因信服這種神話，而堪稱是個愛母親的民族。

既然我們如此就輕易接受「母親神話」，那何不接受另一個不一樣的神話——本書所提出的柏拉圖式神話？可見，對橡實理論躊躇不前，並不是因為我們抗拒神話。我想，我們無法接受有關代蒙的神話，是因為那看起來太直白，完全沒有假扮成經驗事實，而是坦蕩蕩地以神話的姿態現身。而且，橡實理論挑戰我們原有的觀念，反過來肯定我們的個體為與生俱來的權利，不需要母親的保護作為支柱。

核心家庭的母親親職早已弱化，「母親神話」依舊緊抓著原型的乳房懸掛在那裡。我們還是繼續信仰著媽媽，儘管目睹著這種種現象：托兒中心、離散家庭、給嬰兒換尿布的父親、無家可歸的孩子照顧著年幼的弟妹、十幾歲就當媽媽的少女、四十幾歲才生下小孩的媽媽……。一切都在改變，無論是人口學、經濟學、親職的法律界定，還是懷孕過程、領養小孩、藥物與醫學診斷、教養書籍等等。

母親主宰個人一生，這樣的迷思始終如一。每個生孩子或養孩子的人，背後都端坐著這巨大母親，她撐起這套迷思的一片天，讓我們倚偎著不離開。我們會按各自母親的模樣，捏出母親神話的形象，所以她是亦好亦壞的。她可能是令人窒息的、溫暖人心的、嚴苛的、無度需索的、不斷給予的、歇斯底里的、孤僻的、忠誠不二的、隨和的；不論她有哪些特質，她有她自己的代蒙引領，但她的命運和我們的命運卻是兩回事。

偉人的母親

可是傳記故事總愛寫母親，喜歡寫名人偉人的母親如何了不起或是如何惡劣，把她們寫成促使名人偉人命運的力量。美國作曲家波特，[4]不僅名字中帶著母親的名字（Kate Cole Porter），整個人生也帶著母親「畢生的夢想——成為以音樂為業的人」。[5]因為有她一手安排，波特八歲時就展現了才藝，十歲時就要趕十公里路去上音樂課。建築大師萊特[6]的母親，按傳記作者的說法，料定兒子將來要成為建築師，就在兒子的小臥室牆壁上布置了建築物的圖片。小說家巴里（James Barrie, 1860-1937）的傳記上說，他為了要使沮喪的母親心情好起來，而開始講故事，結果成就了《小飛俠彼得潘》（*Peter Pan*）等名作。

一代大提琴宗師卡薩爾斯[7]生在西班牙加泰隆尼亞的鄉下貧戶，家中共有十一個小孩，母親為了不中斷他的音樂課程，帶他到十幾公里外的巴塞隆納去。「卡薩爾斯二十一歲以前，因為母親非得要兒子的才華發揮、受肯定不可，這個家一直是破碎貧困得不成樣。」[8]

美國氫彈之父特勒（Edward Teller, 1908-2003）未出生前，大腹便便的母親有一天走在布達佩斯市的公園中，同行者問她為什麼放慢腳步，又為什麼打量起周圍景致來，特勒的母親答：「我有預感這一胎是兒子，而且我確定他將來要成名，所以我要找個最適合為他立紀念碑的地點。」[9]常見的心理學論調會說，是母親促成特勒成名的。何不說這是他母親聽見了子宮裡代蒙的聲音？

印度哲學家與靈性導師克里希那穆提[10]幼年喪母，但他「經常在她死後還看見她。記得有一次，我跟著母親的身形走上樓……。我看見她衣衫的不清楚形狀，看見她面孔的一部分。這種情形幾乎是我一到屋外就會發生。」[11]

克里希那穆提看見母親現身，顯然證明是他記憶中的母親、母親的本身，以及母親的精神，也就是她的代蒙，相互交融了。母親的代蒙時常和兒子的代蒙合併，或是加入到兒子的代蒙之中，不但在他童年時如此，到他成年以至成名後仍然如此。能夠看出兒子有稟賦，能助長它萌發，卻不去擾亂它自有的方向，這種母親在名人傳記中是罕見的。

鋼琴大師范．克萊本[12]的音樂是母親教的。她把音樂導師和母親的兩種身分區分得很清楚：

認清范的不凡天資之後，我們做功課時的關係就變成師生而不是母子了……。從一開始我就警惕范不可「賣弄本事」……，要他記得自己的能力是神賜的天賦，他該為此而感恩，沒有資格自以為了不起。

克萊本證實確有此事：「從我三歲起，她就每天給我上鋼琴課。沒有一天例外。我們在鋼琴前就座後，她就會說：『現在當我不是你媽媽。我是你的鋼琴老師，我們要規規矩矩上課。』」

母親的力量之大毋庸置疑。它在辨識、保護、導引子女的稟賦時，更是發揮得淋漓盡致。

代蒙與母親

然而，個人的代蒙存在於母親之前，可能連母親都是由代蒙預定。例如克萊本，兩歲時就儼然是音樂家了，只憑聽到另一個房間裡的鋼琴課，他就學會了一首「難彈的小品」，其中有的部分必須「左手越過右手上方」去彈，而且有「很繁複的休止和切分音」。[13]按橡實原理，他的代蒙選了適合他的母親，這位母親曉得該如何調教神童。否則，換成生在你我家中，由你我的母親帶大，范．克萊本這個美國德州小郡的年輕人，會大老遠跑到莫斯科去參加「柴可夫斯基國際鋼琴比賽」，而且獲得評審一致的嘉獎嗎？

出人頭地都是母親的功勞嗎？孩子的心靈和肉體都是母親孕育成形的嗎？假如不把母親的代蒙和孩子的代蒙區分開來，母親的代蒙還要到孩子的身體上繼續活出它的生命，豈不成了怪譚？像希特勒（Adolf Hitler）、毛澤東，以及廢除埃及君主制的獨裁總統納瑟，[14]與母親的關係都極親；迦納獨立的首任總統恩克魯瑪[15]拜母親之賜才脫離落後鄉村，接受西方式教育，難道他們都有「母靈」附身？魅力領袖是否都被母親的慧眼識出，是否都得到母親之助，領袖人物是否都需要信仰母親神話，並且藉崇拜自己的母親力行這種信仰，這些都是我們無法確知的。奇怪的是，母親神話特別喜歡大獨裁者。

其實，威爾遜（Woodrow Wilson）、杜魯門（Harry Truman）、艾森豪（Dwight D. Eisenhower）、詹森（Lyndon Johnson）、尼克森（Richard Nixon）諸位美國總統，也是特別受母親寵愛，而且偏愛母親。記得尼克森灰頭土臉離開白宮時，慌張頹喪地發表最後一席談話，其中還有一段是向母親致敬的傷感言語。

我母親曾見過莎拉．羅斯福（Sara Delano Roosevelt），即羅斯福總統（Franklin D. Roosevelt）之母。她問我母親有幾個子女，我母親答：「四個。」莎拉老夫人則接口道：「我只有一個，不過他表現得很不錯。」這也是出於她教養有方。也許她很早就看出兒子的天分；在她有生之年，遵照他的代蒙指示，催促他的代蒙前進，一路走過每個難關。

母子逆向而行

有些母親不明白子女生來就是要做某件事，看錯了子女的本質；有些名人曾經與母親不和，厭惡母親的想法、習慣、價值觀，這又該怎麼說呢？諸如此類的歧異，似乎無損於母親神話。不論母親是為了積極扶持子女而無條件付出，或是自私自戀地冷落子女，這神話都講得通。傳記故事能把相反的事實扭曲到同一個結局上來。由此可見，傳記作者和前面說的那對自稱受母親影響而猛洗手的雙胞胎，甚至我們講起自己個性由來的時候，都在執迷不悟地相信這種「親職的謬誤」（parental fallacy）。

匈牙利的馬克思主義作家兼批評家盧卡奇，[16]從來就與母親不和。他在人世的最後一年裡，「說起母親……仍舊言語苛刻」，他甚至連「表面上的以禮相待」也不肯。他自己是這麼寫的：「在家，絕對疏遠。母親的地位首要，幾乎全無溝通。」因為母親是守舊、淺薄的，她的主要興趣是社交生活，盧卡奇的傳記就把他同情受壓迫者的馬克思主義觀點，他的反中產階級的叛逆性格，都歸因到他對母親的敵意上。如果照橡實原理講，母親是他固有稟賦所必需的：家裡得有一個人代表他的代蒙深惡痛絕的價值。他曾說：「我很早就被強烈的反對感所支配。」[17]

這種激烈反對守舊母親的現象，在俄國作曲家史特拉汶斯基[18]和美國紀實攝影家阿柏絲[19]

的傳記中也看得見。

史特拉汶斯基的母親責備他「有眼不識泰山，不識比他優異的俄國鋼琴家斯克里亞賓（Aleksandr Scriabin）」。他的《春之祭》（*Le Sacre du Printemps*）堪稱二十世紀開創性的作品，他母親卻在此作首演後二十五週年，也是她逝世前一年才去聽，而且對朋友說她大概不會喜歡這作品，說史特拉汶斯基不寫「她愛聽的音樂」。[20]

阿柏絲的母親是關注孩子的，「她與所有的好媽媽一樣，希望孩子只做『正當的事』、『得體的事』，希望一切有利的條件孩子們都有。」[21]阿柏絲卻是個融不進母親世界的特立獨行者，喜歡捕捉畸形怪異的景象，最終自殺。史特拉汶斯基的壽命很長，一生非常多產，不斷創作他母親不愛聽的音樂。

史特拉汶斯基與阿柏絲都遠遠避開自己母親的那條狹窄路徑。我們卻不可說是那條狹路逼他們走到那麼遙遠之外。我們不能說守舊的母親會養成作怪的子女，就像我們不能假設作怪的子女會養成守舊的母親一樣；我們也不能說癲狂糊塗的母親會養成正常的子女。據研究調查，各式各樣的母親會有各式各樣的子女，兩代之間不可能像是個簡單的繩結般繫在一起。

母親和孩子即便是朝夕共處在一個家裡，也可能想法南轅北轍、行事天差地別。母子不論生活上多麼親密，也可能有截然不同的命運。孔恩[22]這不斷竄上歷史舞台的油滑權力掮客，是在保守的母親呵護下長大的。他在自傳中說：「我父母親一直在努力給我一個『正常的』童年。」[23]他上夏令營，住紐約最高級地段的公園大街，念最好的私立學校，進哥倫比亞大學法學院。孔恩是獨子，和母親住在一起、一同旅行、互相做伴，直到他四十歲時母親逝世為止。她無微不至地照顧他的生活，愛憐地稱他「這孩子」。她一心要培養孔恩成「正常」的孩子，他卻走上惡名昭彰的邪路。

政治學家漢娜．鄂蘭[24]的母親也是小心翼翼地愛護孩子。自鄂蘭出生起，她便細心觀察女兒的行為，並且寫成日記，一直到鄂蘭十多歲時止。她按照德國當時的習俗用襁褓裹住嬰兒，以防止鄂蘭太早坐起來，也不讓她的腿隨意伸動。女兒日後的教育，她也是面面顧到。兩位愛護孩子的母親，都要孩子得到最好的；結果孔恩成為冷酷、好虛榮、不講道德的人，鄂蘭成為當代主要道德哲學家、存在主義哲學家雅斯培（Karl Jaspers）的好友、熱愛海德格的人。她始終是個「陽光的孩子」，具有「開啟友誼的天才」，固守著她友愛的思想原則。[25]

受母親冷落的孩子

有的母親是無暇理睬孩子的。遺傳學家麥克林托克說：「我母經常拿一個枕頭放在地板上，再給我一個玩具，就擱下我，走開了。」後來，不堪重負的母親又把她送到另一州去和親戚同住。[26]詩人米萊[27]的母親是護士。八歲時，母親因為和校長發生了爭執，斷然令她輟學，也不管她在校成績始終優異，和同學相處是否融洽，就扔她一人鎮日在家獨處，而且在母親上夜班時也經常獨處。[28]流行歌手蒂娜·透納[29]說：「我自始就沒得過我母親和父親的愛……。**疏離**、**排斥**，這些字眼我並不懂，我只曉得和母親有話說不通……。那就是我的起步。我沒人愛，沒有生命的基礎，所以我得去找出個人的人生使命。」[30]

這些被母親冷落的孩子，並沒有被代蒙扔下不管。麥克林托克和米萊的職志所需要的正是獨處，而透納必須受到冷落，才會去找出自己的職志。她們的橡實顯然已經畫好了不理睬孩子的母親在圖像裡，讓這種母親營造適合這些女孩的環境。

寫成傳記故事時，不論主人翁是得到母親支持鼓勵的（如卡薩爾斯、萊特、羅斯福），是與母親合不來的（如盧卡奇、阿柏絲、史特拉汶斯基），是被母親忽視的（如麥克林托克、米萊、透納），作者都愛誇大母親神話，把原型母親的力量和個人橡實的力量混為一談了。

解構父母主宰論

一味相信父母親的主宰力，乃是一種謬誤。其主要原因是，認定因果關係為單向垂直發展。如今，社會變遷使母親形象的成規變了樣，母親的地位職分正漸漸縮小。在此同時，垂直親子因果關係之說被證據推翻，母親主宰論的地位也動搖了。

以下這段引述並不是新鮮事，這是大衛．羅（David Rowe）觀察日本獼猴家族行為的研究報告。這群獼猴居於一個無人島上，研究人員將番薯放在岸邊。

伊摩吐掉番薯上沾的砂子，一手將番薯浸在海水裡，以另一手用力搓洗芋皮。她把洗淨的番薯吃了，享受著它的鹹味。在離她不遠處，仁美看到她的舉動，於是也把番薯浸到海水裡。仁美未將砂子搓乾淨，但番薯泡過海水自然比以前的好吃許多。這兩隻互為玩伴的年輕猴子做出榜樣，其他年齡相仿的雄猴、雌猴很快就有樣學樣，都曉得番薯要浸了海水再吃。伊摩的母親也學會了，並且隨即教伊摩的弟妹用海水浸番薯。伊摩的父親是以兇悍與發號施令見長的；他很頑固，不屑去學這個新招。[31]

羅氏的研究要我們明白，想法的變革與傳遞會循各種不同方向產生。如在家中的水平方向（兄弟姊妹彼此影響）；家中的垂直雙向（子女與母親相互影響）；從家庭之外而來的，如年輕的獼猴互相學習。有些人，比如那些老男人，似乎什麼也學不會，最起碼我們已經看到，他們學不會用海水洗番薯。

另外還有一個最關鍵性的問題：伊摩怎會興起用海水洗番薯的念頭？她的動機從何而來？答案當然是她的代蒙。牲畜也有守護神靈嗎？當然有的。古老的文化史都告訴我們，人類最初是以動物為師的。最早的語言、最古老的舞蹈和儀式、最初辨認某物可食用或不可食用，都是從觀察動物行為而來的。

艾爾（Diane E. Eyer）的著作《母親與幼兒的緊密聯結：科學的虛構故事》（*Mother-Infant Bonding: A Scientific Fiction*），質疑垂直的因果關係，更質疑母親是決定命運的首要因素。

> 親子形成緊密聯結（bonding）是一項科學發現，其實也是意識形態的某種延伸。說得更明白些，這種意識形態視母親為建構子女命運的首席工程師，子女身上發生任何問題，咎責都要母親承擔。童年出問題要怪母親，成年以後的一切問題也要怪母親。

艾爾在書中指出：「我有個難以實現的主張：把所謂親子緊密聯結的觀念整個拋掉……，如此可迫使我們明白，孩子並不只是受人擺布的。他們天生就有大不相同的人格和潛能。」艾爾所說的「科學的虛構故事」，也就是我所指的「親職的謬誤」。她所見的「大不相同的人格」，即是我假設的每個人獨一無二的橡實。我們的一生絕非父母一手塑造的。

會帶給小孩深刻影響的，是許許多多與他互動的人、他吃的東西、他聽的音樂、他看的電視節目、他在成人世界中看見的希望……。人可以經由日常照顧、玩遊戲、音樂與美術、正規學習等管道，彼此在智能上、感情上產生聯繫，即便相隔遙遠也無妨。撫育孩子可從許多不同層面進行。32

艾爾大可把撫育層面擴展得再寬廣些，涵蓋寇斯（Robert Coles）在《兒童的精神生活》（*The Spiritual Life of Children*）之中，詳論兒童自發的精神現象和宗教表現。另外還可納入兒童生活於其中的屋室與設備、街巷與其中的聲響、教導給兒童的道理和價值、大自然展現的無形事物。這些外力不僅僅構成刺激與影響，也表達人世的含意，每個小孩必須對這些有所回應。如果有一些人以出人意料的方式回應，或是根本拒絕回應，也不可以歸因於不安的親子關係。

子不教，父之過？

我們真正需要追根究柢的問題是：我帶到世上來的這一份稟賦要如何在世上找到一席之地？我要如何契合我必須遵守的意義？什麼是有益於向下成長的？

親職的謬誤對於向下成長毫無助益。我們若是相信這種謬見，就會捨棄自己的稟賦，退回爸媽身邊，即便他們已經不在人世，我們依然被他們留下的影響纏著。我們變成父母種因遺下的後果。我們受親職行為之害，不及我們受這種意識形態之害嚴重；與其說母親擺布命運的力量使我們淪為犧牲者，倒不如說是賦予母親如許力量的那種理論害了我們。

鮑比[33]在他頗具影響力的著作《兒童照顧與愛的成長》（*Child Care and the Growth of Love*）中陳述了這個理論，傳達了偉大母親原型的聲音，並且發出警告：背離這個理論即是蔑視母親的權威，那是致死的罪惡。

> 證據已經不容許我們質疑這個主張：幼兒時期被剝奪母愛可能對他的個性以及未來整個人生造成重大影響。這就像出生前母親罹患德國麻疹或嬰兒時期缺少維生素D所帶來的災難一樣。[34]

主宰你成年生活的不是母親，而是這種理論——每個人在出生的前幾個小時或在出生的過程中即被決定，一系列的微小原因及其積累的後果，形成了今天的你，而且你也會以同樣的方式影響你的孩子。你會成為孩子承受傷害的直接原因，不僅導致他們的挫敗，還把他們推向犯罪和瘋狂。這種意識形態把女性禁錮在親職的謬誤中，也讓孩子陷在埋怨母親的迴圈中。艾爾尖銳地批判、解構這種意識形態，但這番解構卻不是消極的破壞。她的用意和我一樣，是要解除謬誤造成的桎梏。大衛．羅在《家庭影響的限度》（*The Limits of Family Influence*）中也說：

> 謬誤在於相信人性是靠為期十四年的養育形成，而不相信文化史與人類最初進化之根源才是分量更重的形成因素。廣義而言，傳遞文化傳統的途徑很多，並非全賴理想化核心家庭的調教。第二次世界大戰前，熱烈參加納粹青年團的那些青少年，他們不是惡質童年教養造成的乖張扭曲的一群，而是出自踏實的中產階級家庭，享有家人情感上的支持。一國的青年既然可能被短短幾年文化變遷改變，又何必格外強調童年？[35]

把父母親，尤其是母親看得太重，難免會輕忽其他的重要事實——包括社會、環境、經濟的影響。由此可見，只顧諂媚原型神話可能蒙蔽了常識判斷。艾爾就曾指出，世界知名的母職理論權威鮑比與布萊澤頓（T. Berry Brazelton）認為，柬埔寨以及二次世界大戰後的歐洲兒童，之所以失神落魄、面容悲戚，要歸因於他們沒有母親，或歸因於母子關係的種種困擾，根本不提母親與子女所處的環境之動盪混亂。按這些權威人士所說，假使那些兒童與「夠稱職的母親」之間有「充分的緊密聯結」，並且因「依附關係」而有安全感，他們所遭遇的大破壞、大屠殺、大絕望，都應屬附帶的偶發事件。這又是母親原型的迷思，以為母親有無比大的絕緣力，能把現實世界的一切負面影響阻擋在外。母親神話雖有撫慰作用，卻也可能令執迷不悟的研究者窒息。

一位迥然不同的研究者華特肯斯（Mary Watkins）指出，著名心理學理論家如溫尼考特（D. W. Winnicott）、克萊恩（Melanie Klein）、史畢茲（René Spitz）、鮑比、安娜·佛洛伊德（Anna Freud），都強調童年的母子關係是決定一生的因素，而他們的理念發展成功都是在英國遭轟炸期間，或是在第二次世界大戰將爆發與剛結束的時候。面臨危難喊媽媽乃是人之常情，但心理分析的「科學」怎好往母親背後躲呢？

艾爾注意到，孩子們「被他們在成人世界看到的希望所影響」，這可能是兒童的恐慌與沮喪的關鍵原因。他們在成人世界中看到了什麼希望？投注希望在兒童及他們的未來，比在成人世界尋找更大的希望來得容易。古代的人及部落社會讓他們的孩子感受到永恆不變以及延續無限的時間跨度，週期性的改變和遊牧遷徙不會動搖根基。神話讓生活過得下去，希望並不是一種自古就存在的範疇。對恆常不具信心了，希望才開始進入我們的歷史、進入我們的心理。

我們的主要神話是預示災難的，如《聖經》最末章〈啟示錄〉中約翰所揭示的；我們的孩子今天正一邊活在災難的圖像中一邊製造災難。[36]兒童的自殺率當然會急速增長。這是一個正在崩塌、耗盡、絕滅且無法修補的結構，孩子們要把自己的稟賦與這樣一個結構拴在一起，那是多大的煩憂。神話告訴我們，這超出了人的能力。按照大災難論述的權威版本，唯一的希望是神的救贖和第二次機會。宇宙科幻總有世界末日善惡大決戰的場景，而心理學的「科幻」則把孩子的毀滅狹隘地歸咎於親職的功能失調，而世界承載著所有父母，正在往懸崖邊移動。

缺席的父親

「爸爸！爸爸怎麼不在家？」他出去吃午餐了。他本來就該去，我是這麼認為的。他得到別處去上班——這個我等會解釋，因為他對家庭發揮的根本價值就是維持與外界的聯繫。

電視劇和廣告裡的爸爸都是傻乎乎的。他看起來是消息欠靈通的，和大家打不成一片。評論家講到當代的父親，都說這是刻意將他塑造成可笑、過時的弱勢形象，為的是要解除父權地位的故作威風，要使兩性關係更平等，要模糊父親與子女之間的尊卑界限。所以，妻子總是顯得比他務實，比他清楚事理，子女比他靈活懂世故。即便是位好老爸，仍不免有幾分傻氣。

我要指出，這種戲除了扭轉社會常俗與軟化父權之外，還有別的意思。我們會在電視劇裡看出一個不無道理的次要情節；父親不懂如何煮咖啡、不會買漱口水、解答不了青春期子女的交友難題，也許他本來就不必懂，也許這樣笨頭笨腦正表明他其實不屬於這個天地。他的天地不在這種劇情設定裡，他無法和這兒的人打成一片，是因為他的一隻腳還站在另一個空間，一隻耳朵在傾聽別的訊息。他不能不聽召喚，不可不顧自己真心所願，更不能忘記他所體現的圖像。

當然這不單單是男人的責任，但只有男人會被界定為「缺席」。我們若作心理學的探討，應該去探索遺棄妻小、工作狂、漠不關心、雙重道德標準、誇示父權等以外的原因。

父親缺席由來已久。昔時的父親可能從軍上戰場、出海當水手、到異國傳教、到外地工作、犯罪坐牢，即便是不離家的工作也是日出而作日入而息。「父職」在不同國家、不同階級和不同的歷史時期，呈現的是迴然不同的面貌。[37]缺席乃是常事，只是到了如今，缺席才變成可恥、罪過的行為，甚至是導致犯罪行為的禍由。父親缺席這種社會弊病，在我們這個講究治療的時代有如牛鬼蛇神。

傳統的父親形象是白天工作，黃昏時回到家中與家人在一起，賺錢養家、關愛孩子，與孩子度過快樂時光——這是親職謬誤的另一種幻想。這種景象跟統計結果根本不吻合。在一九九三年，只有少數的美國家庭符合這樣的模式：為夫為父的外出工作賺錢養家，而為妻為母的留在家裡照顧他們的兩個小孩。大部分人不是過著這種生活。根據統計，大部分父親不符合這種形象，就像大部分女性也不符這種圖象中的賢妻良母型。如果所謂的「家庭價值」是指父母和他們的孩子在一起生活，那麼這種價值跟美國人的真實生活實在沒有什麼關係。

爸爸去哪裡了？

我們不要一味責怪父親缺席，而將過多的負擔加諸母親、老師、學校、警察、納稅人。我們該問一問：爸爸「不在家」的時候可能在哪兒？他缺席的時候可能置身什麼地方？是什麼力量把他拉到別的地方去的？

奧地利詩人里爾克[38]有一些答案：

男人有時候在用晚餐時站起來
走到戶外，並且繼續走著，
因為有一座立在東方某地的教堂。
他的子女在為他禱告，如同他已死。
另一個男人，他留在自己的屋內，
死在那兒，在狼藉碗盤和破璃杯中，
所以他的子女必須走進世界深處
去到同一座教堂，而男人早已忘了此教堂。[39]

里爾克解釋了父親缺席的原因。可是，父親不缺席的景況又該如何解釋呢？他愛罵人、脾氣暴躁、攪得全家不安，他這麼兇是為什麼？真的是因為家人都不聽他的話、花錢太多，所以他恨妻子，想打孩子？抑或有別的原因——難不成是神靈附身、由不得他自己？

我漸漸覺得，親職謬誤把一個錯誤形象硬給父親套上，父親的代蒙怒不可遏，所以發飆反抗，這個叫作「美國父性」的抽象概念，硬要他做一個喜歡迪士尼樂園、喜歡吃小孩子吃的東西、喜歡聽意見、講笑話的人。

這麼淡而無味的模型，辜負了他的靈魂給自己選定的命運，要他背棄自童年起就掛在心裡的圖像。他缺席、發脾氣、坐在沙發上不理人，都是靈魂想要找回原路的徵候。父親非暴怒即冷漠，小孩子的過敏症和行為失調，妻子的沮喪和怨恨，是一體的多面。這不是「家庭系統」出了問題，而是因為只求「更多」的經濟體制擋住了靈魂的去路。

因此，身體、精神和心靈的缺席召喚他逃離美國式幻覺的牢籠，因為這牢籠將折斷天使的翅膀。沒有了靈感，只剩下赤裸裸、盲目的暴行；對理想失去了渴望，只剩下貪婪的幻想和輕浮的誘惑。身體還在，靈魂卻缺席了，他躺在沙發上，因自己的代蒙感到恥辱，因為靈魂還存在著無法被抑制的潛力。他感覺到自己內在的騷動，覺得自己已經到了忍耐的極限。解決的方法就是：更努力工作、賺更多錢、喝更多酒、變得更胖、擁有更多東西、享受更多娛樂，以及幾近瘋狂地將成熟男人的生命奉獻給孩子，讓他們順著消費的階梯向上攀爬，追求他們的幸福。

父母真正的使命

「快樂」的孩子從來就不是親子教養的目標。勤奮有用的孩子、健康的孩子、順從有禮的孩子、不惹麻煩的孩子、虔誠的孩子、讓人愉快的孩子……這一些，才是父母育兒的目的。但父母陷在親職的謬誤之中，也急於用球鞋、課本、旅行來為孩子提供快樂。可是，不快樂的父母能給孩子帶來快樂嗎？快樂原本的意思是eudaimonia，即「快樂的代蒙」；只有被好好對待的代蒙，才有可能將快樂傳遞給孩子的靈魂。我想說的是，湯瑪斯．摩爾[40]所謂的「靈魂關愛」，能夠讓孩子的靈魂富足。

父母一直把成就自己靈魂的責任轉換為成就子女的靈魂，就是在逃避人生橡實已經蘊含的本分，是用孩子取代了橡實。於是，做父母的把孩子看得比什麼都重要，把孩子當作自己命中的志業，想用孩子來實現自己的生命圖像。父母心中有怨，因為自己的代蒙被辜負了。孩子也有怨，因為他成了完成父母志業的傀儡。你的母親不是你的代蒙，你的孩子也不是你的代蒙。

我多年來接觸病人、處理男性退縮的問題，我發現，當孩子取代了你的代蒙，你會怨那個孩子，甚至恨他，不管你有多善良、道德有多高尚。傑出的小說家與社會評論家溫圖拉（Michael Ventura）說：美國人恨他們的孩子。[41]這說法看起來很荒謬——歷史上有哪一個文化曾像我們一樣如此談論、感受、思考孩子的一切？當代又有哪一個社會像我們一樣積極在全球行動拯救兒童、緊急救助早產兒、為嬰兒做器官移植、為胎兒做早期預防？但這一切只是外衣，隱藏著驚駭的忽視態度。

看看這些證據：美國有五千七百萬名十五歲以下的兒童，其中超過一千四百萬生活在貧窮線以下。美國低體重嬰兒的出生率只排在伊朗和羅馬尼亞之後。每六個孩子就有一個是和繼父或繼母生活在一起，有五十萬名兒童長期住在醫院或寄宿在養父母家。在美國，死於自殺的兒童和青少年比癌症、愛滋病、出生缺陷、心臟病和肺炎致死人數的總和還多。每一天，至少有一百萬個「鑰匙兒童」[42]回到那個有槍支的家中。[43]

除了數據統計中的這些孩子，還有許多來自各經濟階級的孩子正在接受各式各樣的治療：注意力缺乏症、過動、肥胖、暴食、憂鬱、懷孕、成癮……

經濟不公、政治順從以及群眾的麻痺，製造了孩子的苦難。但是親職的謬誤助長了對孩子的疏忽。父母不關心他們自己來到這世界上的感召，他們做盡一切背離這感召的行動，辜負了他們活著的理由。當孩子變成了你生存的理由，你也就遺棄了你原來生於此的潛在使命。你身為成年人、身為公民、身為父母，你的使命是什麼？是去創造一個能夠接受代蒙的世界，去製造一個可以讓孩子向下成長、活出代蒙的文明社會。這就是親職。為了孩子的代蒙去履行這個職責，你首先必須證明自己的代蒙。

做父親的背棄了自己固有稟賦的召喚，全部精神貫注在孩子身上。令他憶起召喚的事都會帶給他椎心之痛，孩子自然而然流露的理想主義、浪漫熱忱、正義感、對微小事物的愛戀、對大問題的興趣，這一切都令成年的父親記起自己背棄的代蒙，教他受不了。

每個人都天賦異稟，孩子就是活生生的證據，但父親不是從孩子身上學習，而是屈從孩子，將他放置在玩具的世界，這就干擾了他向下成長進入文明。這導致一種兒童成了主導而父親被弱化的文化，在其中功能失調的孩子竟然有開槍的力量。這個社會對孩子的無邪如此偏袒，對他們所帶來的問題如此視而不見，孩子於是成了他們所著迷的吸血鬼般榨乾父母。

走進世界大家庭

「我的世界原本是父母塑造的」，我認為這種想法是一種「錯置的具體性」（misplaced concreteness）。這個術語借自英國哲學家懷海德。[44]具體性放錯了地方，「抽象的」和「具體的」就無法保持分明了。天地神話中的父母形象一旦和個人的父母親搞混，抽象的「天父神」和「地母神」（或是埃及神話所說的天母地父）所具有的生殺威力，就變成具體的父母親。而父母親被神化之後，似乎真有其大無比的威力了。

把宙斯和希拉這對神話夫妻撐起天地的力量放錯地方，成了佛洛伊德所說的「家庭傳奇」（family romance）。相信這個謬誤的人，以為自己的成敗端賴父母，以為自己走不出這個「傳奇」，永遠被父母的影響力籠罩。這種人相信父母大如世界，卻忘了外面的廣大世界也是父與母，外面的世界也在塑造、滋養、教導我們。

現在西方文明既然主張保護環境、與大自然和睦相處，第一個步驟就是踏出父母親的家門，走入世界廣大的家。如果「養育」意味著監視、教導、鼓勵、告誡，那麼周圍的一切都在養育我們。你真的以為人類只靠他們的大腦就發明出車輪、火、籃筐以及其他工具？石頭滾下山坡、閃電從天空擊向大地、鳥兒編織、猿及大象則探測與敲打。科學想要掌控自然，但也是自然教會科學如何掌控。

我們越是深信父母具有壓倒性的重要分量，就越無法注意到世界每天給予我們的父愛和母愛。康乃爾大學的心理學家吉勃遜（J. J. Gibson）主張，這世界給予我們安身、庇護、滋養、休歇、冒險、嬉戲。這世界的內容，動詞多於名詞。世界的意義不只在於物件，而在於充滿了有用、好玩、引人好奇的機會。鳥兒看見樹的枝椏，對它而言那不僅僅是樹枝，而是一個可以停棲的機會；我們看見了一只空盒子，貓兒卻看見可以躲在裡面向外窺伺的地方。蜂窩的氣味，對熊而言是享受美食的機會。世界上到處是值得探知的事物，它們從不曾「缺席」。

小孩子特別能領會大自然供給的這種撫育和教化。傑出的生態學家考伯（Edith Cobb）說過，兒童的想像力全憑與環境接觸交往而來。[45]想像力不是自己在家裡長出來的，也不是聽爸媽講故事就會萌發的。兒童天生能和周遭世界自在相處；世界歡迎他們向下成長融入其中。

這不是在附和盧梭（Jean-Jacques Rousseau, 1712-1778）、福祿貝爾（Friedrich Froebel, 1782-1852）、愛麗絲．米勒（Alice Miller, 1874-1942）的言論，[46]因為我並不認為小孩子天性善良，也不認為兒童天生即是完整的；我只是說，兒童的想像力和心智需要從大自然得到滋養，因為自然世界也是他們的父母。因此，如今的兒童如果出現失調行為，未必是因為缺乏父母照顧，可能是因為太過強調父母的功能，導致兒童不能信賴真實世界，無法從中獲得快樂。

子女愈相信自己的性情由父母而來，就愈不能坦然接受周遭的影響力，也愈不認為周遭世界對自己的人生有多麼重要。但是傳記故事莫不以主人翁的出生地開始，人嗅到了環境才開始有自我，我們自始離不了生態環境。

令人憂心的生態浩劫已經發生，且正在上演。災難是我們導致的，因為我們依附父母權威而與世界分離；我們認為是親密家庭形塑了我，而非外在的其他事物。親職的謬誤不僅危害自我認知，也在催毀世界。

除非這種心理認知的謬誤被糾正，否則再多的多元文化和環境主義運動、實地探訪、和平隊（Peace Corps）或賞鳥活動，都無法讓我們從根本上與世界重新連結。首要的是，重構心理認知，把信仰從家與父母轉向世界的大家庭。

重返真實環境

心理治療偏偏背道而馳，認定是父母和家人造成成長期間所受的傷害，所以不讓病人往其他能給予慰藉和啟示的方向尋求解決。事實上，沒有心理治療師可求的人，會帶著自己的心靈創傷走向樹林、走向河邊，對相伴的寵物傾吐，在都市街上漫無目的地走一回，呆望著夜空。或者只是凝視窗外，或是目不轉睛看著一壺水慢慢燒沸。這時候人只需呼吸、放鬆，就會覺得別處來的什麼進到裡面。個人的代蒙回到可用武之地，自然感到欣慰振奮。

按照理論，雙親的撫育如要充分發揮功能，必須在「有助長作用之環境」下才辦得到。講求合情合理治療法的心理學家溫尼考特認為，這種環境就是真實的「環境」。可惜的是，環境被忽視而變得令人懼怕了。心理學把真實世界排除在主要理論架構之外，把外面的世界想像成無感情、冷漠，甚而是有敵意的（心理治療才是保護收容所，心理諮商室才是避難處）。心理學的理論發明了壞母親、要人命的母親，把這些概念投射到外面的世界上。我們彷彿回到了四百年前笛卡兒（René Descartes）構思的世界中，那是個無限遼闊的物質宇宙，沒有靈魂、不友善、機械性，甚至有些險惡。

那種世界潛伏著災禍。但那些躲在門後、草叢裡的力量並不只是病菌、毒蟲、流沙，還有我們的祖宗先人。可是我們既把父神母神的威力都交付給父母親了，祖先也一併消失了。

消失的祖先

我們的傳記和個案史通常以我們的父母和出生地開始。有時透過父母回溯到四位祖輩的血統，最多也只是回溯到八位曾祖輩。但大多數個案只回溯到父母親，有時甚至只有母親，因為父親總是缺席。

所以，祖先是不必提的了。個人的父母親不但神祇化，而且僭越了一向屬於無形祖先的庇佑力與崇高地位。在我們的文化裡，「列祖列宗」、「世系」指的是染色體的關係；祖先指的是個人身體細胞的遺傳起源。生物作用論取代了祖先的精神意義。

在一些社會，祖先可能是一棵樹、一隻熊、一條大魚，或某個逝者、夢中的某個神靈，或某個陰森可怕的所在。這些都可能被稱為「祖先」，在離家的某處為他們建造聖壇。祖先存在形式不限於人類的身體，當然也不限於子嗣繁衍的血脈意義。只有當某個家庭成員，比如祖父祖母或叔叔阿姨，他們德高望重，有強大的權力與學識，才有可能變成守護靈意義上的祖先。成為祖先不一定要經歷死亡，但必須了解死亡，也就是說，了解那無形的世界，知道那個彼方在何處、以何種方式跟活著的此方連結上。

精神體的祖先關係著社會整體，也關係著每人生命核心的固有圖像。一個人暴怒失控，或是怠惰不振了，或與人爭吵尋隙，都可以祈告某位祖靈下降，以驅除惡力影響，使一切恢復常態。個人的失常狀態不能歸因於父母親，問題必然出在別的地方，如有人施咒、犯了禁忌、沒有履行該做的儀式、空氣或飲水不良、住處有不祥、和人結了怨、得罪神祇、疏忽職守、誤犯過錯等等。不論如何，個人的精神狀態絕不可以歸因到父母親二、三十年前的所做所為。父母不過是子女來到世上必須的機緣，因為他們履行了必要的儀式，子女的靈魂才得以進入人間。

沒有了祖先的概念，除了父母，我們還能以為是什麼在直接影響和控制我們的生活呢？我們全盤接受「孝敬父母」的教條，如此體面與良善。但我們不要忘了，這所有戒律的目的是要消除多神論異教中的痕跡——崇拜祖先對異教徒而言是必要的。那些教義清楚告訴我們，這些「父母」不僅僅是人類的父親和母親。他們有巨大的能量，應被當作命運的守護神來尊重，因而「在吾神耶和華所賜之地，我的生命將得以長久」（《中命記》5:16）。像祖靈一樣，他們是生命的監護人、好運的賜予者，是這片土地的自然神靈。「親職的謬誤」以此種強制的方式確立，永恆長存。原始的神靈世界已經降格為具體的人形雕像。

歷經好幾世紀，官方制定的宗教信仰終於排除了古早社會多采多姿的神靈崇拜。這個過程我們稱之為「文明」。古希臘的大地女神蓋亞（Gaia）與天神烏拉諾斯（Ouranos）、古埃及的男地神蓋布（Geb）與女天神努特（Nut）、北歐神話的波爾（Bor）與貝絲特拉（Bestla）都縮小成為父親和母親，子女的天地裡只有父母親，父母親則是被他們所象徵的神靈加倍放大了。成年的子女即便對於父母主宰自己人生的力量堅信不移，孝敬父母的儀式也不過是逢年節寄賀卡、打電話，在生病或急難時照顧一下而已。

「孝敬父母」確實沒錯，但別將父母跟創造與破壞之神，或跟祖靈搞混。要處理這個「父母問題」是非常艱難的，因為這不單純是邏輯的謬誤或「錯置的具體性」，也不是通向自我肯定的艱辛心理治療過程。要克服親職的謬誤，就像是要改奉另一種宗教——走出宗教與教育分離的現世主義，走出心理學的人格主義，走出一神信仰，走出因果迷思。必須倒退一步，重拾與無形境界的聯繫，並且放膽跨出門檻，走向外面世界供給的無限豐富影響之中。懷海德說：「宗教就是對世界的忠誠。」[47]這也許就意味著從此放下西方社會、心理治療，以及我們一向篤信的父母主宰力。

註釋 NOTES

1 編註：湯瑪斯．吳爾夫（Thomas Wolfe, 1900-1938），二十世紀美國最重要的小說家之一，生於北卡羅萊納州的山區小城，父親是雕鑿墓碑的石匠，母親當過圖書推銷員和教員，父母共生育了八個孩子，存活下來的有六個，他是最小的一個。吳爾夫一九三八年死於腦炎，雖然只活了三十八歲，卻創作了四部長篇小說及數十篇中、短篇小說。

2 原註1：所有關於湯瑪斯．吳爾夫的引用，皆摘自Andrew Turnbull, *Thomas Wolfe* (New York: Scribners, 1967)。

3 原註2：Peter B. Neubauer and Alexander Neubauer, *Nature's Thumbprint: The Role of Genetics in Human Development* (Reading, Mass.: Addison-Wesley, 1990), 20-21。轉引自：David C. Rowe, *The Limits of Family Influence: Genes, Experience and Behavior* (New York: Guilford, 1993), 132。

4 編註：波特（Cole Porter, 1892-1964），美國知名百老匯音樂劇與電影音樂、歌曲作曲作詞家，六歲時即在母親的輔助下開始音樂學習，十歲完成處女作Song of the Birds，後又發表多部作品，童年時已展現過人的音樂天賦。

5 原註3：Stephen Citron, *Noel and Cole: The Sophisticates* (Oxford: Oxford Univ. Press, 1993), 8.

6 編註：萊特（Frank Lloyd Wright, 1867-1959），二十世紀最具獨創性的美國建築師，他的建築及構想深深影響了今日的辦公大樓及居家設計，美國建築師協會公認為美國有史以來最偉大的建築師。萊特的傳記提到母親期望他長大後能蓋出美麗的建築，她用雜誌上撕下的英國教堂雕刻來裝飾育兒室，期望激勵其志向，並在他幼年時期購買積木給他玩。

7 編註：卡薩爾斯（Pablo Casals, 1876-1973），二十世紀最重要的大提琴家和音樂家。十四歲在一家音樂書店發現被忽視近二百年的巴哈「大提琴無伴奏組曲」，潛心研究了十二年才公開演出，並於一九三〇年代錄製了史上第一套完整的錄音，奠定其巴哈權威地位。一生為音樂和自由抗爭，因反對佛朗哥獨裁政權而流亡二十多年，一九五八年獲提名諾貝爾和平獎。

8 原註4：Victor Goertzel and Mildred G. Goertzel, *Cradles of Eminence* (Boston: Little, Brown, 1962), 13.

9 原註5：Stanley A. Blumberg and Gwinn Owens, *Energy and Conflict: The Life and Times of Edward Teller* (New York: Putnam, 1976), 6.

10 編註：克里希那穆提（Jiddu Krishnamurti, 1895-1986），二十世紀最卓越的性靈導師，十四歲時為「通神學會」認定為彌賽亞候選人，但四年後他解散信徒為他成立的宗教機構，退出「通神學會」，並終生不再成立任何形式的組織。一生走過六十多國，向世人傳達正視人心、了解實相、認識愛與恐懼的教育理念。

11 原註6：Pupul Jayakar, *Krishnamurti: A Biography* (New York: Harper and Row, 1988), 20（編案：中文版《克里希那穆提傳》由胡因夢翻譯，方智出版）。

12 編註：范・克萊本（Van Cliburn, 1934-2013），美國鋼琴家，自幼由母親教授鋼琴（母親是位鋼琴教師，曾跟隨李斯特的學生學琴），四歲即登台演出，十三歲在德州的鋼琴比賽獲獎，旋受聘於休斯頓交響樂團，十五歲進紐約茱莉亞學院。一九五八年參加蘇聯莫斯科柴可夫斯基國際鋼琴比賽，獲一等獎，蜚聲國際樂壇。他以音樂突破外交困境，成為六〇年代美國最成功的文化大使，二〇〇三年獲總統自由勳章。

13 原註7：所有關於范・克萊本的引用都出自 Howard Reich, *Van Cliburn: A Biography* (Nashville: Thomas Nelson, 1993)。

14 編註：納瑟（Gamal Abdel Nasser, 1918-1970），阿拉伯埃及共和國第二任總統，一九五二至一九七〇年埃及實際最高領導人。他被認為是歷史上最重要的阿拉伯領導人之一，執政期間，倡導阿拉伯民族主義。

15 編註：恩克魯瑪（Kwame Nkrumah, 1909-1972），迦納共和國的締造者、非洲民族解放運動的先驅，被譽為「迦納之父」，一生提倡泛非主義，主張以非暴力方式統一非洲，建立非洲合眾國。

16 編註：盧卡奇（George Lukács, 1885-1971），匈牙利馬克思主義哲學家兼文學批評家，一九二三年以《歷史與階級意識》開啟了馬克思主義思潮，被譽為馬克思主義奠基者。著作另有《心靈與形式》、《小說理論》等。

17 原註8：Lee Congdon, *The Young Lukács* (Chapel Hill: Univ. of North Carolina Press, 1983), 6.

18 編註：史特拉汶斯基（Igor Stravinsky, 1882-1971），俄裔美國鋼琴家、音樂家，二十世紀最具革命性的現代樂派作曲家。前期作品韻律變化多，節奏完全不受束縛，成為二十世紀未來音樂作家的表表者；後期作品又回歸組織清晰而簡潔，成為一種新古典主義。

19 編註：阿柏絲（Diane Arbus, 1923-1971），二十世紀著名的女性攝影師，其作品在視覺上深入探索社會主流人物和邊緣人的兩面性，被譽為攝影界的梵谷，並獲選為攝影史上五十位偉大的攝影家之一。

20 原註9：Joan Peyser, *Leonard Bernstein* (London: Bantam, 1987), 22.

21 原註10：Patricia Bosworth, *Diane Arbus: A Biography* (New York: Alfred A. Knopf, 1984), 25.

22 編註：孔恩（Roy Cohn, 1928-1986），美國議員麥卡錫曾在一九五〇年代初期掀起一陣恐怖的反共熱潮，當時身為律師的孔恩是最大的幫兇，他幫麥卡錫做了大部分的骯髒事，不擇手段挖出可疑的自由派獵物，供麥卡錫在電視公開聽證會上大肆攻擊。

23 原註11：Roy Cohn and Sidney Zion, *The Autobiography of Roy Cohn* (Secaucus, N.J.: Lyle Stuart, 1988), 33.

24 編註：漢娜・鄂蘭（Hannah Arendt, 1906-1975），生於德國漢諾威，先在馬堡受教於海德格，後在海德堡受教於雅斯培，一九三三年因猶太人身分逃往巴黎，二戰爆發後前往美國，歸化為美國公民，先後任教於加州大學柏克萊分校、普林斯頓大學、芝加哥大學以及紐約社會研究新學院。著作豐富，包括《極權主義的起源》、《人類的處境》、《論革命》、《平凡的邪惡》、《黑暗時代群像》等。

25 原註12：Elisabeth Young-Bruehl, *Hannah Arendt: For Love of the World* (New Haven: Yale Univ. Press, 1982), xii, 4.

26 原註13：Evelyn Fox Keller and W. H. Freeman, *A Feeling for the Organism: The Life and Work of Barbara McClintock* (New York: W. H. Freeman, 1983), 20.

27 編註：米萊（Edna St. Vincent Millay, 1892-1950），美國詩人兼劇作家，第一位獲得普利茲詩歌獎的女性詩人，才氣縱橫，托馬斯・哈代（Thomas Hardy）曾說：「美國的兩大魅力：摩天大樓與米萊的詩。」

28 原註14：Goertzel and Goertzel, *Cradles of Eminence*, 255.

29 編註：蒂娜・透納（Tina Turner, 1939-），瑞士籍美國歌手，女演員。五十多年的演藝生涯獲獎無數，滾石雜誌評選的《史上最優秀的一百名藝人》中蒂娜排名第十七，該雜誌並稱她「搖滾女王」。

30 原註15：Tina Turner and Kurt Loder, *I, Tina: My Life Story* (New York: William Morrow, 1986), 8, 10.

31 原註16：David Rowe, *The Limits of Family Influence*, 193.

32 原註17：Diane E. Eyer, *Mother-Infant Bonding: A Scientific Fiction* (New Haven: Yale Univ. Press, 1992), 2, 199, 200.

33 編註：約翰・鮑比（John Bowlby, 1907-1990），英國發展心理學家，從事精神疾病研究及精神分析的工作，一九五〇年代提出著名的的依附理論（attachment theory），討論初生嬰兒與照料者之間的依附和聯繫，在成年人人格發展中的重要性。

34 原註18：John Bowlby, *Child Care and the Growth of Love*, 2d ed., abridged and edited by Margery Fry (Harmondsworth, England: Penguin, 1965), 53.

35 原註19：Rowe, *The Limits of Family Influence*, 163.

36 原註20：Robert Coles, *The Spiritual Life of Children* (Boston: Houghton Mifflin, 1990).

37 原註21：John Demos, "The Changing Faces of Fatherhood," in *The Child and Other Cultural Inventions*, Frank S. Kessel and Alexander W. Siegel, eds., (New York: Praeger, 1983).

38 編註：里爾克（Rainer Maria Rilke, 1875-1926），重要德語詩人，出生於奧匈帝國治下的波希米亞（Bohemia，今捷克之一省），除了德語詩，還創作小說、劇本、一些雜文及法語詩，並勤於書信寫作，其作品影響現代詩的發展甚鉅。

39 原註22：Rainer Maria Rilke, *Selected Poems of Rainer Maria Rilke*, trans. Robert Bly (New York: Harper and Row, 1981).

40 編註：湯瑪斯・摩爾（Thomas Moore, 1478-1535），英格蘭政治家、作家、社會哲學家。一五一六年以拉丁文寫成《烏托邦》一書，影響後世社會主義思想發展。一五三五年反對英王亨利八世兼任教會領袖而被處死，據說臨刑時他幽默地對劊子手說：「鬍子與叛國無關，請把我的鬍子移到外面，免得被斬。」一九三五年天主教會冊封其為聖人。

41 原註23：Michael Ventura and James Hillman, *We've Had a Hundred Years of Psychotherapy - And the World's Getting Worse* (San Francisco: Harper, 1993).

42 編註：因父母忙於工作，孩子放學後必須自己用鑰匙開門，回到空蕩蕩的家。

43 原註24：Camille Sweeney, "Portrait of The American Child," The *New York Times Magazine* (October 8, 1995): 52-53.

44 編註：懷海德（Alfred North Whitehead, 1861-1947），英國數學家、哲學家、教育理論家，二十世紀最龐大的形上學體系「歷程哲學」的奠基者。歷程哲學主張：「緊迫地將世界視為一個具有相互關聯歷程的網絡，而我們是不可或缺的部分，因此我們所有的選擇和行動都影響我們周圍的世界」。有些基督徒和猶太教徒認為歷程哲學對認識上帝和宇宙是很有啟發的進路，就如整個宇宙一直在流轉改變，作為宇宙起源的上帝也是在成長與改變的。

45 原註25：Edith Cobb, *The Ecology of Imagination in Childhood* (Dallas: Spring Publication,1993).

46 編註：盧梭是法國啟蒙思想家、哲學家、教育家、文學家，他首創回歸自然之說。福祿貝爾是德國教育家、心理學家，幼稚教育創始人。米勒是瑞士兒童心理學家，關注兒童早期心理創傷對成年生活的影響，著有《幸福童年的祕密》、《夏娃的覺醒》、《身體不說謊》（以上三書皆由心靈工坊出版）等書。

47 原註26：Paul Arthur Schilpp, *The Philosophy of Alfred North Whitehead* (New York: Tudor, 1951), 502.

第四章

重拾無形的世界

意義是看不見的，但看不見的並不與看得見的相互矛盾：看得見的事物本身就有看不見的內在結構。有形之內的無形，即是暗中與有形對應的互補。

——摘自梅洛龐蒂（M. Merleau-Ponty）的
《工作筆記》（*Working Notes*）

甚至在理性發動之先，已有向外求歸屬的內在動向了。

——摘自普羅提諾（Plotinus）的
《九章集》（*Enneads,* III. 4. 6）

就算用顯微鏡來看，也看不見蘊含生命圖像的那顆橡實的。我們假設它是無形的真實。要想進一步認識它，首先得研究無形的本質是什麼。美國式的常識和美國心理學的主要指導原則是：凡存在的，都以量存在，所以都是可以計量的。因此，「無形」令美國常識與心理學大感困惑。如果真有這麼一個圖像，從心中召喚我走向自己的命運，它又是持續存在的，那麼，它有可計量的寬廣度嗎？心理學向來是想用有形的方式框住無形，它已在人體器官組織裡，找尋靈魂近百年之久；如今既已尋找不著，這門科學對於靈魂的概念也不再抱任何希望了。

事實上，還有別的方法研究靈魂、解釋那些決定命運的無形力量。如瑞典民間就有這麼一則森林故事。在北方砍伐松、樺、杉等木材的人，通常習慣獨自工作，一個人把樹砍倒，把枝椏削掉。伐木者也會在晝短的清冷日子中飲酒、喝咖啡、吃脆餅……，有時候胡爾德拉（Huldra）[1]會出現。她身形纖巧，柔美而迷人，令人難以抗拒。有時候，伐木者會停下工作，甚至丟下斧頭，聽從她示意而隨著她走進林子深處。他走近她身邊時，她轉過身，消失了。胡爾德拉含笑的臉一旦背轉過去，就什麼都沒有了。她沒有背面，也可以說她的背面是隱而不見的。伐木人被引到樹林深處，迷失了方向，找不到熟識的路徑記號回到原來的伐木處，便凍死了。

胡爾德拉的背

本章一開始就講了一個神話式的故事，其中有妖女，或樹仙、樹靈，有在工作的凡人；她不見了，他便失去方向，僵凍而死。這個故事不論從哪個方面解讀，例如男性和女性的角色、原型的「靈」（anima）[2]、因幻覺向外投射而迷失靈魂、施有魔法的森林象徵母親的領域、古老傳說中草木的靈向毀壞自然的人報仇，這些都不及故事本身幽遠，都不能退到胡爾德拉不見了的背面之後。

故事的每一種解讀背後都站著原來的故事。所有的解析所展示的巧妙論點，還是得以故事本身為襯底的背景。我們解釋神話，神話並不解釋自己，它可資援引的是無形。神話展現迷惑人的面孔，我們要細看它的背後，卻什麼也看不見，它消失了，留下我們在樹林裡找不著方向。

神話是如何誕生的，這個故事我們都會講：是由作夢而來的；是原始人類為了解釋宇宙與自然現象而產生；是藉可畏的力量來奠定部落律法；是巫師藉天眼得到啟示；抑或是老婆婆講的簡單故事，被喝多了酒的人刻意誇大，藉以消磨時間、哄小孩子入睡⋯⋯。不論如何解釋神話的起源，隱藏在神話背後的東西仍舊是謎。

看得見的與看不見的，其間有什麼關係？我們的宗教信仰把天堂與人世分開來，把今生與死後的生命分隔開，我們的哲學思考也把思維與物質一分為二，這些做法都強使有形與無形之間產生裂隙。這裂隙該如何連結起來？有沒有方法把看不見的帶到看得見的這邊，或是把看得見的接上看不見的？

數學、音樂、神話

傳統的連接橋樑有三種：數學、音樂、神話。神祕主義可以列為第四個。但是，神祕主義將有形與無形合為一體；一切事物都是清澈透明而無形的。所以，在神祕主義者眼中，既沒有裂隙也沒有問題存在。如果要在兩種領域間設計出一種理性的連繫，可能反而把兩者分隔得更遠了。神祕主義者主張以冥思面對左右為難之境，而不主張謀求解決，道理即在此。

數學的方程式、樂譜的音符、神話的擬人象徵，都可以跨越這兩種領域的界限。這三種橋樑擺出引誘人的表面，似乎呈現了未可知的另一端的模樣。這種誘惑導致錯覺，使人誤以為數學、音樂、神話就是橋的那一邊。我們往往認為，看不見的那個世界的真正事實是數學性的，可以用一個統一場方程式表達，[3]也（或）可以用音樂和聲呈現，也（或）存在於有名字、有形體的神話人物或力量之中。無形之神祕轉換成為我們能夠處理的有形方法：高等數學、樂譜符號、神話形象。這些方法令我們著魔陶醉，進而誤以為它們就是無形之謎。我們忘記了古老的教訓，誤把指向月亮的那隻手指當成了被指的月亮。

我們相信胡爾德拉那不可見的背影必定跟她的正面一樣美。我們所看得見與看不見的，兩者之間的關係是什麼？是她的背影已經展現在她的正面，還是說，她的美麗笑容就是那不可見的最美好再現，因此才如此迷惑人？

美是橋樑，但我們無法太確定。胡爾德拉的背影可能很恐怖，畢竟伐木者已經凍死回不來了，沒人知道。因此，美雖然被新柏拉圖學派定義為無形存在的有形呈現，是對凡俗之物的神聖加工，[4]然而美既沒有結構、也不恆常。循著歷史去追蹤美的定義，並不會讓我們知道得更多。美又被歸納成三大橋樑：數學的比例、局部之間的均衡，以及阿芙蘿黛蒂（Aphrodite）[5]女神的光輝。對胡爾德拉背影的好奇，引領我們深入神話的森林，但卻無法經由任何熟知的事實得到結論。無形沒有事實。

神話講的故事不能在歷史中找到依據證明。男神女神們、大英雄與其仇敵，都在用土塑石雕的形象講述他們的故事。有人親眼見過他們嗎？神話中那些絕妙的地方不在這個世界裡——全是編造出來的，只是傳說。神話的生命力持久且不斷更新，這生命力卻不是以事實為根據。一切神話的真正力量都是源自看不見的領域。柏拉圖哲學權威弗立蘭德（Paul Friedländer）說：「神話是真實與詩意幻想的混合。逐漸模糊消失到不確定狀態，這正合乎神話的本質。」[6]在森林中遁形的胡爾德拉，也許即是神話的人格化，用一個詩的意象表達了神話的真義。

平常的生活同樣有著看不見的背面。例如，我們隨時隨地看得見、摸得著的東西，其背面即是物理學的抽象理論；我們崇信的神學是看不見的；我們為著看不見的理想作戰赴死；診斷婚姻、動機、瘋狂所依據的概念也是看不見的。此外，有誰能看得見時間？這些看不見的，我們都視為理所當然，比起神話的那一層薄薄的幻想，要堅實厚重得多。

生活中到處是看不見的東西把我們呼來喚去：家庭價值觀、自我開發、人際關係、個人福祉，還有氣勢更兇猛的「支配」、「成功」、「成本效益」，以及最龐大而無所不在的「經濟」。如果是在數百年前的佛羅倫斯，或是在古代的羅馬、雅典，我們看不見的這些主宰力會有雕像、有祭壇，最起碼會有畫像，如古人把幸運、希望、友誼、德行、名望、醜陋、疏忽等等用塑像圖畫呈現。在此毋須逐一列出所有看不見的東西，重要的是學會辨認它們，這得從傾聽自己的代蒙開始。代蒙又叫作稟賦、天分，有時候稱作靈魂、命運，也就是本書所說的生命橡實。

迷信固體物質

也許是因為我們不假思索地接受了上述那些看不見的東西，它們才變得那麼堅固。假如我們緊緊依附著自己特別喜愛的無形事物，這一套事物必然可成為堅若磐石的倚靠。哲學家柏格森[7]指出了我們寧愛粒子不愛神話的原因：「人類的智能在無生命物體之中感到自在，對實體物格外如此。我們的行動在實體物上找到支點，我們的工業從實體物中取得工具……，我們的概念依實體模型而形成……，我們的邏輯尤其是實體物的邏輯。」[8]因此，柏格森認為，這種智慧不適合真實的生活，不適合闡述生命。這個不稱職的思維力卻一直在拚命反抗諸如神話之類的闡釋，以實實在在的論點為利器，以事實證據為後盾，以邏輯為原則。

詩人華茲華斯看穿了實體物的邏輯，發現其中有看不見的東西：

對每個自然形體，石頭、果實，或花朵，
甚至覆在道路上的散石子，
我都給了精神生命：我看見它們感受
或將它們連接到某種感受：巨塊
埋置在某個躍動的靈魂，一切
我所見的事物吞吐著內在的意義。

——〈序詩〉（The Prelude）[9]

哲學家兼心理學家詹姆斯[10]有一篇文章標題是〈論人類的某種視而不見症〉（On a Certain

Blindness in Human Beings），其中引了華茲華斯的詩句，也引用了文學家愛默生、自然主義作家哈德森（W. H. Hudson, 1841–1922）、美國哲學家羅伊斯（Josiah Royce, 1855–1916）、《金銀島》作者史蒂文森（R. L. Stevenson, 1850-1895）、俄國作者托爾斯泰（Leo Tolstoy, 1828-1910）、人文主義者惠特曼（Walt Whitman, 1819-1892）等人的篇章，認為這是「證明確有無形事物的可靠消息」。[11]

詹氏用諷刺的口吻對這個「某種視而不見」亦褒亦貶。他一方面指人們慣常的觀察方式有缺失，看不見石頭、果實、花朵的無形精神。又說正是因為心智思維的盲目與遲鈍，使我們能夠和華茲華斯同聲說：「我看見它們感受。」

這一段詩不只是抒發感覺，而是在表述神話式的思維。「我看見它們感受」顯示了人的思維有其較柔婉的感性，可以接受並理解無形事物確實存在的事實。我稱思維力的這種感性為神話的感性。因為有感性，我們能覺察自己的生命安置在躍動的靈魂裡。華茲華斯知道，神話的感性也都知道，並不是生命橡實嵌在我的裡面，而是我嵌在神話的真實之中；橡實只是這真實的一個極小的、屬於我個人的部分。浪漫時代的人士口中的「躍動的靈魂」，也就是現在所說的超乎已知物理規律的真實。即便我們強調它是看不見的，它仍然無所不在。

直覺

如何感知看不見的事物——從而感知生命的樸實？一向的做法是憑直覺。心理學所講的直覺是「直接而自發的了解」，「對於一群複雜論據資料之立即了然」。[12]直覺是既無思慮也不感覺的狀態；是明白、迅速、完整的領會，「其重要特徵是過程中展現的即時性」。[13]直覺是「在個人毫無認知或省思的體驗過程下發生的」。[14]

我們看人多半是憑直覺，把一個人看成一個整體——包括此人的講話口音、衣著、體型、面部表情、皮膚、聲音、姿態、手勢，以及表露他的籍貫、家世、社會階級的種種標記。直覺看到的是「完形」。經驗老到的內科醫師看診的時候會用直覺；攝影家、天文學家、人事經理、棒球星探，甚至中央情報局的分析家，都會用直覺，在一大片平淡無奇之中瞥見無形的重大意義。

直覺是自己出現的，不是我們營造的。突發的意念、有十分把握的判斷、了然於胸的意義，即可能來自直覺。直覺跟著一樁事發生，就好像是這樁事帶來了直覺，像是附在這樁事情之中。有人說了什麼，我一下就懂了。你拿一首難懂的短詩給我看，我一看就明白。我們去參觀人潮洶湧的回顧展，走進美術館，我也沒看簡介，也沒聽導覽錄音帶，突然就發現自己看著這麼一幅畫，恍然大悟地驚歎：「啊哈！」我抓著了畫中的含意。

我憑直覺就能讀懂話語、領會難懂的詩或牆上的畫，這些都是表現的形式，而且相當可見。瞬間的理解，即是心理學所謂的「頓悟」，突如其來的洞悉像一幅畫呈現在眼前，它的力量讓我呼吸起伏。神話思維將這樣的洞悉歸因於事物內在的力量，就是這股力量建立了真實，甚至建立了不可見之物的物質性。

直覺的另一個重要特徵，是它的作用機制。直覺不像情緒那樣慢慢地暈開，也不像思維那樣一步步進展；直覺也不是你仔細檢閱眼前客體的細節後再生出的理解。直覺來得清晰、迅速、完整，像神啟般瞬間閃過。直覺就像神話一樣，與時間無關；一旦我們提出與時間有關的疑問，例如「何時發生？」「來自哪裡？」「還在繼續嗎？」「有新的神話嗎？」「神話不是來自歷史事件嗎？」神話便立即分崩離析了。被時間緊緊束縛著的歷史學家，不可能進入神話感知的世界。

直覺的陷阱

因為直覺來得明白、迅速、完整，所以令人深信不疑。其實直覺有可能是大錯特錯的。心理學家榮格將直覺列為意識的四種功能之一（另三種是思想、情感、感官知覺），並且強調直覺需要其他功能的輔助。[15]單靠直覺賭馬的話，大輸和大贏的機率是一樣的。只聽直覺指揮的人會全然不顧邏輯、事實、感覺，有若偏執狂。榮格對直覺帶有諷刺意味的現實主義陳述，卻不符合直覺論哲學家們的唯心主義論調。斯賓諾莎[16]、謝林（Friedrich Schelling, 1775-1854）、克羅齊（Benedetto Croce, 1866-1952）、柏格森、胡塞爾（Edmund Husserl, 1859-1938）、懷海德等人用各種方法抬高了直覺的地位，認為直覺是近乎神聖的天賦，也是洞察真相的哲學方法。

創造力、天賦，以及一切說不清楚的事，都被歸因為直覺。然而，對直覺的美化讓我們忽略了其陰暗面——例如反社會者會聽從直覺而伺機胡為；心理變態的罪犯但憑明白、迅速、完整的直覺，隨意做出違背邏輯、事實、感情的暴力行為。

直覺會提出一條可行之道，卻不擔保這麼走是正確的。例如愛上不該愛的人，冤枉無辜的人，明明沒病卻自認患了病等等經驗，都告訴我們直覺可能非常明確，卻未必正確。憑著神話的感性，我們或許能接收到精神層面的可靠消息，但是，必須核對事實、參考舊例、謹慎思考、用感覺評估，才可能證實其「可靠性」。多少世紀以來，羅馬天主教會便一直用這些方法檢驗神蹟之真偽，也測試憑直覺而認定的神聖性。

特地在此詳論直覺，原因有三：第一，這種可以從有形事物中看見無形精神的神話式領悟力，需要有個恰當的名稱；本書藉助於神話的論點也才顯得有理。神話之能夠切中生命的意義，往往來得有如靈光乍現，是無法用邏輯或事實證據解釋的。最好的證據即是名人軼事，其中往往一個清晰的直覺閃現，就照亮了原本朦朧不清的想法。

第二，藉以說明數學、音樂、神話這三種「橋樑」的共通作用方式，這種作用也存在於美學與美的領域。這些領域帶有讓人篤定相信的靈光乍現，那都是直覺的作用。哲學家康德（Immaneul Kant, 1724-1804）的理論有賴於直覺，莫扎特作曲時亦然。專家們研究文學靈感和數學新發明的時候，都馬上肯定直覺在其中的作用；例如，數學與科學哲學家龐加萊（Henri Poincaré, 1854-1912）多次提到：「往往一開始是突如其來的啟示閃現。」[17]

學校的歲月與夢魘

第三，還是與傳記的敘述有關。這也是我們接下來要加以闡述的部分。許多不凡人物經歷過直覺（intuition）和教導（tuition）的激烈衝突。愛默生曾說：「我們指這種初始的智慧為直覺認知，指所有後來的學習為教導知識。」[18]愛默生將兩者對立，認為直覺認知是「非教導的認知」。其實，洞察力與學習、個人的想像與教室的教學，不一定對立。但愛默生舉許多不凡人物為例；他們或輟學，或厭惡上學，或是在校成績低劣，或不肯用功，或被退學，或被老師視為無可救藥，卻的確是直覺與教學鮮明對立的實證。

《卓越成就的搖籃》（*Cradles of Emminence*）是一本可喜而引證確鑿的書，內容講述四百位近代以來的名人童年，而這些人物有五分之三「在學校課業方面有極大的困擾」：他們「不分國藉都有與教室相排斥的現象。這與學校是否公立或私立，是否教會學校或普通學校、學校的教學原則都無啥關係。」[19]他們的學業問題也與家人的態度、經濟條件、父母教育水平都無關。這些人物不愛上學、成績差、被學校開除是不分貧富貴賤的。

諾貝爾文學獎得主托瑪斯．曼，[20]以二十多歲時寫作的小說奠定在文壇的地位，他形容上學是「停滯不動而不能令人滿意的」。和托瑪斯．曼同樣是高教育程度，富裕家庭出身的印度文豪泰戈爾（Rabindranath Tagore, 1861-1941），因為覺得上學太苦，而於十三歲時輟學，「幸好在我還沒變麻木之前就得以逃脫。」佩恩（Robert Payne）在《聖雄甘地傳》（*The Life and Death of Mahatma Gandhi*）中說：「談到學齡時期，甘地說那是他一生之中最難過的日子……，說他自己不是讀書的料，他幾乎都不喜歡老師們……，根本不去上學也許才是上策。」挪威小說家翁塞特（Sigrid Undset, 1882-1949，於一九二八年獲諾貝爾文學獎）曾經說：「我對上學深惡痛絕。我想盡法子規避學校的管束，只有上課時讓腦子去神遊。」

諾貝爾物理獎得主費曼[21]自稱童年的學校教育是「知識的沙漠」。莎士比亞戲劇名演員兼導演布萊納，[22]非常害怕上學；十一歲時，為了不去上學而試圖跳樓把腿跌斷。後來更是躲在自己屋內埋頭看書。德國電影導演法斯賓德[23]根本「不能和正常的兒童共處」，後來被送進人智學家史坦納[24]創辦的特殊學校。畫家波洛克曾被洛杉磯高中勒令退學，「披頭四」之一的約翰・藍儂（John Lennon, 1940-1980）上幼稚園的時候，就被勒令退學了。

我所知的痛苦童年故事之中，最可憐的當屬英國詩人白朗寧[25]。他八、九歲時就進入寄宿學校，學校生活令他沮喪抑鬱，他便選了學校裡一處鉛製水槽為他的「葬身之地」。水槽上有個人臉的浮雕。他假想這浮雕是他的墓碑銘文，時常摸著它喃喃自語道：「謹紀念不快樂的白朗寧。」至於教室裡上的課，白朗寧說：「學校不曾教給我任何東西。」

存在主義作家鮑爾斯（Paul Bowles, 1910-1999）「和他的新老師克蘭小姐相處得不好。他憎恨她的權威作風……他堅決拒絕參加班級演唱。面對索然無味的作業，他並沒有真正完成，而是設計了一套作法來進行報復：他完美地寫下所有東西，但完全倒著寫。」

鮑爾斯最厭惡的是唱歌，但其他人討厭的則是拉丁文、代數、體育或英語作文。橡實畫出了生命的輪廓，沒人能強迫它越過邊界到達它力所不及的領域，就如橡樹不會彎曲，也不會偽裝成可愛的白楊樹。橡實帶來了天賦，也設置了界線，只有當學校教育容許直覺進入教學，才可能架起一座連結兩者的橋樑，讓天賦於侷限中顯現。

非凡不見容於學校

非凡人物普遍在上學的時期出問題；是這些孩子達不到學校要求的標準？還是學校達不到

孩子的要求？不論錯在誰，孩子固有的直觀能力與形式化的學校教導間的鴻溝都在擴大。作家薩洛揚[26]曾經這麼說：「我討厭上學，可是我從不討厭學習。」他在學校課業上遭遇困難的同時，自己一直在找書讀，「幾乎看了加州弗萊斯諾（Fresno）市立圖書館的每一本書。」

挪威音樂家葛利格[27]說：「我拜學校之賜的是，我的惡被開發出來，我的善卻原封未動。」愛迪生（Thomas Edison, 1847-1931）說：「我從來都是班上的最後一名。」作家克雷因[28]、劇作家尤金·歐尼爾[29]、小說家福克納（William Faulkner, 1897-1962）與費茲傑羅（F. Scott Fitzgerald, 1896-1940），都有大學成績不及格的紀錄。曾獲普立茲獎的小說家葛拉斯高[30]說，學校是「令人受不了」的。印象派大師塞尚（Paul Cezanne, 1839-1906）曾經被巴黎美術學院退學。法國小說家普魯斯特（Marcel Proust, 1871-1922）的老師說他的作文雜亂無章，自然主義文學家左拉（Emile Zola, 1840-1905）在校的文學課得了零分，德文課和修辭寫作也都不及格。

愛因斯坦（Albert Einstein, 1879-1955）九歲半開始讀初中，當時他「寧願受盡各種處罰，也不願背誦一大堆無意義的功課」。先前，讀小學的時候，他並不特別引人注意，被呼為「畢德麥爾」（Biedermeier），意思是：有點笨，有點呆，有點「不大靈光」。據他姊姊說：「他做算術雖然老老實實、孜孜不倦，但不能做到又快又正確，根本算不上好。」他這些反應不夠快的個性，與他較遲學會說話也有關。

邱吉爾（Winston Churchill, 1874-1965）在著名的哈洛公學（Harrow）[31]讀書時，「不肯學習數學、希臘文、拉丁文，被分在程度最低的一班。這個班等於現在所謂的閱讀障礙班，學習能力遲鈍的男孩子在這個班上學英語。但邱吉爾的英文並不差；他對莎士比亞作品所知超乎常人，而且都是他自發閱讀的。」

學校所見與學生所思之間有差距，會出現兩種不同的後果。多數情況是，不理學校要求而我行我素的孩子會被視為不合群、不可教、頑劣，甚至是愚笨的。但相反的情況也一樣會形成壓力。例如攝影家阿柏絲的老師一直認為她很聰明，她卻曉得自己其實很笨，所以難過不安。不論是像愛因斯坦那樣被當作笨蛋，或是像阿柏絲這樣被當作聰明，孩子和校方的觀點永遠有距離。

考試評等尤其難堪。細菌學大師艾爾李赫[32]因為「能力完全不及」而不配上學校的作文課；歌劇家普契尼（Giacomo Puccini, 1858-1924）考試每每不及格。俄國小說家契訶夫（Anton Chekhov, 1860-1904）因為不肯讀古典名著，兩度考試不及格。學校考試失敗令他常作噩夢，一生都夢到老師設計「要他好看」。畢卡索（Pablo Picasso, 1881-1971）「一直記不住所有字母順序」，十歲時輟學，「因為他硬是除了畫畫什麼也不肯做」；畢卡索學不會算術，連家庭教師也束手無策。[33]

感召往往在教室外出現，發生在課外活動或完全脫離學校的時候。這些例子中的人，他們心裡的圖像似乎被學校的教學課程和時間規定所障礙了。法國畫家、野獸派創始人亨利・馬蒂斯（Henri Matisse, 1869-1954）是在病假時開始畫畫的。英國小說家赫伯特・威爾斯[34]曾在商店做過學徒，八歲時摔斷腿於是開始讀書，從此將他從買賣的世界中「救出來」，走上文學之路。美國首席大法官、總統候選人查爾斯・休斯（Charles E. Hughes, 1862-1948）曾在紐約街頭晃蕩長達六個月，等待大學錄取通知。美國報業大王威廉・赫茲[35]以及藝術家拉法吉[36]都曾在曼哈頓街頭「虛度光陰」以長見識。居禮夫人十五歲時一整年待在鄉下沒有上學。[37]誰能規定，橡實在哪裡學得最好？靈魂又會在哪裡考驗你？

考試的儀式意義

考試是具有儀式意義的時刻，是禍是福都難料。考試是生命狀態的轉折點，性質與結婚典禮、生第一胎孩子相似。考試令人緊張擔憂，「大考」前的養精蓄銳，更證明考試有其儀式背景。考試不只是要檢驗個人的耐力、能力、知識；還要檢驗個人選擇的路是否符合稟賦，這條路是否真心所願。假如考試成績好是表示肯定，考試不及格就可能是代蒙在說：你走錯了路。

五星上將布萊德雷[38]指揮過百萬大軍的龐大戰役，當初進入美國西點軍校時，成績幾近墊底——是二十八「群」之中的第二十七群，憑著用功苦讀，畢業時在同級一百六十八人之中名列四十四（艾森豪[39]是第六十一名）。直覺曾幫助他順利完成西點軍校入學前的連續四天每天四小時的入學考試：

我考代數的時候痛苦得很。及格成績是六十七分，可是我在兩小時結束時才答了二十分……。一塌糊塗，我根本不可能考到及格了。我完全氣餒，收拾起考卷，走到監考官那兒去交卷……。我發現他正全神貫注地看書。我不願打擾他，就回自己的位子去，心想不妨再努力一下。結果，有如奇蹟發生，我忘掉的代數定理都一一回來了。[40]

代數考及格後，他「把四天考試撐完」，被西點軍校錄取了。

稟賦的橡實往往會在考試的決定性時刻現身，其神妙不下守護天使。（參照第八章麥克林托克的考試經驗。）我們看到了一九四三年至四五年戰勝德軍的布萊德雷，以及擔任陸軍參謀長的布萊德雷，再回頭來看他的人生故事，我們會說：他那一考非及格不可，因為他的軍事天才將大有可為。

資深脫口秀主持人林姆褒（Rush Limbaugh）在密蘇里州立西南大學第一次修演說課沒及格，重修這門課的時候，班上同學對他的口才佩服得五體投地；儘管他能舉一反三、有自信、精於立即作分析，教授給他的分數卻是D。教授的評語是：「該生似自以為是，欠缺受教之意願。」[41]林姆褒之所以能抓住聽眾是憑直覺，非直覺的教導只會礙他的事。

愈接近橡實圖像的領域，學校和學生之間的衝突就愈尖銳，就像林姆褒所經歷的一樣。金融家巴魯克[42]是美國總統在銀行、金融、國際經濟方面的顧問；他在哈佛大學成績優異，但政治經濟學和數學這兩門課的成績卻是班上倒數。[43]

最後談談伍迪·艾倫（Woody Allen, 1935-），他說：「我留心所有事，除了老師。」

> 他對學校的厭惡是預料中的事。最初進入P.S.99時，他因為智商高而被安排在資優班，但班上的嚴厲風格讓他無法在教室裡天馬行空。既然無法表達自己，他乾脆變成了問題孩子……他曠課、不寫作業。有時候還在課堂上搗亂，對老師無禮，因此老師給他的表現打了低分。[44]

學習障礙的意義

天使以整體的圖像來閱讀生命，當祂聽到這些抱怨和困擾時，祂說：「伍迪，學校當然是可怕的啊！你已經在製作電影，寫俏皮話來諷刺這些情境了，為什麼還要死心眼，非得上學呢？」福音派教會的代表人物之一葛培理[45]覺得「去學校一點都沒用。文學課總是折磨他。」[46]他在「所有人之中最後一個讀懂」彌爾頓（John Milton, 1608-1674）詩作《快樂的人》

（*Allegro*）。當然，世界上最知名的福音傳道者不需要搞懂彌爾頓和那些文學，因為他已聽到真言。鮑爾斯有那麼多的想像要施展，幾乎沒有時間寫作業。林姆褒的生命全圖，已經有他掌握住全國聽眾的影像，難怪他在密蘇里西南大學的演說課上「欠缺受教意願」了。詩人白朗寧喃喃唸著墓誌銘時，已經看見了日後的自己。演員布萊納為什麼寧願跳樓跌斷腿也不上學？這種在電影和舞臺劇中才看得見的戲劇化行動，是否證實他已經有資格擔當莎翁悲劇的主角了？至於邱吉爾的語文學習障礙亦屬難免，代蒙既知他註定要得到諾貝爾文學獎，又要以雄辯的口才挽救二次世界大戰的盟國西方，這恐怕不是一名小學童一下子應付得了的，所以要以退為進。

我們看學習障礙與課業困難的案例時，也許應該改換眼光。看見「未能達到學校之要求」，我們該想到「可以倖免學校之害」。最起碼，看到小孩子以上學為苦的時候，不要只認定失敗的表現，應該想到這是稟賦本色的流露。因為代蒙的直覺多半不能屈從學校的指示，壓制愈緊，可能彈得愈高。我們若是倒著讀傳記故事，若是站在高大橡樹的視角來看橡實種子萌發，就不難發現孩子的直覺有其道理在。

可是，有多少父母親或輔導者能夠站到這麼高、這麼好的位置？又有多少孩子，包括「天才」在內，能對自己的直覺固執到底？除非是遭到徹底誤解，或是有閱讀困難症、注意力不集中、過敏症、氣喘、過動行為等不適合就學的徵候，孩子才不進學校。不進學校並不是不學習知識；離開了學校的教導，直覺還在。直覺是一種盲目，卻能讓人看見別的東西。但並非每個孩子都會看見，不上學並非對每個孩子都有益。該留意的是我們這些照顧孩子、指導孩子的人，不要對隱藏在障礙徵候之下的守護天使視而不見。

記得榮格說過：「上帝已變成疾病。」要想看見疾病中的天使，必須具有慧眼，讓一隻眼睛模糊些，睜大另一隻眼睛往看不見的地方看。**你得先知道，天使大概長什麼樣子。否則是看不見它的**；你只看得見孩子的愚笨、任性、病態。即便是科學的領域，也得先學會看見的藝術；你會看見某種天象，看得見顯微鏡底下的東西，是因為有人先告訴你要怎麼看、要看什麼。你一旦懂得看的門道，看不見的東西就會突然變成看得見了。

我們每個人都有這樣的渴望：能看到兩眼所見的世界以外。我們為什麼鑽研占星術？因為我們以為看不見的事物會以可理解的形態顯現：天體在黃道帶中運轉，是如何影響我這一天的運勢？我為什麼做這種夢？我的現狀能更改嗎？有各式靈修團體能幫人開天眼、給人超能力，以便那看不見的能入我門來。不過，這門畢竟不宜敞得太開，在分不清宗教狂熱與瘋癲的文化裡，尤其不宜。

銜接不同的世界

海地、西非、美拉尼西亞（Melanesia，在南太平洋）、愛斯基摩人聚居的極地等地區，都相信靈異文化。人們相信幽靈時常降臨人世，這個世界即是聯繫橋樑，幽靈不但種類各有不同，而且各有其稱呼、等級，有不同的威力與活動範圍。此外，人世自有負責把門的人，不讓幽靈在不恰當的時地降臨。

西方古文明也有這些想法。柏拉圖主義的哲學家，如波菲里（Porphyry, 232-304）、艾安布里卡斯（Iamblichus, 250-330）、普羅克路斯（Proclus, 410-485），曾經列舉幽冥世界的各種使者、主宰者、監守神靈。[47]那時的世界很容易滲透，實質的軀體和想像出來的形體都可以占一席之地。宗教心理學家大衛・米勒（David Miller）[48]縱覽西方文化傳統中的這些「幽靈」，或Geists（精神；靈魂），證明其確曾占有重要地位。但是那個時代已不復存在，自從西方理性思維撤出了魔法、神祕、神話的領域，一切存在於想像世界之物，便不分青紅皂白地都歸入荒謬。其結果是：人眼看不到的，都變成「異類」。無形的事物被異類化之後，變得更可怖、怪異、遙遠，漸漸都成了狼人、僵屍之流。

或許異類來到我們的世界，會促使我們去做瘋狂的事；或許我們看不到的那個世界是惡魔世界，應該予以隔絕。我看不見的，是我不可能知曉的；我不能知曉的，令我害怕；我害怕的，令我憎惡；我想消滅令我憎惡的。就是這樣的思維推理，使我們寧要裂隙也不要相連；把具體世界以外的一切無形無影之物都當作是惡。

按照聖保羅[49]的教誨，能夠區分靈的不同，才是真正屬靈的知覺。屬靈的知覺必須能分辨看不見的事物彼此間的不同。昔時的教會為使靈界的區分更加完善，增加了許多職等的天使和聖徒。諸多天使與聖徒的職分不同、性質不同、發揮的作用也不同。（理性化了的晚近教會，一直在縮小無形靈界的尺寸，要想像力順從歷史訂定的衡量標準，每位聖徒的出身家世都得考據出來。因此，像聖克里斯多夫〔St. Christopher〕這樣「純屬神話」的聖徒就被除名了。）

看得見的這個世界為什麼要和看不見的那個世界相連？普羅提諾說過：「該由祂們來找我，而不是我去找祂們。」也許祂們不想來，也許祂們已經在這兒了。反正我們的理論不准祂們現形，我們也就無法確知了。也許祂們根本不是看不見的，我們看不見的原因是我們的眼光將祂們定義為看不見的。決定祂們是否可見的，究竟是祂們的本質，還是我們的眼光？

基督是橋樑

西方文化的王國裡（也許該說是大型購物中心裡），實際生活距離超驗境界已經愈來愈遠。原來那個可以架橋銜接起來的裂隙，已經變成其大無比的一片真空。詩人荷爾德林[50]和里爾克說，諸神已經撤離；哲學家齊克果[51]說，信神是終極的抉擇。決心相信也未必管用，因為尼采（Friedrich Nietzsche, 1844-1900）說：上帝已死。如果要搭起橋樑，必須大得超乎常人所能。其實西方的文化之中就有那麼一座橋樑。有人說，搭建在有形與無形世界之間的最大橋樑，就是耶穌基督。

我們生活中的一切事物，一旦喪失無形意義的支撐，再多累積的「成果」、「財物」，都成了無生無息的「東西」、沒有生命的可消費品。耶穌基督便成為唯一能為西方文化找回基本無形意義的人，而無形意義向來是各個文化的根本。基本教義運動不論從字面上講或從教義上講，都是為了要恢復文化的無形根本。

基督是橋樑（在人世代表基督的教宗被稱為 Pontiff，其字源 pons 正是「橋」的意思），因為基督道成肉身即是表示，常人的形體中存在著無形。亦神亦人的基督，使有形與無形合而為一。幾個世紀以來，激烈的爭論一直試圖將這種有形與無形、神與人的結合體拆散，論者各持一方——耶穌是有形的人而得到神聖啟示，還是無形的神而借用凡人的身軀。

人或神、有形或無形，這在神學上不可共論的兩者，需要一些連結，因此出現了第三者，即基督教所謂的聖靈（Holy Ghost）。但聖靈也是無形的，因此仍向無形的世界傾斜。這場爭論必然會持續下去，因為從人神關係所衍生的形上學探討與宗教習俗，都緊緊抓著那些有關無形的困惑觀點。除此之外，這場爭論還引出了本章的主題——學生時代個體無形的橡實，跟他的現實生活之間的緊張關係。

這場神學爭論給我們上了一堂心理學的課。我們所理解的，倒不是關於這不可共量的兩者如何連結，或這連結有多神祕，而是關於兩者被分開時會帶來怎樣的後果。

相對於靈性觀念，精神病學帶給我們更深刻的心理學見解。一個悲情片段道出最殘酷的事理。在十字架上哭泣，成了耶穌基督整個化身故事中最具病理學特徵的時刻，它告訴了我們當個體只存在於有形世界時的痛苦。儘管被反對、被追捕，儘管被敵人圍攻長達三十三年，但耶穌從未像彼時那樣真正陷入困境——整個世界的人事物都變得凶猛而充滿敵意。

時至今日，世界已經遍滿無形，即是基督教所稱的異教。當無形世界背棄有形世界，好比背棄約伯，[52]讓他飽受身體上的折磨，於是有形世界也將無法維繫生命，因為生命不再得到無形世界的支撐。世界將把你撕成碎片。部族一旦背棄自己的精神轉而尋求物質交易，文化便立即枯萎乃至分崩離析，這道理不就在其中嗎？

有形與無形並存的狀態可以維繫生命。唯有當無形棄我們而去，當它背過身而消失，如胡爾德拉消失在森林中，我們才看出它的至高重要性。

讓無形長存

維繫生命的文化因而有此重大任務：保持與無形之聯繫，令諸神微笑喜悅；用贖罪和儀式、用歌舞、用薰香和誦經、用紀念節慶、用道成肉身等教義、用細微的直覺行動（例如摸木頭避邪、拈念珠、攜帶兔子腳或鯊魚牙，在門柱上掛經卷、在汽車儀表板上放骰子，悄悄在墓碑上放一朵花），邀請諸神進來停留。

這一切都與信仰無關，也與迷信無關。這不過是在追念一個事實：我們看不見的無形可能會離去，讓我們落得只能藉人際關係為安全倚靠。古希臘人曾說，諸神要的不多，他們只求不被遺忘。而神話卻能使那看不見的神靈世界永存。

註釋 NOTES

1 編註：北歐民間傳說中一位像精靈一樣遊蕩的女人，身披白紗，神祕而優美，然而天生朽樹一樣的背部和尾巴。

2 編註：也譯為「阿妮瑪」，指內在自我、男性人格中的女性基質；與阿尼姆斯（animus）相對，後者指女性人格中的男性基質。

3 編註：自十九世紀，愛因斯坦等科學家想要發展出一種理論模型來解釋自然界的基礎力，這一理論被稱為「統一場理論」（Unified field theory）。

4 原註1：A. Hilary Armstrong, "The Divine Enhancement of Earthly Beauties," *Eranos-Jahrbuch 1984* (Frankfurt a/M.: Insel, 1986).

5 編註：希臘神話中代表愛情、美麗與性慾的女神；在羅馬神話中與阿芙蘿黛蒂相對應的是維納斯（Venus）。

6 原註2：Paul Friedländer, *Plato*, vol. 1 (New York: Bollingen Series 59, Pantheon, 1958), 189.

7 編註：柏格森（Henri Bergson, 1859-1941），法國哲學家，曾獲諾貝爾文學獎。反對科學的機械論、心理學的決定論與理想主義，而認為人的生命是意識之綿延或意識之流的整體，不可分割成因果關係的小單位。其對道德與宗教的看法，主張超越僵化的形式與教條，走向主體的生命活力與普遍之愛。

8 原註3：Henri Bergson, *Creative Evolution* (London: Macmillan, 1911), ix.

9 原註4：William Wordsworth, "The Prelude," in *The Poems of William Wordsworth* (London: Oxford Univ. Press, 1926).

10 編註：威廉・詹姆斯（William James, 1842-1910），美國心理學之父，美國本土第一位哲學家和心理學家，也是教育學家，實用主義哲學的倡導者。

11 原註5：William James, "On a Certain Blindness in Human Beings," *Talks to Teachers on Psychology: And to Students on Some of Life's Ideals* (London: Longman's, Green, 1911).

12 原註6：Horace B. English and Ava C. English, *A Comprehensive Dictionary of Psychological and Psychoanalytical Terms* (New York: David McKay, 1958).

13 原註7：Howard C. Warren, ed., *Dictionary of Psychology* (Boston: Houghton Mifflin, 1934).

14 原註8：English and English, *A Comprehensive Dictionary of Psychological and Psychoanalytical Terms*. 另見K. W. Wild, *Intuition* (Cambridge, England: Cambridge Univ. Press, 1938); Malcolm R. Westcott, *Toward a Contemporary Psychology of Intuition: A Historical, Theoretical and Empirical Inquiry* (New York: Holt, Rinehart and Winston, 1968); Josef Koenig, *Der Begriff der Intuition* (Halle, Germany: Max Niemeyer, 1926); Sebastian J. Day, *Intuitive Cognition: A Key to the Significance of the Later Scholastics* (St. Bonaventure, N.Y.: Franciscan Institute, 1947).

15 原註9：C. G. Jung, *Psychological Types* (London: Routledge and Kegan Paul, 1923).（編案：榮格心理學對人格類型的兩種傾向和四種功能的意義闡述，是進入其思想殿堂、從意識跨入潛意識非常重要的一環，讀者可參考心靈工坊出版的《榮格心理治療》和《榮格人格類型》。）

16 編註：斯賓諾莎（Baruch de Spinoza,1632-1677），荷蘭哲學家，十七世紀西方理性哲學代表人物，是一位思想自由的學者，堅持獨立思考，以磨鏡維生。他以為實體包括心與物，心和物在實體中合一；上帝為唯一之實體，實體存在於其自身中，並非外來原因所造成。其泛神論觀念未區分創造者與受造者，受到猶太教和基督宗教的堅決反對。一六七三年有機會到海德堡大學哲學系任教，但條件是不可提及宗教，斯賓諾莎毅然拒絕，認為思想決不能當做交換的籌碼。最終積勞成疾，死於四十四歲的壯年。

17 原註10：關於靈感與數學，見：Rosamond E. M. Harding, *An Anatomy of Inspiration*, 2d ed. (Cambridge, Mass.: Heffer and Sons, 1942)；關於數學發現：Jacques Hadamard, *The Psychology of Invention in the Mathematical Field* (Princeton: Princeton Univ. Press, 1945)。

18 原註11：Ralph Waldo Emerson, "Self-Reliance," in *Essays: First Series*, vol. 1 (New York: Harper and Bros., n.d.), 43.

19 原註12：以下內容出處：有關普遍的就學問題以及托瑪斯・曼、薩洛揚、葛利格、克雷因、歐尼爾、福克納、費茲傑羅、葛拉斯高、邱吉爾的引用，見Goertzel and Goertzel, *Cradles of Eminence* (Boston: Little, Brown, 1962)；有關甘地和翁塞特的引用，見Robert Payne, *The Life and Death of Mahatma Gandhi* (New York: Dutton, 1969)；費曼，見James Gleick, *Genius: The Life and Science of Richard Feynman* (New York: Vintage Books, 1993)；布萊納，見Kenneth Branagh, *Beginning* (London: Chatto and Windus, 1989)；法斯賓德，見Robert Katz, *Love is Colder than Death: Life and Times of Rainer Werner Fassbinder* (London: Jonathan Cape, 1987)；波洛克，見Naifeh and Smith, *Jackson Pollock: An American Saga* (New York: Clarkson Potter, 1989)；藍儂，見Albert Goldman, *The Life of John Lennon: A Biography* (New York: William Morrow, 1988)；白朗寧，見Maisie Ward, *Robert Browning and His World: The Private Face (1812-1861)* (London: Cassell, 1968)；鮑爾斯，見Christopher Sawyer-Laucanno, *An Invisible Spectator: A Biography of Paul Bowles* (London: Bloomsbury, 1989)；愛因斯坦，見Roger Highfield and Paul Carter, *The Private Lives of Albert Einstein* (New York: St. Martin's Press, 1993)；阿柏絲，見Patricia Bosworth, *Diane Arbus: A Biography* (New York: Alfred A. Knopf, 1984).

20 編註：托瑪斯・曼（Thomas Mann, 1875-1955），德國著名作家，二十六歲出版首部長篇小說《布頓柏魯克世家》，日後以此書獲諾貝爾文學獎，重要著作另有《魔山》、《浮士德博士》等。第一次大戰時，托瑪斯・曼起初支持帝國主義發動戰爭，認為戰爭原則上是必要的；之後遭到希特勒迫害，一九三三年流亡瑞士，一九四〇年移居美國加州，逃亡中一再宣揚反戰思想，並發表「我所在之處，就是德國文化」的名言。

21 編註：費曼（Richard Feynman, 1918-1988），美國家喻戶曉的物理學家，提出了費曼圖、費曼規則和重整化的計算方法，這些是研究量子電動力學和粒子物理學的重要工具。他被評為有史以來十位最偉大也最有影響力的物理學家之一。

22 編註：布萊納（Kenneth Branagh, 1960-），出生北愛爾蘭的實力派演員及導演，二十五歲主演舞臺劇《亨利五世》而成名。除演舞臺劇外，還演電視和電影。二十九歲自導自演《亨利五世》，榮獲奧斯卡最佳導演、最佳男主角、最佳服裝設計提名，又得到全美影評人協會和英國影藝學院頒給最佳導演獎。

23 編註：法斯賓德（Rainer Werner Fassbinder, 1946-1982），「德國新電影」最重要的代表人物之一，三十七年的短暫人生拍了四十七部電影，並屢屢在國內外影展獲獎，死於毒品服用過量。他的作品巧妙地以通俗劇的形式，對觀眾造成強烈的衝擊，其表現意圖顛覆傳統的行為模式，以大膽的裸露、充滿侵略性的肢體動作呈現人性中的不安與焦慮、自私與情慾，並將之導向最後的血腥與暴力行為。

24 編註：史坦納（Rudolf Steiner, 1861-1925），奧地利哲學家、改革家、建築師和教育家。人智學（Anthroposophy）是以人類學、發展心理學及生理學為基礎，研究人類的本質，除了一般發展心理學所提的生理、心理發展之外，更重視第三元素：「精神存體」。史坦那的教育理念主張以人為本，由了解人的精神本質來幫助個體漸漸開展，讓成長的潛能在生命的過程獲得滿足。

25 編註：白朗寧（Robert Browning, 1812-1899），英國十九世紀最傑出的詩人之一，號稱「英國最難懂的詩人」，他不若其他英國詩人如拜倫、雪萊、濟慈等為人熟知。擅寫自白詩，需要通過心理分析和哲理思維才能掌握其作品涵義。

26 編註：薩洛揚（William Saroyan, 1908-1981），美國小說家、劇作家，作品多為自傳或半自傳性質，折射出一種離奇的幽默感。作品《快樂時光》曾獲得普立茲戲劇獎，但拒絕領受。

27 編註：葛利格（Edvard Grieg, 1843-1907），挪威作曲家，作品大多以風俗生活、北歐民間傳說、文學著作或自然景物為題材，具有鮮明的民族風格，是挪威民族樂派的人物。

28 編註：克雷因（Stephen Crane, 1871-1900），美國作家，做過新聞記者，著有小說、詩歌、隨筆等，大多描寫美國城市的貧民窟和戰爭的恐怖，作品有自然主義色彩。

29 編註：尤金．歐尼爾（Eugene O'Neill, 1888-1953），美國著名劇作家，表現主義文學的代表，於一九三六年獲諾貝爾文學獎。有戲劇評論家稱：「在歐尼爾之前，美國只有劇院；在歐尼爾以後，美國才有了戲劇」。作品中洋溢二十世紀的悲劇意識，警醒人類正視現實、正視自我，而不廉價地討好和慫恿世人；其對人生的看法悲觀，卻有著堅定的理想主義。

30 編註：葛拉斯高（Ellen Glasgow, 1874-1945），美國小說家，她以美國南部為主題創作了長篇系列小說，經常在作品中嘲諷上流社會的傳統，流露出對社會問題的關注。一九四二年以小說《姊妹情仇》（*In This Our Life*）獲普立茲獎，小說講述維吉尼亞一個日漸墮落的貴族家庭。

31 編註：位於英格蘭大倫敦哈洛，是英國的歷史名校，由哈洛當地的一位農民於一五七二年創建，最初目的是為當地的男童提供教育機會，但經過幾百年的發展，今天的哈洛公學已成為英國最富盛名的私校，入讀的多為本地區以外的富家子弟。

32 編註：艾爾李赫（Paul Ehrlich, 1854-1915），德國細菌學家、免疫學家，其研究包括血液學、免疫學與化學治療，他預測了自體免疫的存在，並稱之為「恐怖的自體毒性」（horror autotoxicus）。一九〇八年獲年諾貝爾醫學獎。

33 原註13：普契尼、契訶夫、畢卡索面對考試的困難，引自Goertzel and Goertzel, *Cradles of Eminence*；關於畢卡索另一些資料引自Roland Penrose, *Picasso: His Life and Work*, 3d ed. (Berkeley: Univ. of California Press, 1981)。

34 編註：赫伯特．威爾斯（Herbert G. Wells, 1866-1946），英國著名小說家，科幻小說之父，「科幻小說界的莎士比亞」。一生創作百餘部作品，內容涉及各個領域；他還是社會改革家和歷史學家，曾是費邊社的重要成員，會晤過羅斯福和史達林，撰寫《世界史綱》及大量關注現實，思考未來的作品。

35 編註：威廉．赫茲（William Randolph Hearst, 1863-1951），美國報業大亨，他在新聞史上飽受爭議，被稱為新聞界的「希特勒」、「黃色新聞大王」（最初的黃色新聞並沒有色情成分，主要以聳人聽聞著稱）。他在二十世紀初掀起的黃色新聞浪潮，對後來新聞傳媒產生了深遠影響。影史上經典的電影《大國民》（*Citizen Kane*）即根據威廉．赫茲的生平改編。

36 編註：拉法吉（John La Farge, 1835-1910），美國著名的畫家、壁畫師、染色玻璃窗大師、裝飾家、作家，波士頓三一教堂的壁畫即出自其手。

37 原註14：Goertzel and Goertzel, *Cradles of Eminence*.

38 編註：布萊德雷（Omar Bradley, 1893-1981），美國陸軍五星上將，二戰期間美軍在北非戰場和歐洲戰場的主要指揮官，戰後擔任參謀長聯席會議（JCS）主席。

39 編註：美國第三十四任總統。

40 原註15：Omar N. Bradley, Jr., and Clay Blair, *A General's Life: An Autobiography* (New York: Simon and Schuster, 1983).

41 原註16：Paul D. Colford, *The Rush Limbaugh Story: Talent on Loan from God* (New York: St. Martin's Press, 1993), 12.

42 編註：巴魯克（Bernard Baruch, 1870-1965），美國金融家、股市投機者、政治家、慈善家。他是白手起家的成功典範，手段靈活、善於把握先機的股票交易商，也是通曉經濟發展的政治家。曾擔任威爾遜和羅斯福總統的經濟顧問。

43 原註17：James Grant, *Bernard M. Baruch: The Adventures of a Wall Street Legend* (New York: Simon and Schuster, 1983).

44 原註18：Eric Lax, *Woody Allen* (New York: Alfred A. Knopf, 1991), 20, 32.

45 編註：葛培理（William Graham, 1918-），美國當代著名的基督教福音布道家，二戰後福音派教會代表人物。他經常擔任美國總統顧問，在蓋洛普二十世紀名人列表中排名第七。曾獲國會金勳章、鄧普頓獎、雷根總統自由勳章。二〇〇一年獲得英國爵士勛銜，肯定他超過六十年的宗教生活對國際的貢獻。

46 原註19：Marshall Frady, *Billy Graham: A Parable of American Righteousness* (Boston: Little, Brown, 1979), 61.

47 原註20：Robert Sardello, ed., *The Angels* (Dallas: Dallas Institute of Humanities and Culture, 1994).

48 原註21：David L. Miller, *Hells and Holy Ghosts: A Theopoetics of Christian Belief* (Nashville: Abingdon Press, 1989).

49 編註：史家公認是對早期教會發展貢獻最大的使徒，又被稱為外邦人的使徒。他的書信是教會史上極重要的著作，收錄在《新約聖經》中的有十三卷。

50 編註：荷爾德林（Friedrich Holderlin, 1770-1843），德國詩人，古典浪漫派詩歌的先驅，他將古典希臘詩文移植到德語中。曾被世界遺忘了將近一個世紀，作品直到二十世紀才被重視。

51 編註：齊克果（Soren Kierkegaard, 1813-1855），丹麥思想家、作家，曾因性格憂鬱被稱為「丹麥瘋子」。一生多產，作品涵蓋神學、文學批評、心理學和宗教學。他對當時的社會和基督教的改革提出許多針砭之言，對於哲學更富於創見，如他對黑格爾和浪漫主義的批評，為現代主義的發展奠定了基礎。

52 編註：約伯（Job）是《希伯來聖經》和基督宗教《舊約聖經》中一位絕對相信上帝的人，伊斯蘭教視他為一位先知。他被描述為一個受祝福的人，行為完全正直，但是撒旦指控約伯只為了物質利益才事奉上帝，於是上帝逐步撤去保護，容許撒旦奪去約伯的財富、子女和健康。約伯始終保持忠誠，沒有詛咒上帝。關於為何受到如此懲罰，約伯和三個朋友進行辯論，然後上帝次第回答約伯和他的朋友。上帝對約伯後來的祝福超過以往，他又活了一百四十年。

第五章

慧眼獨具識英才

有識人之明的眼力比有洞悉事物的能力更勝一籌，
因為有眼力則能勝任祝福他人的工作，使人脫胎換骨。

——本書作者

鬥牛士馬諾列特得了召喚而去鬥牛。必須有人看見他接受這個職志，它才能夠往下成長到生命之中。看見他的是卡馬拉（José Flores Camará），這位有慧眼的人後來成為馬諾列特的恩師、貴人、經理人，陪他走到人生盡頭：

> 馬諾列特生涯的轉捩點發生了。卡馬拉恰巧看了他的表演……。他看過鬥牛場上的馬諾列特之後，似乎能看見這少年未來的樣子。
>
> 他當下就看出，這少年使用的手法不適合他的身材和個性；他看出，這少年一直不斷栽跟斗，是因為完全不熟悉場地。
>
> 同時他也看出，馬諾列特有無畏的精神。他看得出，馬諾列特殺牛的樣式比他從來所見的都好，用的是老式那種危險、講派頭、直過右犄角之上、全劍刺入只留劍柄在外的方式。這一派殺法在鬥牛場上幾乎已經絕跡了。
>
> 卡馬拉找馬諾列特簽約，以經理人的身分開始改造他。他把馬諾列特帶到飼牛犢的牧場，從頭開始教他鬥牛。[1]

巧遇知音

羅斯福總統也有這種慧眼，在他看青年時代的詹森總統時便表現出來：

羅斯福總統的顧問詹姆斯・羅（James H. Rowe）試圖解釋總統基於什麼原因與這位年輕的眾議員建立融洽關係——這在羅斯福一生之中幾乎是絕無僅有的事，他說：「你要曉得這兩個人都是了不起的政治天才。他倆可以站在平等的立足點上談話。羅斯福難得遇見能聽懂他話中所有含意的談話對手。可是二十八歲的詹森完全聽得懂。」羅斯福曾對內政部長伊基斯（Harold Ickes）這麼說詹森：「你曉得，我要是沒上哈佛大學，年輕時也許就和他一樣落落大方表現實力。」羅斯福還預言：「美國未來的大勢會轉移到南方和西方。詹森這小子很可能就是第一個當上總統的南方人。」[2]

華盛頓（George Washington）也曾經一眼識英才，選中漢彌頓[3]擔任副官。事情發生於一七七七年，獨立戰爭的黑暗冬季，當時漢彌頓才二十二歲。即使到了今天，他們兩人的關係仍引起無數人的好奇，往兩人生平挖掘線索，並且進行心理分析的揣測。華盛頓看出這名年輕、自大、瘦弱的砲兵軍官是可造之材。不過幾個月，漢彌頓就變成華盛頓所說的「總司令最倚重的一位助手」。[4]

在戰場上拔擢用人，必須有犀利的眼光。假如有一名中尉倒下了，官階僅次於他的那個人腦袋也中彈，上級的指揮官就得馬上晉升一人來填補空缺。他如何決定升任的人選？戰場上沒帶著考績、沒時間測驗智商、來不及做身家調查。能做的只是，迅速評估某人在敵軍當前時的反應——看看危機激發出來的潛能如何。是危機帶來了洞識橡實的眼力？

職棒的球探如何識出二流球隊的十九歲菜鳥內野手的獨特優點？他不但要評估球技，還要看此人日後在球隊的前途如何、觀眾緣如何、值得投資多少本錢來栽培。這種慧眼識英雄的眼光從何而來？

三位識才的伯樂

在此我要列舉三則我最愛講的真實故事，摘自我的著作《平等分類法與辨識奇才》（*Egalitarian Typologies Versus the Perception of the Unique*）。這些慧眼識英雄的例子如果搬到今天來，會有人說那是教授偏心，是兩個男人的同性之愛，或用其他說法把識才、愛才之心降格為自私動機。現在我們講到兩個人的關係，都是極盡刻薄之能事，特別是遇有一方年長、一方年輕的例子，或是一方有權勢而另一方沒有的情形，尤其如此。也許我們已經喪失這種識才的能力，所以從兩個人的關係中只看得見權與勢的因素。我們還是看真實故事吧：

一八九〇年代，哈佛大學的心理學教授詹姆斯班上有一名加州來的猶太籍女學生，相當多話。她上課遲到，似乎不曉得在聽什麼，老寫錯字，完全不懂拉丁文。她是很典型的差勁學生，凡事都做得手忙腳亂，現在的人會說這是「患有神經官能症的典型例子」。她考試時交了白卷，詹姆斯不以為意，反而給她的這門課打了高分，幫她進了約翰·霍普金斯醫學院。他看出這學生有與眾不同之處。她便是赫赫有名的美國女作家斯泰因。[5]十年後，在遠離哈佛的法國巴黎，她才發現自己的天賦所在，成為我們後世所知的那位斯泰因。

美國南方一個小城裡，有一位名叫菲爾·史東（Phil Stone）的男子，他曾在耶魯大學修讀過文學。城中有個矮瘦、好喝酒、狂妄的小伙子，史東對他特別照顧，願意從旁指點他。這年輕人寫詩，在第一次世界大戰時期的密西西比小城裡自稱是英國人，隨身攜帶一根手杖，衣著也和別人不一樣。這麼一個可能被榮格學派稱為「典型幼稚毛頭」的小伙子，史東卻肯聽他發表意見，看見他的與眾不同。這青年後來成為一九四九年獲得諾貝爾文學獎的福克納（William Faulkner）。

第三個有慧眼「看出面前的小伙子將來要成大器」的故事是：

一八三一年間，一項有趣的老式科學探索之旅將要成行；一位名叫約翰．韓士婁（John Henslow）的教師提議，要他以前的一名學生擔任博物學員。這學生當時二十二歲；在校表現遲鈍，數學一塌糊塗，但很熱中在鄉間蒐集甲蟲。他和同儕沒什麼兩樣：愛打獵玩樂、在老饕社團裡鋒頭很健、將來打算當牧師。現在的人會說他有「典型的家庭情結」，母親軟弱，由體重三百磅的父親獨攬大權。韓士婁的慧眼卻看到了別的，他說服了這次科學之旅的所有相關人士——並且說服了這名學生本人。這個名叫達爾文（Charles Darwin）的學生終於成行了。[6]

難忘師恩

在達爾文的故事中起了關鍵性作用的，是老師的慧眼。兩度獲得奧斯卡金像獎的導演伊力．卡山[7]、小說家柯波帝，[8]也有這樣的老師。這兩個人小時候，父母並不清楚要怎麼安排他們；然而，都有待命中的伯樂出現。

伊力．卡山在自傳中這樣寫著：

> 我十二歲的時候，我家遷到紐約州東南的紐羅舍（New Rochelle），我便碰上了好運氣

——意外遇上我的八年級導師。她名叫安娜．山克（Anna B. Shank），她對我一生的影響，不遜於任何其他人。那時候她已四十七、八歲，在我眼裡當然是相當老了，她很喜歡我……。她的浪漫氣質十足，曾告訴我，我的褐色眼睛很美。二十五年後，她看見我的名字登在報紙上，就寫了一封信給我。信上說：「你才十二歲大的時候，一天早上，你站在我的辦公桌附近，窗口照進來的光灑在你的頭上和五官上，照亮了你臉上的表情。那時我想，你會有多麼好的前途……。」

山克老師不遺餘力地幫我擺脫我們民族對於長子的傳統要求9以及我父親的期望，導引我走出以簿記、會計為主的商業之路，並且走入現在人所說的人文學科。10

柯波帝自小就不是個容易管教的孩子。他母親說，他會撒謊、模仿她的第二任丈夫的古巴口音、性格文弱、「有女孩子氣」、說話聲音一直是小學四年級男孩子的尖嗓門。到了十四歲還習慣耍賴，「不順他的意思，他就躺在地板上，抬起兩腳向上又蹬又踢。」他會夢遊，不肯上體育課，又在上生物課時沒完沒了地梳頭髮。他的代數、法文、西班牙文都不及格。他才五、六歲的時候，就用鉛筆寫信箋給自己，而且不論走到哪兒都帶著一本小字典。他跟一位男老師去看電影，在暗黑的戲院裡對這老師手淫。後來，他母親把他送到紐約一所軍事管理學校。英文老師凱瑟琳．伍德（Catherine Wood）於是登場。

她不但對他這個孩子有信心，而且認為幫助他開發天分乃是自己的責任、使命及崇高本分。

他吸引伍德老師注意的方式，可謂他自信大膽的極致表現。那天老師帶著她的學生參觀學校的圖書館，她拿了一本挪威小說家翁塞特的作品，要交給一名女生。據她說：「突然，這小男孩——他不是我班上的——從他座位上轉過身來插嘴道：『能看原文本一定很過癮。』我雖然一個挪威字也不認識，卻回答說：『那當然啦！』自那時候起，我便注意到柯波帝。第二年他升上十一年級，進到我班上來，我時時注意著他。」

伍德老師是高個子、花白頭髮的未婚女性……。她常邀他一同晚餐，讀他寫的故事，在課堂上特別照顧他，並且慫恿別的老師也這麼做……。她說：「他母親無法了解這個興趣和別人那麼不同的男孩子。我還記得和她在我的小飯廳裡談話的情形，我對她說，要我來跟她這做母親的講這一番話，是很不好意思的。但是她該明白，將來，那些按尋常方法做尋常事的普通男孩子還在做尋常事的時候，柯波帝將已成為名人。」[11]

姊姊的一臂之力

有此慧眼的人也可能是家中的一員。例如，以色列建國要員之一的前以色列總理梅爾夫人，就有這麼一位姊姊。葛爾達（Golda，梅爾夫人之名）十四歲時初中畢業，成績優異，代表畢業生致辭。她在自傳中說：「顯然我是要繼續升高中的，然後可能去做老師。那是我的志願。」她母親卻有別的打算，希望她成為「秀麗、規矩的女孩，到店裡去工作……，開始考慮結婚的事。母親一再提醒，威斯康辛州的法律是禁止女教師結婚的。」

葛爾達偷偷寫了一封信給比自己年長九歲的姊姊雪娜（Sheyna），向她傾訴自己左右為難的苦衷。雪娜於幾年前反抗母命之後離家，生活極苦，而且患了結核病；她在回信中這麼說：「不，你不要停止升學……，你很有希望做出一番事來……。準備一下，來找我們……我們會盡全力幫你……。立刻來找我們。」[12]

葛爾達於十六歲時偷偷離家了，因為姊姊提供她安身之處，照顧這將來必有出息的妹妹。梅爾夫人的故事中，另一個同樣重要的因素是：母親不肯讓步，一味要女兒符合自己的幻想。這個因素幫助葛爾達固有的代蒙啟動它桀驁不馴的理想主義，帶她走上活出她本來面目之路。

奧地利無調性音樂大師貝爾格，[13]十幾歲時便以瓦茨瑙爾（Hermann Watznauer）為知音，當他是自己的導師、朋友、激勵者。這種關係之始，瓦茨瑙爾才二十四歲，比貝爾格大十歲。

貝爾格一切都向他傾吐，有時候一封信能寫上三十頁信紙。[14]瓦茨瑙爾一直陪伴他的心路歷程，因為這位導師在他身上看見了不凡。俄國著名詩人馬亞可夫斯基[15]有一位老師年紀比他大不到十歲，這位老師看他「喜歡和大人一起做事，拿他當小孩子對待，他就會生氣。我才見他的面就看出他這個脾氣。」[16]

法國象徵主義詩人韓波（Arthur Rimbaud, 1854-1891）的少年生命多半活在想像之中，放學後安詳地步行回家，走的不是他熟悉的街道，而是船的甲板、羅馬城的卵石路、雅典街城的大道。十幾歲時，找到了年方二十一歲的老師伊尚巴爾（Izambard）為他的知心伙伴，終於有了可以談詩人和詩的對象。伊尚巴爾說：「這孩子，一開始我就待他如年輕的同志，後來漸漸成了好朋友。」

達爾文的老師、柯波帝的伍德老師有慧眼，伊尚巴爾也能識英雄，韓波那時代最出名的詩人班維爾（Bainville）卻沒有。韓波寫給他一封熱情奔放的信，期望受他賞識，信上說：「我們正在愛的季節；快滿十七的我心中澎湃，卻難以言說。」班維爾把他寄來的信和詩歸檔，這件事便算結案了。班維爾沒有給他激勵、給他指導，班維爾根本沒看見他。[17]

相識相知的靈犀

以上這些慧眼識英雄的例子之中，雙方的年齡和性別都不是關鍵。如一七七七年華盛頓四十五歲，漢彌頓只有二十歲；但伊尚巴爾與韓波的年齡相差不到六歲。現在的文化卻不同意這種說法，有人會懷疑，年紀較長的華盛頓和聰明清瘦的漢彌頓之間有同性戀的吸引。其實兩人之間不足為外人道的不是什麼私下戀情，而是靈犀相通之情。一方心有所動，讓心的眼睛看見了另一方心中的圖像。所以，山克老師看見窗口照進來的光灑在伊力・卡山的頭上，卡馬拉看見年少的馬諾列特使用不適合他身材和個性的手法，羅斯福看見「詹森這小子很可能就是第一個上任總統的南方人」。

在一所「嚇人的古老校舍裡；黑壓壓、陰森森的」，五十名學生之中大多數是黑人小孩。奧麗拉・米勒老師（Orilla Miller）是「一位年輕的白人教師，一位美麗的女子。……我敬愛她，以一個孩子的愛全心全意愛她。」當時包德溫[18]才十歲，米勒老師便看見他了。「他們發現彼此都對狄更斯（Charles Dickens）有興趣；兩人都在看狄更斯的小說，而且渴望交換心得。這位中西部來的年輕女士，對於這貧民窟小男孩的聰明大感驚訝。」他們於是展開了一段導引他代蒙現身的友情。

包德溫的心也看見了米勒老師。多年以後，包德溫成為廣受重視的知名作家，他又與老師聯絡上了。他寫信給她，請這位故友送一幀相片給他，信上說：「許多年來，您的面容一直放在我心中。」自從他們在紐約哈林區那所小學初遇，在狄更斯的小說中相知，四十年後師生二人再一起去電影院，觀賞狄更斯小說拍成的影片《雙城記》（*A Tale of Two Cities*）。[19]

現在的人已經不大相信這種心心相知的關係了。我們學會用性器官的知覺看事，無法想像能夠以想像為基礎而相互吸引。按照我們現今的文化看來，慾望其實必是潛在的性慾，關係其實一定就是性交，直截了當地傾訴必是挑逗手段。我們不明白憑共同的憧憬如何相互吸引，人怎會愛上幻想。而包德溫和米勒老師正是因狄更斯的小說相知，柯波帝和伍德老師更是憑翁塞特的挪威文版小說！羅斯福和詹森因才智而惺惺相惜，兩人「站在平等的立足點上談話」。年齡、背景、地位懸殊都不重要，這是兩位總統面對面，心照著心，看入橡實的深處。

眼見為評

詩人濟慈說：「除了心之鍾情的神聖與想像的真實，我一概不知。」[20]此話教我們豁然看見富創造性的感知力如何作用，並且看出，導師超乎常情的栽培從何而始。一個人的想像與另一個人的幻想相愛，即是導師情誼之始。其中必有情愛的成分，蘇格拉底時代的教育是如此，至今仍是如此，只不過如今的愛被電腦教育排除，要不然就是用性器官的知覺把愛看成虐待、勾引、騷擾，或是不涉感情的生理需求。性器官的知覺不會看到橡實的圖像。

我們可以從報章的徵友徵婚廣告看出一些端倪。身高、體重、膚色、性習慣、職業、年齡、婚姻狀況，這些都是社會學的眼睛做的描述。講到散步、烹飪、看電影、跳舞、依偎、聊天，這才是想像的真實開始浮現了。有人會說出自己愛聽什麼音樂、想要到什麼地方度假、有些什麼夢想，這不只是在找同床共枕的伴侶，而是要找一個陪著自己的橡實發芽生長的人。婚友廣告表露了「心之鍾情的神聖性」，這種廣告是浪漫者之夢。伊力・卡山的老師山克女士正是「十足浪漫氣質」。她的眼睛看見卡山「會有多麼好的前途」。

眼見為憑，並且隨即把信心交付給眼力所及之人或事。有識人之明的眼力比有洞悉事物的能力更勝一籌，因為有眼力則能勝任祝福他人的工作，使人脫胎換骨。

治療總帶來錯覺，讓人自以為那是洞察力，其實不過是在宣揚與實踐伊底帕斯（Oedipus）的盲目。人們不斷提問來尋找自己過去**真正**的樣子，似乎如此自我探問就能找到真實的橡實。[21]這種治療謬誤其實建立在另一個謬誤之上：認為橡實是隱祕不見的，藏在童年經驗中，並且被壓抑、被遺忘，所以只能透過心靈之鏡反照才能尋回。然而，心靈之鏡只能看到一半的真相。你在鏡中看到的面孔，只有你真實面孔的一半，也就是你實際呈現在他人眼中的那一半。[22]

存在即是被看見

愛爾蘭哲學家柏克萊[23]曾說：「存在即是被覺察」（To be is to be perceived）。人是一個被展示的現象，「存在」的首要意義便是讓別人看得見。被動地讓自己被人看見，才有機會得到眷顧和讚賞。我們尋覓戀人、導師、益友，為的就是要被看見，得到讚賞。

山克老師在窗外照進來的光之中看見了伊力．卡山，卡馬拉看見馬諾列特如何動作、如何殺牛、如何因為不熟悉場地而不斷跌倒。瓦茨瑙爾陪著貝爾格，聽他且看他。總司令在陣前挑選補人選的時候，要從形於外的模樣上看出內在的本質，看他的舉止如何，給人的印象如何。我們遇到某人，如果想要知道他的內在狀態，首先會問他什麼？「你怎麼樣？」（How are you?）那一刻你騎在馬背上接受檢閱，那個「怎麼樣」即是你。你的存在，乃至所有存在，都是透過「如何」呈現來交代一切人、事、物的細節。表露的模樣便是本質：姿態、手勢、風度、面色、動作、言談、表情，無一不是本質圖像的衍生。

我強調表露在外的模樣，並不意指圖像呈現是沒有保留、沒有背光面的。我的意思不是說只要看刻意擺出來的門面。矜持含蓄不是看不見的，從緘默、委婉言詞、移開的目光、失言、遲疑的動作、再三考慮、迴避行為，都可以看出來。不要以為只看表面亮處就一清二楚了。本來有意隱藏起來的也在展現，銳利的眼光才能夠毫不疏漏地掌握全圖。有慧眼的導師在學生身上看見的圖像，不全是擺在外表的門面，也不是藏在背後的東西，他看到的是層層錯綜，是凹凸互映顛倒混亂的種種含意，也是一切想像境界的真實。看的人要從這呈現的方式看出全圖。明的暗的都在這兒，看不看得懂，就在你的眼力了。

雖不見猶可見

天資並不完全是隱而不見的生命潛能，它流露在行為上，可以被看見。馬諾列特之為馬諾列特，不在於他鬥牛，而在他如何鬥法。斯泰因體現的圖像之獨一無二，不在於她寫作，而在她如何寫法。橡實雖然遁於無形，整株橡樹卻處處可見橡實的影子。橡實沒到別處去，也不是存在於橡樹之先，而是折疊在層層有形之下的作用，如同酥餅裡的油脂，如同蓬鬆麵包的香氣。那不是不折不扣的隱而不見，乃是雖不見猶可見。

這種若有似無，有人稱之為地方的精神、事物的氣質、人的靈魂、風景的意境、藝術的格調。我們想解釋這種有無的來龍去脈，想掌握它的究竟。但是，我們的概念、我們憑概念而看事的眼光，都欠缺充分的想像薰陶，沒有鑑識圖像的能耐。我們若是透過典型、種類、等級、症狀來看人，就無法看清任何人的模樣。任何分類法都會抹煞個別獨特性。

套用心理學家詹姆斯的術語，心的眼睛看見的是許多的個別（eachness），領會的是個別性。「心之鍾情」中意的是有別於其他的特色。想像這幅畫面：坐滿學生的教室裡，有個尖嗓門的小男孩柯波帝，老師的眼睛看中的是這個男孩子，而不是其他人。

如果看人只看他是愛爾蘭裔或德裔；是猶太教徒或天主教徒；是黑種人或白種人；是酗酒者或有自殺性格；是精神病患者或瀕於精神病者，而不是有血有肉的人，這樣便入了社會學的範疇，與人心談不上關係。西班牙哲學家賈賽特[24]表示：「多數人『說』不出站在自己面前的人的樣子，但能『說』得出並不表示能看得見。」[25]我們必須有極多的字彙，才能讀人的表情。放下心理學書籍，換一本小說，或是翻開一本旅行日記，甚至一本食譜，眼前盡是可用的字彙。要不然就去看電影，銀幕上晃過的影像，全是活跳跳的形容詞、副詞。濟慈曾說：「願生命是感受而非思維。」[26]必須有眼睛會看圖像、會看展示，有言詞說得出自己所見，才能夠看見橡實。

愛情、友情、親情的失敗，常可歸結為想像知覺之不足。我們若不能用心的眼睛看人事，愛情的確就成了盲目，因為我們看不見對方正懷著橡實的真實想像。即便有情，卻沒有眼力；視線一旦模糊，同理心和興致也不見了，剩下的只是惱怒。於是我們訴諸徵候診斷與分類觀念。別把丈夫診斷為「受母親牽制」，他只是會嘀咕、愛期待、時常不知所措而已。別把妻子歸入「有男性意向」之流，她不過是霸道、愛辯理、執著罷了。流露出的言語行為才是本人的模樣，分類法說的那一套不是。

有些心理治療師試圖矯正缺乏想像力，辦法是促進「同感」以及「調和性逆向移情認同」（syntonic countertransference identification）。此外也鼓勵心理表演療法（psychodrama）與角色扮演，藉以穿透類型概念，看入對方內心。想像你是自己的丈夫或妻子、孩子，揣摩對方的感受，想像對方在此情形下的反應。發揮想像，從想像中看對方的行為，也許就能發現道理何在了。

以耐心啓發非凡

有耐心的人才有想像力豐富的眼力。沒耐心的人哪能看出那莫名其妙的言行、那古怪脾氣、那股遲鈍，究竟是怎麼回事？美國氫彈之父特勒一直到三歲才會說話，所以別人都當他是智障兒。按《能量與衝突》（*Energy and Conflict*）所載：「某一天，特勒說話了，說的是完整句子，不是單字，就好像他要等到言之有物的時候才開口。」小兒醫學家斯波克博士（Dr. Benjamin Spock）更糟，滿了三歲還不會說話，而且每次開口講都是慢得令人跳腳。宗教哲學家馬丁・布伯[27]也是三歲才會說話的。

幽默作家瑟伯[28]小時候，有一位老師以為他可能是聾子。美國歷任總統之中堪稱最好學的威爾遜，一直到九歲大才學會二十六個字母，到十二歲才識字。以往為威爾遜總統作傳的人都說，這種學習遲緩的現象要歸咎於他與父母親的關係。最近的一部《威爾遜：醫療及心理傳記》（*Woodrow Wilson: A Medical and Psychological Biography*）則主張用精神病學的診斷解釋，宣稱他患有生長期間的閱讀障礙，問題出在大腦。[29]

閱讀障礙、長期落後、注意力不集中、過動，這些都屬於「注意力缺失症」，也都是需要以極大耐心面對的。若沒有耐心，怎能包容、誘發這「不足」的其他面向？被歸入這些類別的兒童以及成人，經常是智力高於一般人、愛作白日夢、感性敏銳豐富的人。由於這種人有「自我中心」的行為，所以態度上的順從配合度低，精神顯得散漫。用藥物來幫他們集中注意力，當然是有效的。但是，能克服這些「不足」並不表示能確認其原因，也不足以解釋其中的意義。跌斷腿可藉拐杖之助走路，但拐杖不足以解釋斷腿的道理。

現在為什麼有那麼多機能障礙的病例？是因為靈魂不甘願做什麼事嗎？代蒙沒在讀書、說話、達到應有的成績時，它又在做什麼呢？要想找出答案，必須有耐心，發揮有想像力的鑑識。

柏克萊所說的「存在即是被覺察」，我們憑覺與察而存在，並且肯定別人的存在。眼中所見的，因為被看見而保住。柏克萊認為上帝無所不知的覺察力讓萬物得以存在。作為一位道德家（柏克萊同時是個主教），他的意思或許是說上帝一直都在看著你，請好自為之！而對形上學家而言，「存在即是被覺察」也可能意味著，如果上帝打了個盹、眨了下眼睛，或因另一個布魯諾宇宙[30]的事而分神，我們的世界就會灰飛煙滅。

好辯的猶太教士可能會問主教：上帝能感知自己嗎？如果不能，那怎麼能說上帝存在呢？如果能，那麼上帝如何感知？如果他在自然之鏡中感知自己，那麼，自然如果就是上帝的影像，則自然與上帝將無法區分（如斯賓諾莎所主張的）；否則，自然既能讓上帝存在，則自然本身就有感知能力，具有神聖的意識。如果上帝是透過人類感知自己，那就是世俗的人文主義：上帝的存在是人類感知的結果，上帝依靠我們拼湊而成。教士必然會繼續爭論說，也許上帝的存在不需要感知，但如此一來上帝的存在就被限制在覺知的領域之外，作為分離與超驗的存在，因此既非全知也非萬能。如果上帝的存在不需要感知，那麼，要不是主教的觀點錯誤，就是上帝根本不存在。

生於愛爾蘭、受教於都柏林聖三一學院，後來在美國南方生活的柏克萊，對這些疑問給予應答，同時也衍生了更多複雜難解的問題。他或許沒想到另一個可能性，畢竟他沒讀過一百多年以後濟慈的詩（除非是在橡實中？），無法體會自己那句無比精煉又頗負盛名的表述中所蘊含的心理學與生態學價值。感知賦予祝福，這就是本章的所有故事中所展現的。感知帶來了存在，讓存在延續下去；當感知以「心之鍾情的神聖」發揮作用，即能揭示萬物，印證「想像之真實」。

註釋 NOTES

1 原註1：Barnaby Conrad, *The Death of Manolete* (Boston: Houghton Mifflin, 1958), 9-10.

2 原註2：摘自Robert A. Caro的文章"Lyndon Johnson and the Roots of Power"，收錄於：*Extraordinary Lives: The Art and Craft of American Biography* (Boston: Houghton Mifflin, 1988)。

3 編註：漢彌頓（Alexander Hamilton, 1755-1804），獨立時期的聯邦黨領袖，後來擔任美國第一任財務部長。

4 原註3：James Thomas Flexner, *The Young Hamilton: A Biography* (Boston: Little, Brown, 1978), 143.

5 編註：斯泰因（Gertrude Stein, 1874-1946），美國作家與詩人，後在巴黎定居。她實驗式的表現手法，給年輕的先鋒派文學家很大的影響，她和現代派的藝術家們交往頻繁，使其大名常常在現代美術史著作中出現。

6 原註4：James Hillman, *Egalitarian Typologies Versus the Perception of the Unique*, Eranos Lecture Series (Dallas: Spring Publication, 1986), 4-5.

7 編註：伊力・卡山（Elia Kazan, 1909-2003），國際知名導演，曾獲東尼獎並兩度得到奧斯卡導演獎，執導的戲劇中有五部為其作者贏得普立茲獎。五十多歲時嘗試寫作，六本小說中有多本躍登暢銷書。一九五二年的告密事件使其生涯蒙塵，其時「麥卡錫主義」籠罩全美，卡山作證、舉發八名曾與他合作的人有共黨分子的嫌疑。一九九九年獲頒奧斯卡終身成就獎。

8 編註：柯波帝（Truman Capote, 1924-1984），美國作家，著有多部經典文學作品，包括小說《第凡內早餐》、《冷血》等。在《冷血》一書中，柯波帝開創了「真實罪行」類紀實文學，被公認是大眾文化的里程碑。而他為寫作《冷血》而調查故事真相的曲折離奇過程，也被好萊塢拍攝成電影《柯波帝：冷血告白》。

9 編註：伊力・卡山生於土耳其，父親是希臘裔商人。

10 原註5：Elia Kazan, *Elia Kazan: A Life* (New York: Doubleday Anchor, 1989), 26.

11 原註6：摘自Gerald Clarke, *Capote: A Biography* (New York: Simon and Schuster, 1988)。

12 原註7：Golda Meir, *My Life* (New York: Putnam, 1975), 40-42.

13 編註：貝爾格（Alban Berg, 1885-1935），奧地利作曲家，二十世紀的音樂革新者，他運用新作曲法，又不失古典傳統，從而獲得了「現代音樂的古典主義者」稱號，和荀白克、魏本三人被稱為第二維也納樂派的代表。納粹在德國當權後，稱他們的作品為「墮落的藝術」，予以禁演。

14 原註8：Karen Monson, *Alban Berg* (London: MacDonald General Books, 1980), 6.

15 編註：馬亞可夫斯基（Vladimir Mayakovsky, 1893-1930），前蘇聯詩人，代表作為長詩《列寧》。他也是戲劇改革者，主張舞台應有強烈的劇場性和假定性，反對自然主觀地描摹生活，他的戲劇理論對後來的蘇聯戲劇產生了持久的影響，並在世界現代戲劇史上佔有重要地位。一九三〇年因愛情失意、對史達林治下的蘇聯失望等原因，開槍自殺。

16 原註9：Wiktor Woroszylski, *The Life of Mayakovsky* (London: Victor Gollancz, 1972), 11.

17 原註10：所有與韓波相關的引用皆出自 Elisabeth Hanson, *My Poor Arthur: A Biography of Arthur Rimbaud* (New York: Henry Holt, 1960)。

18 編註：包德溫（James Baldwin, 1924-1987），美國當代著名小說家、散文家、戲劇家和社會評論家，著有六部長篇小說、四部劇本和十幾部散文集，作品內容涉及廣泛。小說《向蒼天呼籲》是四、五〇年代黑人文學的典範。包德溫在二戰後美國黑人文學發展史上有承先啟後的地位。

19 原註11：David Leeming, *James Baldwin: A Biography* (New York: Alfred A. Knopf, 1994), 14-16, 19.

20 原註12：Andrés Rodríguez, *The Book of the Heart: The Poetics, Letters and Life of John Keats* (Hudson, N.Y.: Lindisfarne Press, 1993), 48.

21 原註13：James Hillman, "Oedipus Revisited," in *Oedipus Variations: Studies in Literature and Psychoanalysis* (Dallas: Spring Publication, 1991), 137-145.

22 原註14：E. H. Gombrich, *Art and Illusion: A Study in the Psychology of Pictorial Representation*, Bollingen Series 35 (Princeton: Princeton Univ. Press, 1961), 6.

23 編註：柏克萊（George Berkeley, 1685-1753），又稱柏克萊主教，與洛克和休謨並列英國經驗主義三位代表哲學家，被視為唯心主義哲學的濫觴。其哲學區分物質和非物質觀念，排除一切非物質世界知識的可能性，對後世英國和西方的唯心主義流派影響很大。

24 編註：賈賽特（José Ortega y Gasset, 1883-1955），近代西班牙最偉大的思想家，西班牙建立共和政權之後，當選為國會議員，西班牙內戰爆發後，流亡國外。有人稱他為西班牙的屠格涅夫或杜斯妥也夫斯基，卡繆譽他為歐洲繼尼采之後最偉大的哲學家。

25 原註15：José Ortega y Gasset, *On Love: Aspects of a Single Theme* (London: Victor Gollancz, 1959), 116.

26 原註16：Rodriguez, *The Book of the Heart*, 51.

27 編註：馬丁・布伯（Martin Buber, 1878-1965），奧地利猶太神學家、哲學家、翻譯家、教育家，其影響遍及整個人文學科，特別是在社會心理學、社會哲學和宗教存在主義領域。他的思想進路是提出「關係」的先驗性作為哲學思考的判準，他的哲學因此也被稱為「關係哲學」（relationship philosophy）、「會遇哲學」或「對話哲學」（dialogue philosophy）。經典代表作品《我與你》。

28 編註：瑟伯（James Thurber, 1894-1961），美國作家、漫畫家、諷刺小說家，擅長刻畫大都市中的小人物，筆法簡練新奇，荒唐之中有真實，幽默之中有苦澀，人稱「在墓地裡吹口哨的人」。

29 原註17：跟「遲緩」發展相關的引文，摘自以下出處：特勒，見Stanley A. Blumberg and Gwinn Owens, *Energy and Conflict: The Life and Times of Edward Teller* (New York: Putnam, 1976)；斯波克，見Lynn Z. Bloom, *Doctor Spock: Biography of a Conservative Radical* (Indianapolis: Bobbs-Merrill, 1972)；布伯，見Maurice Friedman, *Encounter on the Narrow Ridge: A Life of Martin Buber* (New York: Paragon House, 1991)；瑟伯，見Neil A. Graver, *Remember Laughter: A Life of James Thurber* (Lincoln: Univ. of Nebraska Press, 1994)；威爾遜，見Edwin A. Weinstein, *Woodrow Wilson: A Medical and Psychological Biography* (Princeton: Princeton Univ. Press, 1981)。

30 編註：布魯諾（Giordano Bruno, 1548-1600）是文藝復興時期的義大利哲學家、數學家、天文學家，提出宇宙無限的思想。他認為宇宙是統一的、物質的、無限的和永恆的，在太陽系以後還有無以數計的天體世界。他也批判經院哲學和神學，反對亞里斯多德、托勒密的地心說，宣傳哥白尼的日心說，引起羅馬宗教裁判所的恐懼和仇恨。一五九二年，他被天主教宗教法庭控以「異端邪說」罪，在威尼斯被捕入獄。在被囚禁的八年中，布魯諾始終堅持自己的思想，最後被宗教裁判所判為「異端」，於一六〇〇年在羅馬鮮花廣場被燒死。

第六章

遺傳與環境外的生命情境

任何不在遺傳基因和環境之內的力量，都在我們所理解、觸得著的事實之外。那超出了科學論述……但並不意謂它不存在。

——摘自賴特（Robert Wright）的《道德的動物》（*The Moral Animal*）

我在環境和遺傳中都找不到塑造我的確切因素，
生命的滾筒曾在我的命運上軋下複雜的水印，
水印的獨特花樣要等到藝術之光照透生命這張紙時才會現形。

——摘自納博科夫（Vladimir Nabokov）的《說吧，記憶》（*Speak, Memory*）

保守派的心理學所說的「個人獨有特質」是什麼意思？每個人都能說這世上真正只有「一個」自己嗎？假如遺傳因子和早期成長環境一樣，人就會一模一樣嗎？果真如此，有關雙胞胎的研究為什麼重點放在個別特質上？更有專門研究在同一家庭中成長的同卵雙胞胎差異性的報告。一個人的生命，除了天生本性和環境因素之外，似乎還有些別的東西。我們先看看一些研究，再來談傳奇軼事。

科學心理學把一切歸因成兩者——先天本性和後天教養。這種定義排除了其他的可能性。既然行為科學，包括分子生物學和精神病理學將我們所有的個性形塑都歸到這兩種來源，而我們此刻正在想像的是生命中的第三種力量，那麼，這第三種力量必定被隱蔽在那兩大範疇之中。因此，我們不應該只關注行為科學所陳述的內容，還要檢視其述說的方式。我們必須像偵探一樣尋覓線索，當述說者認為他所說的並無缺失時，我們則要從中搜尋那位被遺漏的隱形人。

首先我們必須認清，非此即彼的二分法，是令西方思維感到安逸自在的習慣。最直接的例子就在《聖經》中：我們與他們、亞伯與該隱、雅各與以掃，[1]乃至好人與壞人，都有擬人化的區分。雙方敵對式的思考不是從電視上的激辯節目開始有的，兩黨式的政體也不是突然就產生的。兩個一組，不論是搭配成對、表裡呼應、兩邊相抗，都恰合塔納斯所說的「西方心智的激情」。[2]

亞里斯多德式的邏輯不能用「三」來思考。上起亞里斯多德的矛盾律，下至電腦程式的二進位制邏輯，我們的思維都是按正與反、此與彼的原則而定。笛卡兒曾在腦子中央為第三者空出一小塊地方。他把靈魂安排在松果體[3]裡，以證實它與另外兩個龐大對手，內在的思維心智與外在的遼闊空間，相形之下仍有其微乎其微的分量。

因此，本章不得不挑戰這長久以來為我們所寄托的二分思維：如果行為不全是遺傳所決定，那就只能歸因到環境因素。如果還有「其他因素」，那會打亂我們慣有舒適的思維方式。二分法思維讓人安心，而我們以為這就是清晰的思路。

其實，憑自己的感覺，憑觀察世事之出人意表，都教我們相信，人生除了天生條件和環境因素之外，還有別的力量在作用著。每個人有別於他人的特色，百萬人之中找不出兩個一模一樣的，甚至剛出生的嬰兒、同胞手足、同卵子的雙胞胎都各有各的特質，這些事實提出了一個必須回答的問題：個人的獨一無二性要怎麼解釋？

同卵雙胞胎的案例

先來看遺傳理論。從捷克生物學家孟德爾（Gregor Mendel, 1822-1884）的「豌豆實驗」，到發現ＤＮＡ的瓦特森（James Watson, 1928-）與柯利克（Francis Crick, 1916-2004），這第一波遺傳學研究曾經留下不滅的痕跡，但現在都已經退場了。絕大多數人都相信，我們之所以成為自己，除了因為有遺傳來的染色體基因排列密碼，也因為我們是上帝創造的（按神學理論）、是經濟造成的（按馬克思〔Karl Marx, 1818-1883〕所說）、是前生帶來的（按印度教與佛教所說）、是歷史形塑的（按黑格爾〔G. W. F. Hegel, 1770-1830〕所說）、是社會造成的（按涂爾幹〔Emile Durkheim, 1858-1917〕等人所說）。大家都駁不倒的證據是：我們的生理、心理、精神的生命，主要受制於DNA的遺傳基因密碼。

如今又有第二波的研究，使用的方法差異較大，提出的疑問也較深入。現在的研究較重視人與人的差異性，包括遺傳條件極相近的人在內，例如：為什麼雙胞胎的性格和命運會不同？研究差異性的最佳素材即是同卵雙胞胎。他們是由一個受精卵子長成的，DNA的成分一模一樣，就遺傳因子而言，兩人的條件是相同的。一般人的遺傳因子都各不相同，只有同卵雙胞胎是兩人同時得到一模一樣的基因組合。

因此，我們似乎可以論定同卵雙胞胎必然是兩個一模一樣的人。事實卻不然。就髮色、髮際線、血型、眼珠顏色、齒列生長、指紋皺摺多寡等生理特徵統計，只有九〇％是一致的。[4]只要關係到心理因素的，相同的比例就下降了。甚至身高、體重、膚色的相同比例都不高。個人差異性更大的是面部表情，以及罹患糖尿病、胃潰瘍、乳癌、高血壓等疾病的機率。

遺傳因子一模一樣的雙胞胎為什麼實際上並非一模一樣？他們連生理特徵都不一樣的原因何在？有人說，最簡單的答案就是：環境。[5]所謂環境，是指一切非遺傳的影響因素。既然不是先天遺傳，那就是後天環境造成。我們先談談先天吧。

到了推理、說話、記憶等認知能力開始發展的時期，人與人的差異就愈來愈明顯了。[6]即便是同卵或異卵雙胞胎，性格相似的比例都很低。[7]顯然相同的父母親和相同的生長環境，對於不同的個人特質是莫可奈何的。甚至阿茲海默症（老人痴呆症）這種腦部疾病而非人格障礙的症狀，兄弟姊妹的罹患差異比例高達九〇％。

過去五十年投入精神分裂症研究的人力物力都極為龐大，而精神分裂症（有多種類型）的有效區別診斷仍嫌不足。不過，雙胞胎罹患精神分裂症研究的重要結果，可用茱蒂・鄧（Judy Dunn）與普洛敏（Robert Plomin）的一句話說明：「半數以上的遺傳因子一模一樣的雙胞胎，不會同樣罹患精神分裂症。」[8]如果雙胞胎之一患了精神分裂症，另一人罹患的機率會較小。這其中還有別的力量在作用，所以雙胞胎各有各的特質。

遺傳、環境之外的因素

我們卻不能馬上說，這別的力量當然就是生長環境。一對同胞手足被人收養，在同一個家庭中成長，其中一人被診斷出精神分裂症狀，另一人卻不算是高危險群。茱蒂・鄧與普洛敏這兩位相當權威的雙胞胎研究者說：「同樣的生長環境並非重要因素……。調查結果顯示，一人被診斷為精神分裂，另一人卻沒有，其主要原因必定是受『非家庭成員共有的』環境影響衝擊。」[9]導致精神分裂診斷的因素既不是遺傳因子，又不是共同的家庭生長環境，可見還有別的東西，某種「並非共有」的東西，是個人獨有的。

有三項進一步的發現頗令我好奇，三者都與我們論個人特色的橡實原理有關，因此讀者需要動一動想像力思考。三項研究結果分別有關創造力、傳統之影響，以及遺傳因素的影響似乎在童年的中期比較凸顯。

普洛敏指出：「認知領域（如記憶、言語、推理等能力）之中似乎顯示不出遺傳影響的一個層面，乃是創造力。」[10]我們不必苦思如何定義「創造力」這個曖昧的名詞，也不必追問衡量創造力的方法。但是，我們從聽來的故事和讀到的傳記可知，傑出不凡的人置身自己的父母、手足、同儕、故鄉、子女之中，都會顯得突出。傑出的人通常是「不一樣的」，既不像自己的親人（先天），也不像周遭環境裡的人（後天）。這也就是說，基因和環境都沒有資格成為傑出的決定因素。我們認為傑出的人是有創造力的，他們之所以與眾不同卻不能歸因於基因和環境。另外還有別的因素嗎？

行為科學家為避免明講這「別的」因素是什麼，用了混合先天遺傳和後天環境的解釋法，以黑白兩色線進行一種複雜難懂的編織，其成果是一片極隱晦的灰色，根本無從分辨創造力取決於遺傳或環境的成分孰輕孰重。人類創造力的永恆之謎，套上這「灰色」解釋，就不必再提真正不一樣的原因：橡實原理主張的命運說。

墨守傳統的傾向

創造力鮮有受遺傳影響的跡象，令人意外的是，人對傳統之遵循則似乎有很強的遺傳因素。研究報告用「傳統主義」（traditionalism）來指這種「遵循規定與權威、贊成高道德標準與嚴格行為準則之傾向」。[11]

數據是無關政治的，科學必須假裝如此；因此遺傳學的「傳統主義」跟實際的政治（共和黨）和宗教（基要主義或東正教）沒有直接關係。然而，保守派或反動的政黨與教會的核心，卻有些許傳統主義的影子。美國心理學家傑羅姆．凱根（Jerome Kagan, 1929-）研究天生特質時提到人的氣質偏好；[12]占星術認為土星會影響染色體；女性主義者近乎絕望地意識到父權體制如此難以撼動；馬克思主義者因此理解為何這麼難喚醒農民和無產階級起來革命；教會則感到寬心：總會有基因庫向上流往梵蒂岡。

大約四十年前，人類學家保羅．拉丁（Paul Radin, 1883-1959）解釋了一神論的起源。他說這不是宗教發展的自然階段，是一種專屬於祭司階級的想法。他認為一神論起源於一種特定的「氣質」。早在遺傳學的數據顯露出傳統主義以前，他的直覺就預見了傳統主義者的態度和特質所起的決定性作用。[13]

推行改革往往有困難，原因也就在此。也許各種文化出現的基本教義運動與全體目標一致，都是人類本性中的保守氣質在作用。這種墨守傳統的性格，則以長久在位的老國王為其象徵原型。當我明白了「高道德標準和嚴格紀律」並不一定是天使的要求或上帝的召喚時，我鬆了一口氣。

假設遵從傳統的傾向有很明顯的遺傳因素，這可以幫助我們了解天資的走向為什麼與傳統守舊生活背離嗎？千百年來，自亞里斯多德探討憂鬱狂躁（指「有創造力」者的一種異常心理狀態）起，直到龍布羅梭[14]之研究犯罪學，受到強烈驅策而投身某件事，都與反傳統和不正常脫不了關係。[15]一般人都習慣認為，新穎的事物、原創的東西都是與傳統不符的。靈感似乎在定義上就是與秩序、紀律、規則、權威相對的；換言之，就是反對「傳統主義」。最起碼我們可以大膽地說，遺傳的保守心態與「別的」力量之間會發生嚴重的衝突。

命運乍現期

第三項有意思的研究發現說，遺傳對於智力的影響在嬰兒期過後漸增，一直到童年中期為止。[16]其實，證據顯示智商的可遺傳性隨年長而漸增，從童年早期起，至成年後期止。[17]

我原本以為，遺傳因素最強而最能影響個人智力的時候，應該是在剛出生的時候，在尚未接受外在世界衝擊之前。我還以為，初生的頭幾個月到童年初期的幾年中，是遺傳因子影響最顯著的時期。但有關兒童智商的研究結果顯示，兒童漸漸成長時——從三歲到六、七歲，智商的遺傳率增加。到了七歲左右，智商的遺傳率又開始減退。另外，「儘管智商與遺傳高度相關，通常智商分數仍然在兒童期大幅增長。」[18]（我們稍後再來談論智商。）

遺傳因素在兩、三歲的時候為什麼不及七、八歲時明顯？是因為智力的個別差異在出生時最明顯，到童年中期又逐漸淡化？這樣的研究結果可能意謂，嬰兒受遺傳與環境的影響之所以不及兩、三歲以後的自己，這要歸因於個人稟賦。從這個角度看，正合乎柏拉圖的厄耳神話所說，人降生時帶著的固有圖像與遺傳得來的條件不是一模一樣的，到遺傳因子展開作用的童年中期，固有圖像就退居後台了。此外，到了成年晚期，當感召、人格與命運已經變得無可忽視時，一個人的智力以及其他以智力為基礎的特質，也將承載著愈來愈多來自靈魂密碼而非基因的影響。

研究也顯示，遺傳率在青春期的初期會漸減。[19]這是意料之中的。許多傳記故事證明，命運召喚往往在青春期突然出現。換言之，三歲到八歲，以及在青春期，感召似乎離我們最近；當基因影響減弱時，感召的力量就更突顯了。本書引述的許多傳記的確顯示，注定的稟賦會在童年早期和青春期現身。

這樣的推測是來自實證研究和統計數據的蛛絲馬跡，閱讀文獻因此變得樂趣橫生。若只做直接的解讀，統計數據會讓頭腦僵化；人們以數據來鞏固觀點，但我不以數據本來的樣子呈現，而是使用這些資料來刺激推論。分子生物學和統計學的發展趨於成熟，隨著樣本的擴展，這樣的推測變得更重要。我們必須以想像力來跟上。在美國，每年有一萬一千對同卵雙胞始出生。我們期待基因的影響在統計上可以呈現完美的鐘形分布，但我們卻看得愈來愈清晰：遺傳的影響非常複雜多樣。

現在我們要談談「智商」這個棘手問題。普洛敏等人認為，「遺傳影響智商高低的問題，雖然一向是行為科學中最具爭議性的話題之一，近來就一千餘位科學研究者及教育者所做的調查顯示，多數人現在相信，智商高低之個人差異至少部分是受遺傳影響的。」[20]

然而，要特別注意的是，差異是「個人」差異，不是性別、膚色、種族、階級、任何群體的，只是個人與個人之間的差異。

因此我想要提出至少四點，指出所謂白人與黑人之間的智商比較是錯誤的：

1. 就基因而言，到底誰是黑人誰是白人？我們有三百五十年的種族混合史，更別說歐洲人和非洲人來到美洲之前的漫長歷史。
2. 我們在智商測驗中所謂的「智商」究竟是什麼？

3.在各種不同的社會文化中，「測驗」的心理學含意是什麼？智商測驗作為一種「儀式」，它與其他的「測驗」儀式有怎麼樣的關係？

4.除了以上這些關於智商與智商測驗的無止盡爭論，還有一個問題是從本書論點衍生而來。如果存在橡實或代蒙，而且就像在名人故事中所見的，代蒙總對個人的社會化形成阻擾，那麼同樣的因素是否也會影響他們的智商測驗結果呢？這難道不會剔除掉那些抵制智商測驗的人？畢竟高智商是進入鐘形分布曲線的通行證。21

側重個人獨特性

每一個人有自我獨特本色，這不只是宗教信條或西方人的格言。人有個別獨特性乃是統計學上的近似事實。

我們每個人都有能力產生十的三千次方個具有獨特基因組合的卵子或精子。我們只要想一想，一個女性可以製造十的三千次方個卵子，一個男性可製造同樣數目的精子，就可以明白，過去和未來有人和你的基因組合相同的機率是無限小的。22

此外，遺傳學的研究也警告我們，不可能用太簡化的解釋，把基因的道理說明白。基因發生干預作用的時間是走走停停的，基因與環境的交互作用更是無限複雜的。所以，八〇年代以來的研究愈來愈側重個別案例、行為差異、非共有的心性取向，亦即是你我所說的個人獨特性。

從遺傳角度解釋個人獨特性，主導的有三大理論；這些解釋都指向我們所說的「其他因素」。

第一個理論稱作「浮現遺傳」（emergenesis）論。這個理論指的是這樣的案例：在不同環境下長大的雙胞胎擁有一樣的品味、風格、個人習慣，而這些特質並不存在於家族中。[23]以下這些例子中，我們看到分開養育的雙胞胎具有驚人的一致性：

> 一對男性同卵雙胞胎在成年後首次相聚，發現彼此都使用相同牌子的牙膏、髮油、香煙等等。那次見面後，他們為對方郵寄生日禮物，結果發現兩人準備的是同樣的禮物，只有在不同的城市生產。
>
> 在一群雙胞胎中，有兩個軍械愛好者、兩個習慣戴著七枚戒指的女人、兩個強迫計數的、兩個結過五次婚的、兩個自願消防隊隊長、兩個服裝計設師、兩個會在家裡給妻子愛心貼紙的男人……他們都是成年的同卵雙胞胎。

相反的，我們的研究中那些自嬰兒期就在不同家庭長大的異卵雙胞胎，極少有這樣的「巧合」。[24]

解釋這些巧合現象的，即是浮現遺傳論，因為其中的相似性必定是遺傳的（因為出現在同卵雙胞胎），並且是以一種獨特的方式在特定的雙胞胎手足身上呈現出來。如果這些習慣或品味出現在單獨的人身上，我們就沒有證據說那是基因所然。但既然這些習慣和品味出現在分開養育的同卵雙胞胎，那麼唯一的解釋就是遺傳。

浮現遺傳論認為，遺傳物質從父母雙方遺傳下來，在孩子身上形成獨特的配置。「你可能從爸爸那裡得到黑桃10和K，從媽媽那裡得到黑桃J、Q、A；這些牌在原來的兩邊家族並沒有多大作用，在你身上的組合則可能創造出奧運紀錄。」[25]你的獨特性不是單純來自於遺傳的東西，而是經由你手中的牌形成特定而且成功的配置方式。

所謂的「配置」，我們稱之為「模式」或「圖像」，以柏拉圖的神話來說，即是你的命數。浮現遺傳論從基因解釋，並且認為你所得到的都是隨機使然；畢竟，誰知道你是怎麼樣得到一手好牌？或許命運知道：在你到人世間吸入第一口氣之前，你的靈魂早已為你選定了命數。

第二種理論是「上位作用」（epistasis）說，指在眾多組合中，基因相互之間的抑制作用。

> 個體之間的行為差異，涉及的可能是上百個基因，每個基因為個體的多樣性貢獻出小小的獨立作用……。「上位作用」就像是基因的運氣。就概念上而言，抽牌的運氣給了你某些不存在於父母或手足身上的獨特基因組合，造成超乎尋常的效果。[26]

無法預測的「抽牌運氣」決定著我們是誰。柏拉圖說這隨機的源頭是阿南刻（Ananke），[27]她是令人敬畏的「必然」女神，蔑視理性，在柏拉圖神話中掌管我們的靈魂所選擇的命數。還有堤喀（Tyche）和摩伊賴（Moira）兩位女神，[28]她們都是命運的化身。從羅馬時代到文藝復興時期，這一切則由福爾圖娜（Fortuna）女神[29]代表。用這些原型人物來解釋個體的特質和命運，確實有些古怪。我們一直都知道這一點，只是現在給了它一個新的名字：混沌理論（chaos theory）。這是現今在遺傳學研究中很重要的第三種理論。

「在非線性系統中（生命當然是非線性系統），微小、瑣碎的輸入差異可帶來巨大的輸出差異……。混沌系統無可預測（當然，無可預測性也是生命的特徵之一），但卻以無規律的形態保持穩定。」[30]混沌理論強調的是「對初始狀態的高度依賴」。

我們還沒提到天使或天賦的影響，以及它們看似細微實則重要的作用方式，比如曼紐因對玩具小提琴發火，比如艾拉．費茲傑羅突然在業餘表演比賽中唱歌。我先介紹這個概念：非線性系統。我們不能將人生傳記看成僅僅是由生到死的線性進程；因為這樣的視角只是代表了其中一個維度，即時間的線性維度。

普羅提諾說，靈魂是輪轉的。因此生命不是筆直向前移動，而是懸浮、搖擺、迴轉、不斷更新與重複的。基因的作用來得時早時晚。碰觸到、打開來，一陣風吹過；看見了、明瞭了——那種「狀態很好」的感覺，來去不定，卻有穩定的形態。

我跟其他人不一樣，其他人也是如此；我跟十年前的自己不一樣，十年前的我跟更早前的自己也不一樣。我的生命是穩定的混沌，混亂卻反覆；我從來無法預測將會有什麼微細的刺激帶來巨大的結果。我必須總是敏銳地覺察著初始的狀態，比如陪我來到這個世界，以及陪我開始每一天的人與物。我依賴於這一切。

愛情地圖

在愛的方面，我們似乎未能如自己所願那麼獨一無二。大家愛的方式似乎大同小異。成年的同卵雙胞胎在這方面表現的相似性最為明顯，因為他們對於愛多半抱持同樣的看法。

我所說的「愛情風格」是指「愛情研究」裡使用的模式。研究將廣義的「愛」分類為許多不同類別，如無私的關愛照顧、務實的伴侶之愛、親密的情慾之愛等等。在所有愛的類別裡，雙胞胎的愛都是一致的，但這種一致性並非來自基因。

關於成人愛的方式的基因分析，結果是非比尋常的，原因有二：第一，在我們所知的人格領域（壓力耐受性、攻擊性、控制等等），沒有哪個像愛情一樣，遺傳因素在其中的作用非常小……。第二，我們也發現沒有任何的態度（如宗教信仰、種族歧視等）像愛情一樣，只有微小的遺傳因素在作用。[31]

好，有意思的來了。雙胞胎在所有愛情風格都一致，只有一種例外，即狂熱之愛（mania），也就是戀愛時常有的那種朝思暮想、折磨人的情感。為什麼狂熱的戀愛例外？

既然風格一致無法以基因來解釋，因此那些研究模型只好將之歸入環境。長得一樣而且愛得一樣的雙胞胎，其實是因為他們使用了同一張「愛情地圖」。

「愛情地圖」是心理學嘗試捕抓人們陷入愛情中時種種神祕現象的方法。你在某種教養環境中成長，有某些特質帶給你愉悅、滿足與生命活力。這些特質形成一個圖式，當某個具有這些特質，也就是符合你的愛情地圖的人來到你面前，你便可能會愛上對方。「你逐漸長大，這副無意識的圖像也慢慢成形，理想情人的面貌開始浮現……。所以，早在你的真愛在教室、商場或辦公室裡從你面前經過之前，你就已經建構好了理想情人的基本特質了。」[32]

愛情地圖有不同的層次。跨文化研究聲稱，愛情地圖有一些共同的層面，例如對象要有好的氣色。身材豐滿、寬臀的女人總會吸引人；男人則普遍需要有一些車子或駱駝之類的財產。還有一些層面反映傳統、時尚以及在地社群規範的要求。愛情地圖的理論認為，環境條件決定了你的情慾對象。

有些心理學家把對象選擇看成是投射。榮格學派說這種投射來自於原型，是靈魂私密本質的一部分，具有高度的個性化，因為那是心裡的複雜圖像，帶有命運召喚的感覺。圖像愈是執迷和強烈，你就愛得愈瘋狂，也就更確信那是命中注定。愛情地圖指向特定的人，當中在作用的是原型，即是榮格學派心理學家說的阿妮瑪和阿尼姆斯。[33]對象選擇只是愛情地圖顯現出來的特徵，並不能簡化為愛情地圖的全部。

「阿妮瑪」和「阿尼姆斯」源於拉丁文，意指「靈魂」和「精神」；因此，你的心也許會追尋某個童年圖像的複合體，但總是有個未知的結構在形塑你的地圖，賦予種種奇蹟與神祕體驗。[34]這就是為什麼榮格學派會說，愛是無可抗拒的。

戀愛的經驗超越一切條件的限制，要求毫無保留的付出。在柏拉圖眼中，狂熱之愛乃是神力介入所致，愛神母子阿芙羅黛蒂與愛洛斯（Eros）的介入尤其難擋。[35]狂愛的時候，世上只為我而存在的莫過於你，願一切奉獻給你的莫過於我。戀愛如命中注定，如在劫難逃，如前世種業，如今生定數。「非君莫屬」，「我為你而活」，「我尋尋覓覓，終於找到……」，「你照亮我生命」。這種致命的吸引力，英文俗稱 Chemistry（不可思議之化學作用），也有人歸之於費洛蒙（pheromones），其自主力量卻是來自遺傳與環境影響之外的。

無論這種感覺是不是一時迷惑，榮格學對愛情的解釋確實說得通：這當中存在某些「命定」的「浪漫」因素。所以，雙胞胎墮入愛河的方法，當然不會一貫地相同。

無法複製的戀愛風格

我們回顧了兩種想像愛情地圖的方式——第一種是榮格學派的「阿妮瑪／阿尼姆斯」說，另一種則是「天生／環境」模式。根據後者，既然「浪漫愛情的風格不受遺傳因素的強烈影響」，那麼就只能歸因到環境了：你在幼年習得愛情風格。如何習得呢？可能是來自「獨特的經歷」，也可能「受父母影響，從小觀察父母的關係」。[36]或許吧。這個論點假定：當你掉入愛情時，你要不是如佛洛伊德所說的愛上你的父母，便是愛上他們的替代者，或至少是遵循他們模式的人。我們再一次看到親職謬誤被用來解釋難解的現象。不管你期待的女孩是「跟那個嫁給老爸的女人一樣」，還是盡可能跟她不一樣，如果我們相信自己的愛情幻想和戀愛地圖除了集體社會的共同層面以外，剩下的就只是在複製父母的模式，那麼，這不僅說不通，還會冒犯你所愛的人。

榮格學派認為父母的確是阿妮瑪和阿尼姆斯的「預覽圖像」，所以，即使我們的愛情風格與他們相似，也不代表我們正在複製。

幻想美化了愛情地圖，更有可能地圖就是幻想所設計的。針對浪漫愛情的實證研究說：「浪漫之愛總是與幻想連在一起。」[37]理想化是必要的，但不是模仿；不是對已知的複製，也不是對未知的預測。父母身上有一些細節適合我們，有一些元素則無法複製；啟動幻想並且篩選那些細節的，即是我們的阿妮瑪和阿尼姆斯。是原型的幻想整合了我們從父母那裡得來的愛情地圖，而非反過來。

可能有家庭風格以外的其他因素解釋雙胞胎之間的相似性。雙胞胎也許會複製他們之間的關係，即他們之間的穩定性、友情、實際的關懷，以及潛意識中因同一個卵細胞所連結的身體親近性；這都是他們一直以來的生活風格，他們可能把這一切轉移到各自的伴侶身上。親吻與鬥爭在子宮裡就開始了。[38]若只是單純複製，他們也許就會有相似的愛情地圖。但我們更關注的是他們面對狂熱之愛的態度差異，看他們各自如何在狂熱之愛中體驗無止盡的狀態，比如痛苦與強烈需求、起伏的情緒、過度的彼此依賴。

雙胞胎在浪漫愛情中的不同風格也可能基於另一個理由：他們都需要一面浪漫愛情所提供的「心理之鏡」。[39]在相似之鏡中，我們看到的是雙胞胎的臉孔；狂熱之鏡才能呈現別的東西，我們會在其中看到從不認識的面孔，這似乎需要有一些浪漫的苦痛。同卵雙胞胎的遺傳訊息存在於基因之中，又被共同的環境所強化，那麼就必須得要猛烈地扭轉才能帶來差異。

愛情地圖也許能解釋臀部曲線或財產這些可見的東西，但愛情裡還有一些不可見的其他東西。我們會說：「她有一些特別的什麼東西」；「有他在，世界就不一樣了」。如《包法利夫人》作者福樓拜（Gustave Flaubert, 1821- 1880）所說：「她是聚焦的光點，一切在這裡匯聚。」

戀愛與個人獨特性

這完全不在地圖上。我們身處超凡之地，不可見的比可見的實現更具說服力。我們如果想證明代蒙和代蒙的召喚是否真有其事，只要戀愛一次便知究竟。戀愛的那種陣陣激情爆發，不是遺傳和環境的理性本源挑得起來的。戀愛的時候就只有你自己，天下最重大的事就是你的戀情，你全然聽受命運擺布，你也會做出最冒失怪異的行為。

按蘇珊．亨德里克（Suzan S. Hendrick）與克萊德．亨德里克（Clyde Hendrick）合著的《戀愛》（*Romantic Love*）指出，那種自以為天下第一重要的暈陶陶之感，意謂戀愛「其實促進了個人獨特性之增長」。[40]可以說，西方人的個人意識與西方文化賦予戀愛的地位是平行的。例如，古代就有宮廷愛情故事與吟遊詩人傳唱，文藝復興時代更加重視個人。個人主義的理想與個人運命的觀念，在十九世紀達到頂點，羅曼蒂克之愛也在此時誇張到了極致。因此，兩位亨德里克認為，戀愛可以「理解為有益創造或提昇自我與個人特性的力量或方法。」這些心理動力必須將愛情的召喚置於個人的「自我」之中。我心中的代蒙更把這召喚看作一種現象，用愛情所使用的語言如神話、詩、故事、歌曲，並且將召喚置於「自我」之外，猶如神魔所帶來。

狂熱浪漫之愛與其他愛的地圖並不一樣，這就是原因所在。召喚在那個人身上起作用，他的面容讓你覺得這就是命中注定。他成了神的化身、命運的主宰、靈魂的主人；如浪漫主義者所說的，既是天使也是魔鬼，我必須緊緊依附著他，不能離開——不是我太弱，而是命中召喚太強。當然，我是受折磨的，在痛苦中抱著占有欲與依戀。代蒙正在撕碎我的愛情地圖。

雙胞胎可能會選用同樣的鬚後水和牙膏，但是「最重要的選擇，即伴侶的選擇，則似乎例外」。「浪漫的迷戀……幾乎都是偶然形成的。」行為科學研究的結論是：「人類的配對本質上是隨機的。」[41]這是所有選擇中最重要的，但心理學卻退而以統計概率來解釋——心理學作為一門科學，是不敢對任何無法測量的事物存有想像的。

但是最近的研究結果支持天賦的自主性；它的火光準確地照亮生命中的伴侶，無論好壞、無論時間長短，它讓我確信眼前這人是唯一的、這愛情是獨一無二的。研究中所描述的其他特質如彼此的分享與關懷、實際的承諾與情慾關係，則不那麼關鍵，也不那麼個人化；我並不需要這些特質來確認此人符合我心中的圖像。狂熱戀愛看見的是橡實裡蘊含的圖像，那是你未到來之前就在那兒的。

愛情是靈魂的相遇

西班牙哲學家賈賽特說，我們在漫長一生中難得有幾回墮入情網的機會。[42]這種機會難得降臨，經歷起來都是刻骨銘心的。這種愛情一旦發生，原因只有一個：因為這個人。為的只是這個人，不是因為此人的優缺點，不是為了臀部曲線還是銀行存摺，不是舊情人印象或家傳模式的投射，只因為你一心只中意這個人。如果選對象的時候少了這分命中注定感，戀情就不會成功。這種愛不是某種人際關係，不是基因的顯性現象，倒更像看不見的祖靈贈予的恩賜兼詛咒。

除了對人有這種注定要戀愛的感覺，愛上一個地方或某個工作時，也會有命中注定的感覺。愛上一個地方或工作的時候，你捨不得走，你賣命工作。你一旦著了魔，就會說：「我這輩子絕不離開你了。」這個「你」是人也罷，是地方、工作也罷，你對它的感覺是一樣的：這兒是你生命的歸宿，死也不離開。

把死亡跟浪漫之愛的強烈震盪連結在一起，是非常沉重且讓人厭惡的；但浪漫之愛總是迴響著永恆與生命的短暫和脆弱，就好像死亡引著我們到無限遠方的時候，總是喚起並且籠罩著浪漫的激情。人於是鋌而走險。當文學潛入浪漫戀人時，死亡也潛入了愛。

「觀看」的心之眼，也是死亡之眼，它能透視可見的表象而看到不可見的本質。當米開朗基羅雕刻他的同代人，或神話、宗教人物時，他試圖去看被雕塑者的「心的圖像」，那是雕塑對象的「預示」，鑿子似乎能隨著眼睛穿透對象，直抵內心。[43]他的作品旨在揭示雕塑對象的內在靈魂。

每個人的內在都有心的圖像，會在我們無可奈何陷入愛情時真實地體現出來，因為我們在那時候展現的是最真實的自己，會瞥見我們靈魂的天賦。人們會說：「他看起來不一樣，一定是戀愛了。」「她墮入情網，完全變了一個人。」當愛情動了心，我們能從那個完美的人身上感受到另一些東西，那正是詩的語言所要捕捉的。[44]米開朗基羅要以雕塑的形式表達這種圖像。單是先天和後天的二分法，無法觸及內心，也無法透過心之眼來看，因此我們研究遺傳和環境兩大因素時，必須加入愛情，讓這個樂章完結。

愛與被愛是心與心的相遇，就像雕刻家與模特兒之間、雙手與石頭之間。這是圖像的相遇、想像的交流。當我們陷入愛情，我們開始浪漫、激情、瘋狂且帶著嫉妒的想像，滿懷強烈的占有欲和偏執。當我們猛烈地想像時，會開始愛上幻化在心之眼前面的圖像，就好像展開新實驗計劃、規劃旅行、計劃到另一個城市生活、看著懷孕的肚子脹大一樣……想像力帶著我們深入探險，你離不開實驗室、無法停止購買家具用品、瘋狂讀著旅遊手冊、思索著寶寶的名字。你因想像而愛。當想像力施展開來，連雙胞胎也踏出了他們的一致性。

界線模糊的環境

結束這一章之前，我們再回頭看先天和後天這對「雙胞胎」。本章的兩大主題，基因遺傳和愛情，都把差異模糊地歸因到「環境」這個概念，因此我們必須來研究一下這個概念。

研究雙胞胎的時候，環境大致分為兩類，一是共有的環境，一是非共有的環境。所謂環境共有，一般是指有幾年時間是全天在同一個家庭環境成長，與家人有共同的活動、價值觀、話題、習慣。此外也包括進同一所學校，受教於相同的老師，周旋於相同的師長與同儕間。當然，共享環境的圖像被理想化了，像是一部五十年代的白人世界的電影。

「非共有環境」是指雙胞胎各自單獨的經歷，應包括偶然遇到的事、生病，以及個人私下的感受、夢想、念頭、交友關係。

我們能夠明白劃分共有與非共有的界限嗎？真實的共有環境之中，其實處處是非共同的經驗，例如：母親如何辨別看似一模一樣的雙胞胎？雙胞胎如何各自與父母親互動？雙胞胎出生後，在醫院是否受到不同照顧？搖籃和嬰兒床是否放在不同的位置？吃母乳的時候是否有先後左右之別？

尤其重要的是，同卵雙胞胎彼此之間互動方式有什麼差異。按互補的邏輯來看，是否免不了有一強一弱；一先一後；一個較聰明，一個較愚笨；一個內向，一個外向；一個世俗，一個聖潔，以及其他鮮明對比。此外，研究者指出，在共享的競爭性環境中成長的雙胞胎，會出現以非共享的個人化方式表達的競爭行為。[45]

雙胞胎視彼此為對手，這並非單純因為我們的文化有競爭的精神特質所致，而是反映了相同者本來就有表現自我特色的衝動。每個人都想要成為和自己心的圖像一致的「個人」，想配合自己的命運之路，不論遺傳和環境的條件如何。每個家庭都是一個充滿類似性的小世界，也是一種離心力，把每個成員拋得爭相確立各自的不同。至於同卵雙胞胎，正是拉他們相依的那股力量要把他們扯開。這就如同磁鐵的作用，一端相吸，另一端卻相斥。我們看雙胞胎的不同，不要只當那是競爭所致，更要想到有生命守護神召喚他們走上各自獨一無二的命運。

環境所指為何，需要再進一步透析。電視喜劇裡那種一家人開類似的玩笑、談類似的話題、吃類似的零嘴、到時間大家各自就寢的生活，就是環境的全部了嗎？房子裡的家具、門外的車、寵物、陽台上的盆栽，這些也是環境。再延伸出去，鄰居、巷子裡發生的事故、幾百里外傳送來的電視節目和網路資訊，這些都是環境。走進超級市場去看，全世界盡收眼底，有外國製造和包裝的糖果餅乾，也有還帶著噴灑農藥的進口水果。

我們若從生態環境的觀點來看，哪兒是切身環境、非共有環境、隱私環境、個人環境的分界處？環境是一望無際的。

真正能有「非共有的環境」嗎？我真的能擁有只屬於自己的片刻嗎？即便是我的枕頭，我一人枕著它漸漸沉入隱私的夜夢，它卻是個鴨毛、合成纖維、棉布的東西，是在別的環境裡製造的，而且還帶著寄居的塵。

通往獨特性之花園

我漸漸認為，所謂周圍築牆與世隔絕的花園，指的不是真有其事；而是一種必要的幻想，藉以加強與無形界的溝通，因為我們只能模糊領會來自那兒的徵兆和線索。「非共有」的概念是一扇大門，通往個人獨特性之花園。我們必須藉這個概念來確認自以為獨一無二的意識，並且聽從這意識的召喚。

「非共有環境」是科學發明的分類，為的是找出造成個人差異性的原因。有了這個，可以解釋另兩項原因，也就是遺傳性與共有環境所無法解釋的現象。「非共有的」令人想到的是一處閉鎖的環境，只從某一方面對個人產生影響。然而，時時在我周遭衝擊我生命的唯一非共有的、不可共有的現象，只是代蒙的獨一無二，以及我與它、它與我的一對一關係。代蒙借用行為科學的遁詞「非共有環境」，在偽裝之下，成為與先天遺傳、後天環境立足點平等的第三因素。

非共有並不等於隔絕孤立，只要是同在這地球上，就不可能是與外界完全隔絕的環境。但話說回來，雖然不可能隔絕孤立，卻可能有真正的獨一無二性。並不是非孤立才能夠獨一無二。與別人不同並不是靠著與人隔離所致。即便與人共處，你與每個別人的不同，你的「非共有經驗」，還是時時刻刻在發生，因為你有獨一無二的個人特質。你不需要用圍牆來確保自己和別人不一樣，真正的擔保是自生命之始就存在你心中的圖像，它要伴你走完一生。不過，幻想與世隔絕有助於我們聆聽代蒙的召喚。所以常有人參加避靜、禪修，投入心靈探索之旅，實行齋戒淨化，甚或只是在暗黑的臥室裡躺上幾天，這可以幫他們聽見非共有的召喚。

別走理性主義的窄路

遺傳學研究的結果指向兩個方向，一條狹窄和另一條寬闊的道路。狹窄的路引向簡化、單一化的歸因，亟欲把細胞組織和龐大複雜的心靈意義連上對應關係。西方世界似乎無法停止這種將心智簡化為大腦活動的愚蠢行徑；我們捨不下這種思維，因為這是西方理性與實證主義的基礎。心靈領域的理性主義想要找出那個可以著手處理的因。

以機器作為模型最適合不過——拆開來研究內在機制，然後調校齒輪、點上潤滑油、加滿燃料，就能調整功能。福特於是成為美國心理健康之父。[46]結果就是，數以百萬人每天服用百憂解之類的藥物來進行內在調節。單一起源的歸因論趨向使用藥物來控制行為，行為因此被定義成病態。

普洛敏急切地警告我們不應該簡化基因遺傳的概念，他說：「遺傳對行為所產生的是多基因（polygenic）且概率性的影響，而非單一基因與決定性的。」[47]我從他那裡看到一個針對精神病學的警示：別讓藥廠、保險公司和政府的重壓傾覆了你尊貴的船艦，也千萬不要航向那個把所有「精神病學上的疾病」都歸因到遺傳基因的幻想之島。[48]「我們對個人發展的遺傳層面（基因如何作用）所知甚少，但是可以領會到當中的複雜性。」[49]所以我們不可能得出這樣的等式：一種基因缺陷對應一種臨床症狀。

但這些警示幾乎沒有作用，因為總是簡化的思維才能滿足願望。福特與愛迪生的雕像已被刻在心智世界的拉什莫爾山[50]上。機械主義的惡魔出現在西方歷史的每個時期，尤其是在我們的時代——我們若是相信先天和後天之外，還有些「什麼」的話，就等於相信鬼神或魔法。

從十七世紀（梅森、馬勒伯朗士）[51]和十八世紀（孔狄亞克、拉美特利）[52]的法國理性主義，到十九世紀的實證主義（特拉西、孔德）[53]，所有心理事件都被簡化為生物學。一頭西方集體心智中的「笨牛」被套上法國機械唯物主義的車。令人驚訝的是，如此優雅、敏悅、感性的法國人竟然不斷為心理學貢獻這麼多的理性主義教條。每一種來自法國的思想都必須檢疫這種「法國病」，即使被套上諸如拉岡學派、結構主義、結構論等等的時髦標籤。

如今，理性主義遍及全球，成了我們思想架構的普世風格。我們無法為理性主義樹立旗幟，但總會看到它以跨國企業現身；這些企業花重金轉變精神病學和心理學的思維，最終以「一元發生說」和一神論控制世人的靈魂。一種基因對應一種障礙——來，我們把基因拼湊對接，這樣你的障礙就消失了，或至少你不再知道你有這些障礙。這條窄路把我們帶回精神病學史的三、四〇年代，只是方法更精密、包裝更炫麗。從一九三〇到五〇年代，大腦特定區域跟強烈的情感功能連結起來，為精神外科的暴力介入提供依據，對不適應環境的靈魂實施前腦葉白質切除術。

這條窄路甚至回溯到弗朗茲．加爾[54]的頭骨分析術；加爾在巴黎定居，深受法國人推崇。他提出一些「證據」說明頭骨上的隆起與凹陷與心理機能有關（後來這個系統被稱為顱相學。就跟今天一樣，這些機能被冠以宏大的名堂，如記憶力、判斷力、情感、音樂或數學天分、犯罪行為等等。這些年來方法上的精進並不必然帶來理論上的進步。

相對於把先天因素窄化成大腦機能，還有另一條方向相反的道路：把後天的環境因素擴展為更具包容性的概念。如果環境指的是周圍的東西，那就該包含「所有」的東西，因為潛意識的心靈將對日常所遭遇到的一切事物進行武斷的篩選。細微瑣碎的事可能在無意識之中對心靈留下巨大影響，正如白天的殘餘將在夢中浮現。夢中確實會出現最該死的事情！一日當中許多不經意的漂浮殘骸，都會被心靈撿起來運送到夢中。夢是一座回收廠，在環境的廢物中尋找靈魂的價值。夢也是個藝術家，收集環境中的圖像，留待寧靜中細細重溫。

放眼天地寬

我們自由走動的天地裡，一切都是心靈的真實，影響著我們的生命。我們要用「深層生態」的眼光看待環境，因為地球本來就是一個活的、在呼吸的、自我調節的有機生命。既然周遭的任何事物都在哺育我們的想像、滋養我們的靈魂，我們應相信環境是有靈魂的、活生生的，和我們的生命休戚相關、分不開的。

若有生態學的視角，也可以重振古典的「供養者」觀念，相信周遭世界供應我們所需、照顧我們、為我們安排一切。我們需要環境，環境也需要我們。否則為什麼有那麼多美味的、芬芳的、悅目的事物？這有空氣可呼吸、有食物可採擷的地球環境，它自有無形的生命來源，並且用它的活力供輸我們。這才是真正能培育生命的環境。

「環境」應該超越社會、經濟的條件，超越整個文化背景，應該包括天天照應著我們的每一件事物，如汽車輪胎、咖啡杯、門的把手、你拿在手中的書。我們不可能認為這一點環境影響重要，而排除另一點環境影響，因為世間的現象不能排列出重要性的先後次序。對誰重要？我們對重要性的理解必須改變；不是「對我重要」，而是要考慮「對環境的其他方面重要」。這東西是否也在滋養環境中的其他事物？而我們只是這些事物的一部分。這東西是否讓環境得以持續？而我們畢竟只是環境的過客。

觀點改變後，我們眼中的環境不一樣了。外在世界與內在意識、客體與主體、彼與此，愈來愈難明白劃分。我再也無法確知是意識在我裡面，抑或我在意識之中，如同我在夢中，如同我在景觀和街巷的情境中，如同艾略特（T. S. Eliot）的詩所述，在「聽得太深的音樂／竟全然未聽見，你反而成了音樂／在音樂持續的當兒」。[55]何處是環境的盡頭、是我的開始？若非身在某處、交織其中、得其滋養，我可能開始嗎？

註釋 NOTES

1 編註：根據《創世記》的說法，亞伯（Abel）與該隱（Cain）是亞當和夏娃所生下的兩個兒子。該隱是農民，他的弟弟亞伯是牧羊人。亞伯有信心而敬畏神，該隱則是高傲自大的犯罪者。雅各（Jacob）和以掃（Esau）是一對孿生兄弟。哥哥以掃心地直爽，善於打獵而常在野外，深得父親以撒（Isaac）的歡心；弟弟雅各為人安靜，常在帳篷裡，因此受母親利百加（Rebecca）偏愛。

2 編註：塔納斯（Richard Tarnas, 1950-）是一位文化歷史學家，「西方心智的激情」取自他的書名*The Passion of the Western Mind*。

3 編註：松果體是一個位於脊椎動物腦中的小內分泌腺體，是人體最小的器官。松果體的功能跟睡眠、覺醒、情緒、智力等等有關。靈修者認為松果體是人類神祕的「第三眼」所在之處，可以透過靜心、冥想等等修習，由體內的能量激發它的原始功用，帶來心靈覺醒。

4 原註1：Robert Plomin, J. C. De Fries, and G. E. McClearn, *Behavioral Genetics: A Primer* (New York: W. H. Freeman, 1990), 314.

5 原註2：Judy Dunn and Robert Plomin, *Separate Lives: Why Siblings Are So Different* (New York: Basic Books, 1990), 38.

6 原註3：Plomin et al., *Behavioral Genetics*, 370.

7 原註4：Dunn and Plomin, *Separate Lives*, 16.

8 原註5：Ibid., 159.

9 原註6：Ibid., 49, 50.

10 原註7：Plomin et al., *Behavioral Genetics*, 371.

11 原註8：Robert Plomin, "Environment and Genes," *American Psychologist* 44(2), (1989): 105-111.

12 原註9：Jerome Kagan, *Galen's Prophecy: Temperament in Human Nature* (New York: Basic Books, 1994).

13 原註10：Paul Radin, *Monotheism Among Primitive Peoples* (Basel: Ethnographic Museum, Bollingen Foundation, Special Publ. 4, 1954)。關於一神論的心理學特徵，見James Hillman, "Archetypal Psychology: Monotheistic or Polytheistic?" in *Spring 1971: An Annual of Archetypal Psychology and Jungian Thought* (Zurich: Spring Publications, 1971), 193-230。

14 編註：龍布羅梭（Cesare Lombroso, 1836-1909），義大利犯罪學家、精神病學家、刑事人類學派的創始人。他摒棄古典學派認為犯罪源於人的自由意志和功利主義的理論，轉而強調生理因素。他重視對罪犯的生理解剖的研究，比較研究精神病人和犯罪者的關係，從犯罪者和精神病人的顱相、體格等生理特徵判斷犯罪的傾向。他所提出最有名的概念是「生來犯罪人」。

15 原註11：Cesare Lombroso, *The Man of Genius* (London: Walter Scott, 1891).

16 原註12：Plomin et al., *Behavioral Genetics*, 334.

17 原註13：Richard J. Herrnstein and Charles Murray, *The Bell Curve: Intelligence and Class Structure in American Life* (New York: Free Press, 1994), 108.

18 原註14：Plomin et al., *Behavioral Genetics*, 366.

19 原註15：Ibid., 334.

20 原註16：Ibid., 365.

21 原註17：Herrnstein and Murray, *The Bell Curve*, 105.

22 原註18：Plomin, *Behavioral Genetics*, 35.

23 原註19：Bard Lindeman, *The Twins Who Found Each Other* (New York: William Morrow, 1969).

24 原註20：D. T. Lykken, M. McGue, A. Tellegen, and T. J. Bouchard, "Emergenesis: Genetic Traits That May Not Run In Families," *American Psychologist* 47(12) (December 1992): 1565-1566.

25 原註21：Ibid., 1575.

26 原註22：Dunn and Plomin, *Separate Lives*, 146, 147.

27 編註：Ananke，字面意思是「必然性」，是希臘神話中的命運、定數和必然的神格化，她的形象是拿著紡錘的女神。

28 編註：Tyche也稱堤刻、梯刻、泰姬或太姬，是希臘神話中的機緣女神，相當於羅馬神話的福爾圖娜。Moira是希臘神話中命運三女神的總稱，三個命運女神分別為克洛托（命運的紡線者）、拉姬西斯（命運的決策者）和阿特羅波斯（命運的終結者）。可參考第二章註釋8。

29 編註：Fortuna是羅馬神話中的命運女神和人格女神，相當於希臘神話中的堤喀。

30 原註23：Dunn and Plomin, *Separate Lives*, 148-149.

31 原註24：Niels G. Waller and Phillip R. Shaver, "The Importance of Nongenetic Influences on Romantic Love Styles: A Twin Family Study," *Psychological Science* 5(5) (1994): 268-274.

32 原註25：Helen E. Fisher, *Anatomy of Love: The Natural History of Monogamy, Adultery, and Divorce* (New York: W.W. Norton, 1992), 45.

33 原註26：Emma Jung, *Animus and Anima* (Dallas: Spring Publications, 1979).

34 原註27：John R. Haule, *Divine Madness: Archetypes of Romantic Love* (Boston: Shambhala, 1990); Jan Bauer, *Impossible Love – Or Why the Heart Must Go Wrong* (Dallas: Spring Publications, 1993).

35 原註28：Plato, *Phaedrus*, trans. R. Hackforth, in *Plato: The Collected Dialogues*, Edith Hamilton and Huntington Cairns, eds., Bollingen Series 71 (New York: Pantheon, 1963), 511b.

36 原註29：Fisher, *Anatomy of Love*, 273.

37 原註30：Ellen Berscheid and Elaine Hatfield Walster, *Interpersonal Attraction* (Menlo Park, N.J.: Addison-Wesley, 1983), 153.

38 原註31：Lawrence Wright, "Double Mystery," *The New Yorker* (August 7, 1995): 52.

39 原註32：Nathaniel Branden, "A Vision of Romantic Love," in *The Psychology of Love*, Robert J. Sternberg and Michael L. Barnes, eds. (New Haven: Yale Univ. Press, 1988), 224.

40 原註33：Suzan S. Hendrick and Clyde Hendrick, *Romantic Love* (Newbury Park, Calif.: Sage Publications, 1992), 23.

41 原註34：Wright, "Double Mystery," 58.

42 原註35：José Ortega y Gasset, *On Love: Aspects of a Single Theme* (London: Victor Gallancz, 1959).

43 原註36：Joseph Gantner, "L'Immagine del Cuor" in *Eranos Yearbook*, 35-1966 (Zurich: Rhein Verlag, 1967), 287ff.

44 原註37：Zoltan Kovecses, "A Linguist's Quest for Love," *Journal of Social and Personal Relationships* 8(1) (1991): 77-97.

45 原註38：Ricardo C. Ainslie, *The Psychology of Twinship* (Lincoln: Univ. of Nebraska Press, 1985), 133-141.

46 編註：亨利．福特（Henry Ford, 1863-1947），美國汽車工程師與企業家，福特汽車公司的建立者。他是世界上第一位將裝配線概念實際應用在工廠並大量生產而獲得巨大成功的人，不但革命了工業生產方式，而且對現代社會和美國文化帶來巨大影響。（此處是嘲諷理性實證主義的心理學好比汽車工業，人們尋求心理治療就像汽車壞了找修車工人修理。）

47 原註39：Plomin, "Environment and Genes," 110.

48 原註40：David Reiss, Robert Plomin, and E. Mavis Hetherington, "Genetics and Psychiatry: An Unheralded Window on the Environment." *American Journal of Psychiatry* 148(3) (1991): 283-291.

49 原註41：Plomin, "Environment and Genes," 110.

50 編註：拉什莫爾山（Mount Rushmore）座落於美國南達科他州，俗稱美國總統雕像山。公園內有四座高達十八米的美國前總統頭像，他們分別是華盛頓、傑佛遜、老羅斯福和林肯，這四位總統被認為是美國最偉大的總統，代表了美國建國一百三十年的歷史。

51 編註：馬蘭．梅森（Marin Mersenne, 1588-1648），法國神學家、數學家、音樂理論家；其著作《宇宙和諧》(*Harmonie universelle*)一書，是記錄當代樂器的一份珍貴史料。尼古拉．馬勒伯朗士（Nicolas Malebranche, 1638-1715），法國哲學家、偶因論的主要代表之一，認為自然界除了一般法則，還存在大量由各種機緣產生的因果連鎖。

52 編註：埃蒂耶納．孔狄亞克（Étienne de Condillac, 1715-1780），法國哲學家、認知學家，研究領域涉及心理學與思維哲學。拉美特利（Julien Offray de La Mettrie, 1709-1751），法國啟蒙思想家、哲學家、機械唯物主義的代表人物，著有《人是機器》等。

53 編註：特拉西（Antoine Destutt de Tracy, 1754-1836），法國啟蒙思想家，「意識型態」（ideology）一詞最早出現在他的著

作《意識型態基礎》（*Éléments d'idéologie*）一書中。奧古斯特・孔德（Auguste Comte, 1798-1857），法國哲學家、社會學、實證主義的創始人。

54 編註：弗朗茲・加爾（Franz Joseph Gall, 1758-1828），德國神經解剖學家、生理學家，率先研究大腦中不同區域的心理功能，也是顱相學倡導者之一。

55 原註42：T. S. Eliot, "The Dry Salvages," in *Four Quartets* (London: Faber and Faber, 1944).

第七章

幻想之必要

小孩擁有的太少，所以不能單憑經驗，還得倚賴想像才行。

——摘自愛蓮娜·羅斯福（Eleanor Roosevelt）的
《經一事長一智》（*You learn by living*）

想像既無起點也無終點，它喜歡配合自己的步調，
隨心所欲顛倒慣常的順序。

——摘自威廉斯（William Carlos Williams）的
《柯拉在地獄》（*Kora in Hell*）

我們該如何為橡實慎選滋養品？我們怎麼曉得做哪些事是浪費時間？哪些又是靈魂該吃的健康食品？

遙想以往，價值觀是確定的，價值觀指示明白的方向，學生有全套標準學習教材，不但基本的讀、寫、算有標準讀本；繪畫、演說、音樂欣賞、自然科目也都有。兒童從小就受指教或灌輸，朝推理或美學想像的方向發展思維。英國哲學家米爾（John Stuart Mill, 1806-1873）以功利主義[1]與自由觀念留名後世。他從未進過學校，自小在家中受父親的教育，三歲學希臘文，八歲學拉丁文，十四歲時已遍讀大部分原文本的古代經典巨著。十九世紀教育方式另一個令人稱奇的例子，是愛爾蘭數學家哈密頓[2]：

> 他三歲時已能讀深奧的英文，算術也相當好……；五歲時，他愛長篇長篇地背誦希臘文的荷蘭史詩；八歲時他又讀通了義大利文和法文……，拉丁文出口成章……。到十三歲時，哈密頓可以大言不慚地說，他有生之年，每年學了一種語文。

他對語文的狂妄胃口又引發他學波斯文、阿拉伯文、梵文、古敘利亞文、馬來文、孟加拉文……。「他現在又要開始學中文了」，一位不堪供應他讀書花費的長輩親戚在信中抱怨道。[3]

資賦研究的先驅

開資賦研究之先河的英國科學家高爾頓，[4]是那個時代另一位頭腦特別發達的怪物；兩歲半就能識字，還不滿三歲就會簽自己的名字，四歲時寫了一封信給姊姊：

親愛的阿黛兒：

我四歲了，看得懂任何英文書。我能背五十二行拉丁文詩，還能說出所有的拉丁文形容詞和動詞。任何數字的加法我都會，還會用2、3、4、5、6、7、8、10作乘法。我還會背便士換算表，我會一點法文，我還會看時鐘。

法蘭西斯．高爾頓

一八二七年二月十五日[5]

湯普森（Dorothy Thompson, 1894-1961）雖然比較接近我們的時代，她幼年受懲罰的方式卻和高爾頓、米爾的時代一樣遙遠。湯普森曾被《時代》（*Time*）雜誌推崇為在美國影響力僅次於羅斯福總統夫人的女性，她是令人拜服的自由派新聞工作者，是第一位擔任駐外新聞處主任的美國女性，也是希特勒親自下令驅逐出境的第一位外國記者。她寫的專欄與廣播節目擁有數以百萬計的讀者聽眾，迎戰右派人士、共和黨人、反猶太主義者、法西斯主義者，一向表現得智勇雙全。

寇士（Peter Kurth）撰寫的《美國女預言家》（*American Cassandra*）之中記述，有一次湯普森打了妹妹一巴掌，便受到她那位教會牧師父親的嚴厲懲罰：

> 把她鎖在一個櫃子裡，在她未能把雪萊的詩〈阿多奈斯〉（*Adonais*）從頭背到尾之前，不放她出來。[6]長大了的湯普森能一口氣背整章的《聖經》、莎士比亞十四行詩、《草葉集》（*Leaves of Grass*）大段詩文、幾十章〈詩篇〉（*Psalms*），以及美國憲法全文。[7]

這種懲罰雖然是她父親裁定的，按今天的教育觀點來看當然是嚴厲而反常的，可是這似乎是她自己的監守代蒙選擇的，畢竟這位喜好文學的父親本人就是代蒙選的。這番背誦名著的鍛鍊，正符合她日後的生活模式——躋身名作家之林，嫁給諾貝爾文學獎得主路易士（Sinclair Lewis, 1885-1951）。

兒童的心智訓練

米爾、哈密頓、高爾頓、湯普森之不同凡響，在於他們起步早，不在於他們學習的教材艱難。早自柏拉圖（堅決主張音樂列為正規教育必備課目）與斯多噶派、詭辯學派的時代起，以後不分天主教徒（尤其是耶穌會[8]教士）或猶太教徒；不論是有心教化新教德國的梅蘭契頓[9]、浪漫主義先驅的盧梭、學前教育創始人福祿貝爾，一直到創立人智學的史坦納和倡導啟發兒童潛能的蒙特梭利（Maria Montessori, 1870-1952），歐洲一脈相承傳統都力主核定教育方案，以免幼小的心靈無謂地荒廢了。心智生命不論是有天生資賦，抑或是一片空白，都需要有充分的正確滋養，不但需要邏輯與數學的訓練，也得有道德品行與想像力的充實。

所以，即便許多主張不是那麼嚴格、僵化、不那麼文學性，執行起來還是一樣有板有眼、綁手綁腳。例如，手不要閒著、要練習做零星家事、玩的時候要聽大人監督。技藝方面：要學縫紉、修理、做小東西。儀表方面：洗臉漱口、穿戴整齊、用餐的時候規規矩矩、對鄰居有禮貌。語言方面：要教小孩子談吐得體。道德教育來自宗教，用《聖經》、讚美詩、教義講道來薰陶心靈。最後，還有同等重要且格外受盧梭至史坦納諸位浪漫主義者重視的，是接觸大自然，從田野、花草、岩石、海浪、風聲汲取靈魂最原始的給養。

考伯在《童年想像力之生態》（*The Ecology of Imagination in Childhood*）[10]之中說得很清

楚，詩意思維的能力必須靠自然萬象的滋育，若不曾浸淫於自然世界，或至少與自然之美妙有所接觸，想像力不可能茁壯。「披頭四」的約翰・藍儂從小生長在都市裡，曾於剛步入青春期時到蘇格蘭遊玩。一天，他外出散步。

陷入恍惚。……地面開始往腳下和石南植物下面滑落，我看得見遠處的山。這種感覺就籠罩著我：我想……這就是常聽人說的那種讓你想要畫、想要寫的感覺。因為來得極猛烈，你非得告訴什麼人不可……。所以你就把它寫成詩。11

保守思想自古以來就主張要打好基礎；按其規定的教育方針：為了啟發孩子的優點，要拿最好的給孩子，同時應嚴禁色彩等低俗事物（柏拉圖還主張禁止飲酒），讓孩子的想像得到文化氣質、自然美景、有激勵作用的挑戰、道德楷模等正向影響。保守思想家說，靈魂需要可模擬的榜樣，以便憶起永恆的真實與始初的意象。如果靈魂在人世的生命中，遇不到這些能夠映射靈魂內心的鏡子，靈魂便認不出自己的真相，其火花將會熄滅，天資也會凋謝。理想的英雄典範可提供一個樣本，以激發靈魂的原貌。

名人的「廉價」閱讀趣味

我們暫且回頭來看以下這些火花放光芒與天資大展的故事，想像一下這些人品嘗津津有味的「靈糧」時的樣子。按美國作曲家波特的傳記記載，他小時候迷上了驚悚刺激小說，把這些廉價低級書刊藏在他的音樂課書包裡，一上完音樂課，就躲進這些無聊冒險故事之中。建築大師萊特小時候就學奏中提琴，也讀歌德的詩，看維爾納（Jules Verne, 1828-1905）的科幻小說，也愛看「租書店那些翻爛了的廉價驚悚小說」。《小飛俠》的作者巴里，「愛看刺激兇殺的故事書，這種書誇張耀眼的封面，以及裡面那些面目猙獰的人物口中吐出的髒話，令他非常著迷。」

小說家賴特[12]生長在密西西比州的貧窮人家，三餐溫飽都成問題，「在家除了教會講道單張與《聖經》，別的全不准閱讀。」他卻用替人跑腿送貨賺的錢，把廉價故事書弄到手。英國文學批評家埃利斯[13]讀了他該讀的文學大師彌爾頓、笛福（Daniel Defoe, 1660-1731）、司各特（Walter Scott, 1771-1832）的經典巨著，卻也抗拒不了廉價週刊《英格蘭男孩》（*The Boys of England*）的魔力。這本雜誌裡的故事都是真實生活中遙不可及的。埃利斯看故事書，「吃飯時看，在街上邊走邊看，甚至裝睡偷看。」[14]

第一位登上喜瑪拉雅山聖母峰的歐洲人希勒瑞爵士（Sir Edmund Hillary, 1919-2008），童年時代愛看泰山故事以及哈格德（H. Rider Haggard, 1856-1925）等人寫的探險神奇故事，他在自撰的《不入虎穴焉得虎子》（*Nothing Venture, Nothing Win*）書中說：「我經常幻想自己經歷那些驚險事蹟，我自己必是其中的英雄。」[15]另一個愛讀哈格德的是約翰・藍儂。

有一個人，高中半途輟學，「經常穿一身黑，開一輛銀色喜美……，狼吞虎嚥地看犯罪小說和漫畫，愛聽貓王的歌曲，過生日必上電影院慶祝。據傳聞，他被開的違規停車罰單罰款累積到七千美元之多。」[16]他特別愛看描寫女子監獄和亞洲武術的電影。這個人是誰？編劇者兼名導演昆汀・塔倫提諾（Quentin Tarontino），代表作之一即是《黑色追緝令》（*Pulp Fiction*）。[17]

想像力可能靠吃庸俗、低級、「有害健康」的精神食糧長大。關鍵在於有沒有熱情的餵養，熱情能顯示資質，更能引發動機。波特曾說：「我寫的詞有些大概要歸功於那些淫穢的書。」[18]糧食沒有對錯之分；食物只要對胃口，胃口自然會去找它愛吃的。

所謂「正課以外的讀物」，對於生命橡實有什麼啟發意義？且看浪漫主義詩人柯爾律治[19]的例子：他讀了夸爾利（Mr. Philip Quarli）的苦難與驚人冒險，其中有一段是夸爾利射了一隻美麗的大海雁，射下後立即懊悔了。[20]而柯爾律治最為世人稱道的一首詩〈古舟子詠〉（*The Rime of the Ancient Mariner*），正是以被殺死的海鳥為主要意象。

我認為，除了偶然機遇會喚醒年少的想像力，如約翰・藍儂走在蘇格蘭的原野上，另外有些滋養條件是必需的。助長想像力的先決條件很多，但我特別重視的至少有以下三者：第一，父母親或負責照顧孩子的人，對於這個孩子懷有幻想；第二，孩子的生活範圍之內有某個特立獨行的人；第三，善待著迷的行徑。

父母親的幻想

傳記作家經常談到母親。美國前總統詹森被稱作「媽媽的男孩」，羅斯福也是；杜魯門在改變世界歷史的波茨坦會議上給母親寫信。我們通常會看到，母親的理想與強烈抱負會由某個孩子來實現。根據傳記作家的說法，成功的源頭來自母親的溺愛；也可能來自她的疏視和自私，逼使孩子不得不活出自己。

這種親職的謬誤充斥著過度管教的媽媽或讓人窒息的媽媽，還有總是缺席但占有欲強、愛懲罰人的爸爸；傳記作家把名人的卓越歸因到他們身上，以致這些說辭決定了我們敘述自己生命故事的方式。這種心理主義的解釋一再把焦點從孩子身上移開而轉到父母親那裡，他們似乎在問：「我表現得怎麼樣？」他們心生疑惑和焦慮，但不是憂心孩子的本質，而是指向自身的問題：我的態度對嗎？我太嚴苛或太寬鬆了嗎？我足夠好嗎？這樣的自戀是親職謬誤的觀念中所固有的，無法逃脫。關於這一點，我們在之前章節已經說得夠多了；現在我們只針對一點來談——父母親的幻想。

我說的父母親，是指擔當親職者，照顧孩子、與孩子最親密的人。父母親的想像與子女的稟賦之間如果有關聯，是什麼關聯？父母親如何想像孩子？他們從這降生在他們中間的小生命身上看到了什麼？他在瘦弱的肩膀上扛了什麼？他那雙眼睛在找什麼？孩子天天表現出看得見的特性，是否令父母幻想他有某種肉眼看不見的命運？

尤斯特斯．褒曼（Justus Bergman）這位父親，的確做到觀察、記錄女兒英格麗．褒曼[21]每天表露出來、看得見的特點。他是個富於幻想的人，給女兒取了早她兩年出生的瑞典公主的名字。尤斯特斯在斯德哥爾摩的高級繁華區開了一家照相館及工作室，百公尺之外就是「皇家戲劇院」。他最愛拍攝的就是英格麗，教她裝扮成各式各樣的角色，而英格麗也愛在爸爸面前擺姿勢表演。她十一歲時，有一次去看戲，在幕間休息時宣布了她的志業：「爸爸，爸爸，我將來要做的就是這個！」[22]

「親職謬誤」的眼光會在這兒看見昇華了的亂倫關係：女兒順從著父親幻想的控制，照父親的意思而活，恰如許多做兒子的實現母親的夢想。但是，柏拉圖式的神話會說，英格麗．褒曼的靈魂選擇了正適合鼓勵她橡實成長的父親。甚至母親也選得正合適，因為她早逝，女兒的職志才能與父親的幻想合作無間，避免愛嫉妒的三角關係妨礙。

父母親的幻想不一定都像尤斯特斯表現得這麼直接，有時候會以夢想、過度焦慮、為孩子的課業與管教爭執、為孩子的怪癖，如沉迷於低俗小說或午夜場電影而吵架等等方式呈現。父母用什麼態度看待孩子的行為，這與父母對孩子懷有的幻想是相呼應的。一位母親把兒子趕到外面去和動作粗野的男孩子打成一片，也許因為她幻想這個男孩要鍛鍊得兇悍些，以便擔當一家之主；也許因為她恐怕兒子是個娘娘腔或同性戀；也可能因為她心目中的兒子應是個英挺勇猛的陸戰隊蛙人。她規定或禁止兒子做什麼，影響力較小，影響兒子更大的是她依據什麼幻想作出這些規定。

知音唯幾人

因為不能奢望最親近的照顧者如父母親都能認清橡實之中究竟是什麼，而且留心它在乎的事，所以要有恩師、伯樂、貴人來助一臂之力。這種人在我們的生命中出現時，會與我們彼此惺惺相惜，因為兩人是生在同一條枝椏上的橡實，正共鳴著同一個理想。找到一個心靈相通的人對你另眼看待，這是多麼大的福氣！為了找到這樣一個真正看得懂自己真正面目的人，我們不懼辛苦地尋覓。我們戀愛、我們找心理治療師傾訴，主要誘因之一，就是想遇到一個能夠（我們認為他能夠，或者他自以為能夠）識得自己的伯樂。

贏得一九八六年環法自由車大賽冠軍的萊蒙（Greg LeMond, 1961-），有父親出錢給他買車子、裝備、自由車雜誌。在父親的鼓勵之外，還有一位貴人：製作車身的高手山塔（Roland Della Santa）。萊蒙說：「我一星期會到山塔的店裡一、兩次，他工作，我就在一旁閒看。他會講歐洲自由車巨星的事蹟給我聽，講數以千計的自由車迷歡呼的景況，一次次神乎其技的比賽……。」[23]這位貴人傳授了專業知識，以及這一行的傳統背景掌故。

照顧生活的父母親，不能以親職角色成為恩師貴人。因為兩種角色的職分是不同的，父母親做到供給擋風避雨的住處、三餐飽飯、教育費用，已經夠了。提供可以容身的安全窩，這可不是舉手之勞。反觀恩師的角色卻沒有這些負擔，他們只要做一件事：識出尚未現形的稟賦，懷有與其內心圖像相同的幻想。

我們犯的最嚴重錯誤，就是期望父母親具有恩師貴人的慧眼，以為父母應該賞識並好好栽培自己。要不就是期望賞識自己才華的人能提供家的庇護、打理生活俗務。范．克萊本的母親確實曾指導他琴藝多年，但她把兩種角色區分開來：「我教你鋼琴的時候不是你母親。」[24]

分辨不清兩種角色之別，如父母親自己指導子女的資賦發展，如導師和追隨者像一家人般地生活，都會導致師徒關係不歡而散。按李文遜（Daniel J. Levinson）等人在耶魯大學之研究，師徒關係以失敗收場，主要原因是年輕的一方期待老師能像父母親那樣給予私生活照顧。[25]成年的子女抱怨父母親從來不知自己的優缺點何在，不了解自己的內在本色。這種常見的不平心態，也是期待遭到混淆所致。

以前車之鑑為師

還有人抱怨根本沒有父母照顧或恩師栽培。他們可能一向不懂得求告小說人物或歷史人物，其實這種在想像中給予指示教誨的人物，可以陪我們到老，使我們終生受益。當杜魯門想要把抗命、失職的將軍麥克阿瑟（Douglas MacArthur, 1880-1964）革除時，他尋求林肯的意像指引，因為林肯也曾經不得不把大將軍麥克萊倫[26]撤職，即使這麼做會影響政治大局（麥克萊倫後來參政，成為總統候選人）。顯然，兩人都面臨相似的險境，但林肯成為了杜魯門的意像導師。[27]

攝影家阿柏絲以小說《簡愛》（*Jane Eyre*）為師；金融家摩根（J. P. Morgan, 1837-1913）以華盛頓和拿破崙為師；約翰．藍儂的恩師是《愛麗絲夢遊奇境》（*Alice in Wonderland*）。因謀殺而被執行死刑的加里．吉爾摩（Gary Gilmore, 1940–1977），「研究暴力的傳奇故事……迪林傑[28]、邦妮與克萊德案[29]、李奧波德與勒伯案[30]等犯罪故事……，還有芭芭拉．格雷厄姆[31]、布魯諾．霍普曼案[32]、薩柯與梵則蒂案[33]、羅森堡夫婦案[34]……。他把有關這些犯罪男女的書帶回家，迫不及待地閱讀。」[35]

書可以為師，可以啟蒙。作家、哲學家兼精神病學家連恩[36]曾有這種經驗。那是在一九四〇年代，他在一所小型公立圖書館裡發現了齊克果：

我看著圖書館裡所有的書，從A字母起一直看過去到Z……。我讀到的第一部齊克果的重要作品……。那是我今生的一次巔峰經驗。我不眠不休地連續看了大約三十四小時，把這本書看完……。以前我從未見過足以導引我來找他的相關介紹。就好像有一條走道直通到那兒……，像戴手套似地完全恰合我的想法……。眼前這個人把這些都想過了，我覺得好像有另一個人在我裡面，是一個人的生命在盛開。37

這種被領進門而耳目一新的時刻，頗類似拜見義父義母的儀式；此後，齊克果，以及馬克思、佛洛伊德、尼采，便成為連恩精神上的父母，供給他的知性幻想所需的糧食。我們若能減少對親生父母親的期待，並且為心靈生命另覓一個家，就會覺得自己的父母親不再那麼難以相處了。

缺乏想像的真空家庭

話又說回來，個人的代蒙與父母相處時，最難堪的氛圍就是父母對它全然不存任何幻想。

這種客觀、中立的環境，這種標準化、理性的生活，是一片真空，沒有任何東西在其中流動。所謂「得體的」好父母，在對子女的幻想上棄權了。得體的好父母讓子女過自己的生活、作自己的決定，他們不會讓個人偏見、價值觀、是非判斷介入其中。他們曉得，年輕人需要的只是無條件的正向關愛。這種父母親會說：「我相信你不論決定做什麼都會成功的。」「不論你決定怎麼做，我都會一直陪著你。」

做父母的說出這種蠢話，是因為他們相信應該與子女保持距離——美其名為了讓子女獨立：你有自己的房間，房間裡有你自己的電視和專用的電話。父母既然對孩子沒有意見、不會氣憤、不會焦慮、不存幻想，「愛」成了麻醉劑；親子間照本宣科互道「我愛你」，也許會有多種含義，但一定不包含愛，因為人一旦有愛，就會對所愛的人懷有幻想、意見、焦慮。

親情上的這種空白，可以從十二集的電視影片《一個美國家庭》（*An American Family*）得到印證。影片記錄一九七〇年代初期，住在加州聖塔巴巴拉的勞德（Loud）一家人的真實生活，觀眾眼見勞德夫婦及五名子女走到婚姻、親情、個別人格崩潰的地步，並逐漸發現導致這一切的原因：這家人沒有躍動的幻想。

勞德一家人與契訶夫小說中那種家庭衰落之不同，在於契訶夫描寫的家庭生活中充滿階級立場、文化關係、探討想像的交談、狂熱的渴望、追悔遺憾，尤其少不了的是灰心絕望。文學之筆所寫的灰心絕望，帶著五味雜陳的反諷和悲劇之美。這些虛構人物不但活出家庭生活，也活出幻想。小說虛構的家庭反而比呈現家庭小說的勞德一家更鮮活。

為《一個美國家庭》這部記錄片的文字出版本寫序的羅依弗（Anne Roiphe）指出：

> 如果有所謂的負面文化或文化負數，勞德一家正有此特質。搖滾樂的喧吵即是這家人的創造力頂點……。宗教信仰、威嚴的耶和華、慈悲的聖母瑪麗亞、猶太教《塔木德經》（*Talmud*）[38]說的來世、基督教的基礎教理、希臘羅馬神話、因果報應、真正的道德是非觀、分辨善惡的意識，對他們都不足以構成沉重的影響力。

夫妻二人「坐在客廳裡，似乎無憂無慮——不害怕魔鬼帶給他們夢魘，不必擔心野獸會跟在身後。距他們家幾步之處發生了野外林區火災……，他們若無其事地談論這樁火災。假如燒到他們的房子，房子也已保了險。什麼事都不會真正傷害他們。」他們未加入任何組織或休閒社團，也沒有真正的嗜好……，「諸如電影、繪畫、看書、縫紉，都引不起他們的熱情投入。休閒在家的時候，他們就躺在游泳池畔。」

羅依弗認為：「若論文化的意義何在，即是在於把個人連結到社會的紋理之中。」[39]勞德一家其實也連結到社會紋理之中，只不過那是消費的紋理結構：搖滾音樂、飲酒、電視、汽車、保健、上學、職業。總之，社會結構只是一個部分，如果這個社會結構使個人的幻想貧痺，與之連結反而更糟。它帶到這家庭之中的，令勞德一家不覺心滿意足，而且對這種不滿麻木不仁。

對文化而言，比社會結構更重要的是：想像力。勞德一家之缺乏想像是相當少見的。他們沒有恐懼、沒有慾求、沒有憤怒、沒有多大野心、沒有悲憫和恐懼，也沒有可表達情感的意象和言詞。他們的情緒和想像沒有受過幻想的哺育。他們如同保了險，可以免於想入非非的風險。其實不妨說他們有一個共同的非非之想：否認。勞德太太離婚後曾這麼說：「我想我們是社會適應力非常良好的一家人。」她說的一點也不錯，勞德一家人的確非常能適應「美國夢」；陽光充裕的後院裡，就有他們自家的世外桃源，全家人同處於亢進的消極狀態之中。否認即等於幻想；單純無知即等於理想；不斷追求即等於幸福。

導致這個家庭解體的病毒，是闖入他們親密關係達七個月之久的攝影機帶進來的嗎？他們是根本沒有親密關係——即便是共同生活？勞德家庭的崩潰，是因為他們的真實生活被搬到電視螢幕上所致？抑或他們根本沒有真實生活？也許攝影機只不過是放大已經潛伏在這個家裡的病毒而已。這部影集雖然基於是人類學研究而有所局限，卻顯示出現代美國家庭的問題：欠缺具有刺激作用的幻想。

幻想的苦與樂

以前，家庭衝突總離不了成員之間、兩代之間的幻想分歧。例如，一方期望兒子繼承父業，另一方卻想去求學；一方主張留在故鄉，另一個要到大都市去闖天下；長輩選好了結親對象，晚輩卻另有意中人。在那個時代，父母親的幻想築在集體的社會規範之上，子女要公開自己的心中圖像，唯有表現出頑固不從或公然反抗。如今規範變了，集體壓力也不一致，要作選擇時仍得有一股勇氣。

不被許可的小動作，或是一些微小的反抗，比如：「我不是媽媽的小幫手。」「我不是書呆子。」「我不是遊手好閒的人。」「我不是小當家。」家庭幻想為孩子測定類型，然後歪斜地貼在牆上，將命定的選擇強加於心，這推動著我們到別處尋找別種幻想。在勞德家中，一個孩子踏出半步，結果被診斷有病，服藥治療。他們對幻想的壓抑像洪水般地湧向他身上，湧入他的音樂、他的語言、他的習慣，包括他的變裝癖。

孩子逃離的最終原因，往往不是父母控制太緊或親職混亂不清，而是因為家庭生活缺乏幻想，只有購物、保養汽車、例行的善意表達。父母的幻想之有價值，在於確實能迫使子女採取反對立場，並且開始肯定自己的心與家庭投下的影子之異同。例如父母親未能如願生個兒子，於是為女兒取了男孩名字，給她剪了短髮，這總比父母對女兒毫無期望要強得多。起碼女兒的橡實受到挑戰，必須應對一個事件——父母的幻想。她可能從而認清父母的幻想，明白自己並不受那幻想制約，也不是那幻想的產物。

先前所說的助長想像力的三個重要先決條件，除了父母存有幻想之外，第二即是，生活周遭有個作風奇特的人。孩子的橡實需要看見幻想躍然眼前，要有活生生的人過著近似小說裡的那種生活，做出虛構人物似的言行舉止。

我所理解的「大家庭」，不是僅指諸多親屬共聚一堂、有較多人手照顧孩子的起居，我也將互動延伸到慣常的圓周以外，想像從熟悉的延伸到虛構的，及於那些聽說過的卻幾乎沒見過的人物。這些聽來的故事，可以為橡實的潛能描繪出可能的圖像。

打開電視，也可以從科幻片、卡通片看到怪異造型，滿足想看不平常人物的慾望。父母親放下身段，裝扮成鬼怪骷髏，孩子會大為興奮。孩子自己也愛畫鬼臉、戴面具、打扮成想像中的人物，原因何在？是為了逃出自己暫時被安排好的身分，展露心中的圖像嗎？是因為似乎還看見另一個人在裡面，想要釋放為了適應社會而隱藏起來的靈魔？

父母親自己不能擔當恩師、不能變成古怪人物，至少可以做到不把門上鎖，讓幻想世界有機可乘，以提醒孩子勿忘自己原本與天使、守護神是同路的。

重視孩子的想像力

第三個必要條件是，不可輕忽孩子的著迷行徑。談到這一點，我要借重華特金斯（Mary Watkins）的精闢見解，她在《隱形的來客》（*Invisible Guests*）一書中，評論了作夢、幻想、瘋狂、創作之中的想像，以及兒童的想像。[40]人在想像的時候，進到另一個領域裡，多少已不是原來的自己。有時候那不過是白日夢，發生時兩眼發直、心不在焉；有時候則是未來計畫完整的呈現；有時候是夜晚的恐怖錯覺；有時候是聖徒體驗的那種狂喜的幻覺。

沉緬想像的深淺度會有不同。愈是專注，愈覺得想像的景象、聲音、感覺是真實的。一旦這種真實感籠罩，也就不能再用「幻想」、「假想」、「幻覺」之類的字眼形容了。十歲以下的兒童、青春期的少年，尤其是年紀很老的人，都時常陷入這種狀態。

想像是需要專注的。陷入想像時忍受不了任何干擾，就好像你在換保險絲、在熬煮湯汁、在準備明早開會講稿的時候，不願意半途擱下。小孩子坐在地板上一團亂的洋娃娃和瓢盆玩具堆之中，在樹叢裡鑽來鑽去，也是在專心地做一件事。他的專注也許更甚於你。小孩子的遊戲即工作，遊戲就是小孩子分內的工作。你把正在工作的他一把抱起來，叫他放下做了一半的事去洗臉換衣服，就是打斷他的工作。我們遵從時鐘指針幻想的真實之餘，能不能遷就一下小孩子幻想的真實呢？

橡實是無暇旁顧的。它整個就在一個集中濃縮狀態，不摻雜質，是完整的一粒精髓。小孩子的行為乃是將這個凝聚的精髓發揮出來。他的遊戲是靈魂密碼推動的，所以會玩得那麼入迷。藉著凝神專注，孩子讓橡實蘊含的本相得到活動空間，施展出它的風格和姿態。我們必須遭遇這種專注，不要貿然闖入。

註釋 NOTES

1 編註：功利主義是西方道德哲學（倫理學）的一個重要流派，提倡追求「最大幸福」（Maximum Happiness），由英國的邊沁（Jeremy Bentham）肇其端，再由米爾發揚光大。功利主義認為，考慮一件人類行為的「好」或「不好」，是取決於：行為本身是否帶給人幸福（Happiness）？行為的後果是否帶給人幸福？能夠為「最多人」帶來「最大的幸福」便是「最好的行為」。

2 編註：哈密頓（William Rowan Hamilton, 1805-1865）是愛爾蘭物理學家、天文學家和數學家。他最大的成就是發現了物理學四元數。他提出了著名的「哈密頓最小作用原理」，用變分式推出動力學定律。哈密頓對光學、動力學和代數的發展提供了重要的貢獻。他的成果後來成為量子力學中的主幹。

3 原註1：E. T. Bell, *Men of Mathematics* (New York: Simon and Schuster, 1937), 341-342.

4 編註：高爾頓（Francis Galton, 1822-1911）是達爾文的表弟，英格蘭維多利亞時代的人類學家、優生學家、熱帶探險家、地理學家、發明家、氣象學家、統計學家、心理學家和遺傳學家，一生發表超過三百四十篇的報告和書籍。

5 原註2：D. W. Forrest, *Francis Galton: The Life and Work of a Victorian Genius* (London: Paul Elek, 1974), 6.

6 編註：此詩全長四百九十五行。

7 原註3：Peter Kurth, *American Cassandra: The Life of Dorothy Thompson* (Boston: Little, Brown, 1990), 24.

8 編註：耶穌會是天主教的主要男修會之一，一五三四年由西班牙人聖依納爵．羅耀拉成立於巴黎。耶穌會是為了對抗宗教改革所創的修會，故在天主教會中是維新派，重視青年牧靈、神學教育，會士發誓守貞、神貧，並絕對服從修會和教宗的命令。現任教宗方濟各即為耶穌會士，為首位耶穌會出身的教宗。

9 編註：梅蘭契頓（Philipp Melanchthon, 1497-1560），德國語言學家、哲學家、人類學家、神學家、教科書作家和新拉丁語詩人，他也是德國宗教改革者，馬丁路德的摯友，將路德的思想系統化。被譽為「德國的老師」（Praeceptor Germaniae）。

10 原註4：Edith Cobb, *The Ecology of Imagination in Childhood* (Dallas: Spring Publications, 1993).

11 原註5：Albert Goldman, *The Lives of John Lennon: A Biography* (New York: William Morrow, 1988), 56.

12 編註：賴特（Richard Wright, 1908-1960），美國黑人作家，美國左翼文學「抗議小說」的創始人之一，他的作品根據自己和其他美國黑人的經歷寫成，主要關注種族壓迫問題。

13 編註：埃利斯（Havelock Ellis, 1859-1939），英國著名性心理學家、思想家、作家和文藝評論家，研究範圍廣泛，涉及文學、性學和遺傳學，其著作觸及當時社會迴避、忌諱的問題，最初在英國遭到攻擊，但在國際上的聲望卻不斷升高。因其研究對性的改革和自由的貢獻，一九二六年獲選為國際性學會的常任理事。

14 原註6：有關偉大作家跟他們「廉價」閱讀趣味的軼事，摘自以下出處：波特，見George Eells, *The Life that Late He Led: A Biography of Cole Porter* (London: W. H. Allen, 1967)；萊特，見Meryle Secrest, *Frank Lloyd Wright* (New York: Alfred Knopf, 1992)；巴里，見Janet Dunbar, *J. M. Barrie: The Man Behind the Image* (Newton Abbot, England: Readers Union, 1971)；賴特，見Margaret Walker, *Richard Wright: Daemonic Genius* (New York: Amistad, 1988)；埃利斯，見Vincent Brome, *Havelock Ellis: Philosopher of Sex* (London: Routledge and Kegan Paul, 1979)。

15 原註7：Sir Edmund Hillary, *Nothing Venture, Nothing Win* (New York: Coward, McCann and Geoghegan, 1975), 22.

16 原註8：Kate Meyers, "Tarantino's Shop Class," *Entertainment Weekly* (October 14, 1994): 35.

17 編註：Pulp Fiction的字面原義是「廉價低級小說」。

18 原註9：Eells, *The Life that Late He Led*, 17.

19 編註：柯爾律治（Samuel Taylor Coleridge, 1772-1834），英國詩人、文評家，英國浪漫主義文學的奠基人之一。一生在貧病交困和鴉片成癮的陰影下度過，中年時自稱棄詩從哲，精研康德、謝林等人的德國觀念論。

20 原註10：Richard Holmes, *Coleridge – Early Visions* (London: Hodder and Stoughton, 1989), 6.

21 編註：英格麗・褒曼（Ingrid Bergman, 1915-1982），瑞典著名電影演員，主演《北非諜影》（*Casablanca*, 1942），三度獲得奧斯卡金像獎，被美國電影學會選為百年來最偉大的女演員之一。

22 原註11：Laurence Leamer, *As Time Goes By: The Life of Ingrid Bergman* (London: Hamish Hamilton, 1986), 7.

23 原註12：Samuel Abt, *LeMond* (New York: Random House, 1990), 18.

24 原註13：Howard Reich, *Van Cliburn: A Biography* (Nashville: Thomas Nelson, 1993), 7.

25 原註14：Daniel J. Levinson, *The Seasons of a Man's Life* (New York: Alfred Knopf, 1978), 97-101.

26 編註：麥克萊倫（George McClellan, 1826-1885），美國軍事家，在南北戰爭第一年整編軍隊，成績卓著，被譽為「小拿破崙」。但由於過度謹慎，屢失先機，始終無法取得對南部聯軍的優勢而被眾口交貶，領導能力受到林肯總統質疑，終被解除軍職。一八六四年成為民主黨總統候選人，與林肯競爭總統，林肯獲得連任。之後擔任紐約船塢部總工程師、大西洋和大西部鐵路公司總經理，一八七七年當選紐澤西州州長。退休後成為一名作家，為自己戰爭時期的作為辯護。

27 原註15：David McCullough, *Truman* (New York: Simon and Schuster, 1992), 837-838.

28 編註：約翰・迪林傑（John Dillinger, 1903-1934），美國黑幫成員、銀行搶匪，一九三〇年代活躍於美國中西部。

29 編註：邦妮・派克（Bonnie Parker, 1910-1934）和克萊德・巴羅（Clyde Barrow, 1909-1934）是美國歷史上有名的鴛鴦大盜，一九三〇年代在美國中部犯下多起搶案，至少殺害了九名警察。一九三四年五月二十三日，兩人被路易斯安那州警方設伏擊斃；一九六七年的犯罪題材電影《我倆沒有明天》（*Bonnie and Clyde*），即改編自邦妮和克萊德的真實故事。

30 編註：納森・李奧波德（Nathan Leopold, Jr., 1904-1971）和李察・勒伯（Richard Loeb, 1905-1936）於一九二四年因綁票謀殺一名十四歲的少年而被捕。李奧波德和勒伯都出身有錢世家。當時十九歲的李奧波德畢業自芝加哥大學，即將進入哈佛大學法學院，通曉十五種語言（後來終其一生共學會二十七種語言），精通鳥類學，也研究數學、哲學。十八歲的勒伯則是密西根大學有史以來最年輕的畢業生，即將進入芝加哥大學法學院，研究歷史學，喜歡偵探小說，為「謀殺的藝術」著迷，找尋機會實踐完美的謀殺。

31 編註：芭芭拉・格雷厄姆（Barbara Graham,1923-1955）被指控和男友等人持槍搶劫、謀殺而被判處死刑，一九五五年六月三日被送進毒氣室處死；她的真實故事被改編成電影《我要活下去》（*I Want to Live!*, 1958），蘇珊・海華（Susan Hayward）飾演格雷厄姆一角獲得奧斯卡最佳女主角獎。

32 編註：布魯諾・霍普曼（Bruno Hauptmann, 1899-1936）是一個德裔木匠，被控綁架與謀殺美國著名飛行員查爾斯・林德伯格（Charles Lindbergh）二十個月大的長子；這是美國歷史上最著名的綁架案之一。一九三六年四月三日，霍普曼在美國新澤西州被送上電椅，死前仍宣稱自己無罪。

33 編註：尼古拉・薩柯（Nicola Sacco, 1891-1927）和巴托洛米奧・梵則蒂（Bartolomeo Vanzetti, 1888-1927）都是義大利移民，在麻薩諸塞州的一家鞋廠工作。兩人被控於一九二〇年四月十五日謀殺了該鞋廠的出納員和門衛，並搶走一萬六千美元。他們申辯自己無辜，而實際上也有證據支持他們無罪，輿論要求重審，但最終還是在一九二七年被執行電刑。此案後來成為國際著名的案例，也被批評為美國司法的扭曲。有些人認為，薩柯和梵則蒂之所以被判有罪，是因為他們曾逃避兵役，以及傾向無政府主義和社會主義的政治信念，讓當局對他們懷有偏見。

34 編註：朱利葉斯・羅森堡（Julius Rosenberg, 1918-1953）和艾瑟爾・羅森堡（Ethel Rosenberg, 1915-1953）夫婦是冷戰期間的美國共產主義者，被指控為蘇聯進行間諜活動；冷戰時期的美國因此類罪名而處以死刑的只有羅森堡夫婦，因此此案轟動了西方世界；羅森堡夫婦的罪名是否屬實，至今仍有所爭議。

35 原註16：Mikal Gilmore, "Family Album," *Granta* 37 (Autumn 1991): 15.

36 編註：連恩（R. D. Laing, 1927-1989），蘇格蘭的前衛精神科醫師，極力反對當時主流精神醫學對精神病患的不人道處置，盡力為弱勢者發聲。他認為沒有人有權利聲稱另一人瘋癲，甚至主張家庭和社會是造成瘋顛的根本原因。其反叛意識和人道主義觀點，深深影響一整個世代的年輕治療師，並孕育了「後精神醫學運動」。讀者可參考《瘋狂與存在：反精神醫學的傳奇名醫R. D. Laing》一書（心靈工坊出版）。

37 原註17：Bob Mullan, *Mad to Be Normal: Conversations with R. D. Laing* (London: Free Associations Books, 1995), 93-95.

38 編註：是猶太教中認為地位僅次於《塔納赫》（《希伯來聖經》）的宗教文獻。源於公元前二世紀至公元五世紀間，記錄了猶太教的律法、條例和傳統。其內容分三部分，分別是「密西拿」（Mishnah，口傳律法）、「革馬拉」（Gemara，口傳律法註釋）、「米德拉什」（Midrash，聖經註釋）。

39 原註18：所有關於勞德一家的引述，皆出自：Anne Roiphe, *An American Family*, Ron Goulart, ed. (New York: Warner, 1973), 22-25.

40 原註19：Mary Watkins, *Invisible Guests: The Development of Imaginal Dialogues* (Hillsdale, N.J.: Analytic Press, 1986).

第八章

虛構中見真章

傳記故事中的虛構、偽裝、不認帳，
似乎想要說：「……我得創造出一個世界來呈現我本來的面貌，
呈現社會的、環境的『真實』以外的那個更真的幻象。
我既不說謊，也不瞎編，虛構是自然而然發生的。」

——本書作者

據傳馬克·吐溫[1]曾說，他年紀愈大，愈能把沒發生過的事記得一清二楚。其實並不是年紀大的人才會編謊掩飾或無中生有。謊話似乎是自傳的一部分，而且可能是必要的部分。說來奇怪，自己的生命故事似乎確實有必要纂改、偽裝、銷毀。

我們會把故事的細節作一番編排、潤飾，甚至挪用別人生命故事的枝節。我們也可能嚴格檢查，銷毀不合格的部分，如約瑟芬·貝克毀掉了大量舊照片。[2]馬克·吐溫認為，生命故事的情節會收編史實。這個創造你的傳記的人，這個無中生有又把事實略過不提的說故事者，他是誰？這個修剪事實而編成虛構故事者，他又是誰？

法國浪漫主義畫家德拉克瓦[3]到處跟人說，他那姓名不詳的父親，極可能是法國大政治家泰列朗。[4] [5]榮格的傳奇故事是，他是大詩人歌德風流孽種的後代。影星約翰·韋恩（John Wayne, 1907-1979）說，他父親是加州格藍戴爾市（Glendale）一家雜貨店的老闆，另外還經營冰淇淋和油漆生意。但是，一位久居該鎮、熟知當地大小事，而且和韋恩家很熟的人士卻毫不留情面地說，沒這回事。[6]

有人請詹森總統的兄弟山姆（Sam Houston Johnson）補充一下詹森講的童年故事細節，山姆不肯。他說，他沒法補充，因為那些事「根本沒發生過」。[7]

古巴前總統卡斯楚（Fidel Castro, 1926-）小時候有兩份成績單，一份是學校發的，另一份是他自己偽造拿給父母親簽名的假成績。[8]偵探小說家西默農的著作之多——以離奇懸疑故事為主，堪稱本世紀之冠。他寫了自傳之後，又把它重寫成一部小說，然後又加油添醋再改寫。從他出生那天就開始造假了：他本來是在十三日星期五出生，母親怕不吉利，便教他父親在登記戶口時，把日子報成二月十二日。[9]「舞蹈家鄧肯的名字『依莎朵拉』的來源不明，她本名朵拉安琪拉。」[10]有一次演出的海報上用的名字是莎拉。此外，她一再找不到護照或是把護照遺失，年紀也就視情況而變來變去。

真做假時，假亦真

作曲家萊納德．伯恩斯坦（Leonard Bernstein, 1918-1990）有兩個名字。他本名路易，到十六歲時才正式改名萊納德，其實他一直都在用這個名字。據伯恩斯坦說：「我的童年過的是赤貧的生活。」他還強調，他於七年級至十二年級就讀的波士頓拉丁中學「全然沒有學音樂的機會」。事實上，伯恩斯坦在該校期間擔任學校管弦樂隊的鋼琴獨奏者，而且是合唱團一員。至於他家境也並不壞，他從小就有女傭侍候，還有一位司機兼管家，家裡有兩輛汽車。他父親名下有兩棟房子，並且支付了他上哈佛大學的昂貴學費。[11]

汽車大王亨利．福特第一次拆開手錶是在他七歲時，根據他自己的回憶筆記，以及從訪談收集來說法各異的二手資料，幼年的亨利．福特老是愛把東西拆卸開研究，而且在各方面都表現出這種機械天才。

亨利．福特常講的一件事是，他常在天黑以後溜出去偷取鄰居的手錶，再帶回家來一一修理。

類似故事不勝枚舉。然而，福特的姊姊瑪格麗特卻說：

「據我所知，他從來沒有夜晚溜出去偷過手錶。」對於亨利後來把福特家的農宅修復為原樣的說法，瑪格麗特也一直有異議。亨利在重新裝潢好的臥室裡，安置了一套小型的手錶匠工作檯和工具。

她強調，這屋裡根本沒有這些東西。[12]

美國前國務卿季辛吉[13]原籍德國富爾特（Furth）。在故鄉期間，他父親因為是猶太人之故而喪失教職。季辛吉卻於一九五八年說：「我對在富爾特的生活似乎不曾留下任何印象。」一九七一年他又說：「童年的部分沒有對我造成任何重要影響。對小孩子而言，這種事沒那麼嚴重。」

然而那是猶太人受迫害的年代，兒童遭到毆打，被禁止上學，不准到操場上玩，不可與非猶太籍的人往來，被正式取消公民權。那時候曾經與季辛吉在同一個環境裡生活的親屬和友人說，猶太兒童不准和別人一同玩耍，只能待在庭院裡。他們不可以參加舞會，不准到公共游泳池，甚至不得進人茶館。「每天都會在街上聽到中傷的話和反猶太的言語，遇到有人拿髒話罵你。」季辛吉的母親「特別記得，納粹少年團員說著嘲笑猶太人的話大步走過時，孩子們既害怕又困惑的可憐相。」季辛吉卻說：「對小孩而言，這種事沒那麼嚴重。」[14]

讓一切灰飛煙滅

從事寫作的人格外抗拒傳記。小說家亨利．詹姆斯[15]曾在花園升營火，將自己的書信文件燒掉；狄更斯也做過這種事。佛洛伊德二十九歲時就焚燒自己的書信文件，並且曾說：「讓寫傳記的人去傷腦筋吧。我巴不得看他們一頭霧水。」他年紀更長的時候，又燒掉後來的信件，還出錢向收信人買回他寫的信。[16]詹森總統從華府寫給以前的學生和故鄉友人的瑣事信箋，信紙最上端都有「燒掉」的字樣。小說家薩克雷[17]、詩人艾略特、批評家阿諾德，[18]都不要別人為他們作傳。

是傳記作家亦是傳記分析家的伊德爾（Leon Edel）指出，有些人認為寫傳記是「一種刺探、偷窺，甚至是掠食的過程。」小說家喬治・艾略特[19]說，傳記是「英國文學的一種疾病。」薩克－威斯特（Edward Sackville-West）稱專職傳記作者為「鬣狗」。小說家納博科夫[20]說，傳記作者是「心理剽竊者」。詩人奧登（W. H. Auden, 1907-1973）說，傳記「都是多此一舉的」，而且「通常都是不入流的」。[21]

有些作家，如沙林傑（J. D. Salinger, 1919-2010），甚至不肯接受訪問，揚言要和膽敢為他作傳的人對薄公堂。小說作家薇拉・凱瑟[22]希望別人不要查問她的事。為另一位小說家魏爾蒂（Eudora Welty, 1909-2001）作傳的黑爾布倫（Carolyn Heilbrun）說，魏爾蒂「極度維護隱私，有關她自己和朋友的私人問題，她一律不回答」；[23]在其回憶錄《一個作家之始》（*One Writer's Beginnings*）之中「用偽裝手段掩飾自己」。因為，「要她寫一部忠於事實的自傳，無異公然蔑視她要求信諾與隱私的本意。」（黑爾布倫本人出書的時候，也使用筆名克羅斯〔Amanda Cross〕偽裝自己。）

黑爾布倫所見的真實與偽裝，與魏爾蒂所見不同。而魏爾蒂對真實的定義，與寫作者反對傳記的一貫作風相符。抗拒傳記的作家們似乎在說，凡是涉及我生命隱私的事，都要鎖在櫃子裡，甚至要付之一炬，以求保持我作品的真實性。如奧登所說，打探我的生活是多此一舉的。你們想看我的傳記，是因為我寫了作品。所以，你們要找的那個「我」其實在我的作品裡。

傳記外傳

讀過本書前幾章的人，不難明白在自傳上偽裝掩飾的道理何在。寫作者似乎覺得不該把實情一五一十擺出來，以免被人誤以為是事實，而且是唯一的事實。他們似乎不想讓寫傳記的人貼得太近，太敏銳地掌握他們畢生努力的靈感。於是，傳奇色彩的故事浮上來，織了一層面紗。彷彿有一股力量想保護他們努力做的事、努力做出來的成果；不論工作成果是在什麼背景環境中發生，都不能讓背景環境喧賓奪主。

這股在作用的「力量」是什麼？當然就是他們的橡實。橡實不肯自貶到人際關係、外力影響、偶發情事、聽候時間主宰、「此事理當發生在彼事之後」的地步，橡實不信生命可以用「反正結果就是那麼回事」的公式涵蓋。因此，傳記主體在遭到嚴密追問的時候會編造、改編（並且把平常熟知的解構）、偽裝、否認，這樣做是將事實傳奇化，以保持浪漫幻想。

傳記上的「弄虛作假」，和「實情」一樣是故事的一部分。究竟誰才清楚實情？是福特本人？是他姊姊瑪格麗特？還是與他同時期的別人？福特的傳記才是真實，傳奇才反映出這發明家如何在講自己的故事時發揮創造發明的功力。平日，偶發的大小事似乎連貫不成一條線，其實生命就是一個發明創造的過程。回憶往事時，會找到這條從頭貫穿至尾的線，回顧的眼光會從童年看出端倪。馬克·吐溫所說的記起「從未發生過的事」，是造假嗎？抑或是一種啟示？

為什麼要認為別人寫的季辛吉傳記比季辛吉本人的話更可信？到底誰才是季辛吉生命故事的作者？季辛吉口稱童年環境中猖獗的反猶太行為對他影響不大，替他作傳的艾撒克森（Issacson）認為這是拒絕承認事實。[24]艾撒克森同時不經意地暗示，季辛吉後來從政的特色與他早年的這種環境因素有關。這乃是標準的傳記偵探作業、標準的基準式發展理論、標準的心理歷史學。姑且不論你喜不喜歡季辛吉，傳主至少比作傳的人有吸引力。

季辛吉的母親見到納粹少年團員走過時「孩子們既害怕又困惑的可憐相」。然而，季辛吉日後要成為美國國家安全顧問、國務卿、推動地緣政治的奇才，要面對參議院質詢、白宮陰謀、蘇聯領袖布里茲涅夫[25]、毛澤東而不敗下陣來，要與尼克森正面較勁，要指揮竊聽電話行動，這樣的人不大可能被一夥穿著短褲招搖而過的金髮藍眼毛頭小子嚇住。因為橡實曉得季辛吉根本不是他母親眼中所見的那個孩子，所以，「這種事沒那麼嚴重。」

季辛吉這樁「案例」的要點，不在納粹主義是否影響他的人格形成，也不在於童年受迫害對他日後的政治觀點及行為有多大影響、造成什麼樣的影響。要點在於季辛吉抗拒被弱化降格。他之所以「拒絕承認事實」，乃是因為不願此事實被寫成傳記。他運作謀略與政策的天才，不願被人矮化成一種自以為被迫害的妄想症。我們假定季辛吉的生平事蹟是橡實原理的體現，即可看出，他生命開端的德國富爾特，不過是他日後生涯的一個練習場地。開端的練習與日後的生涯，同樣是他那靈活、狡黠、俐落的政治天才的一部分。這分天才因為不向環境低頭、矢口否認環境能壓倒它，才得以立於不敗之地。

造假心理學

寫自傳必然免不了造假。寫作原本是一種表演，作者曉得有人等著看好戲。為鄧肯作傳，且是鄧肯好友的塞羅夫（Victor Seroff），在《伊莎朵拉真貌》（*The Real Isadora*）之中說：

> 她告訴我，出版她自傳的老闆，一定要她詳細描述她喪失童貞時的感覺。由於她當時面臨真正山窮水盡的經濟狀況，也只好照辦。因為事情是多年前在匈牙利布達佩斯發生的，鄧肯便要我彈一首李斯特（Liszt）的「匈牙利狂想曲」來營造恰當的「匈牙利氛圍」。
>
> 也許效果好得已營造出情色的氛圍，她躺在沙發上寫著詳情細節……。她只是在作假……。後來一定是因為內容太過火辣，連出版商都受不了，所以最後又將這一章重寫過才出版。26

鄧肯所寫的情景也許是捏造的，她的「回憶」也許是李斯特音樂的魔法召來的，但激情的情色描寫正合乎她一切為愛的生命藍圖，也是她個性的真實面。

如果我們注意到偽裝和捏造有其模式，我們就不會輕易將之歸結為某個人的人格特質；我們更需要辯識，在不同案例之中反覆出現的模式，到底有什麼目的。

我與我的幽靈

精神病學有個古老又貼切的名詞「幻想性謊言癖」（pseudologia fantastica），用來說明「以激起聽眾好奇心的方式」（馬克．吐溫言）編造未曾發生的事。[27]這屬於人為疾患（factitious disorders），也就是說，這行為並非真實，也非本質如此。在極端的情況下，可能表現出「無法控制的病態性撒謊」。如果偽裝和謊言以裝病的形式呈現，以致當事人被送進醫院接受非必要的治療，即可稱為「孟喬森症候群」（Munchausen's syndrome）——得名於一位德國伯爵，他以自己的表演天賦虛構出許多令人驚歎的故事。較為常見的是，當長期酗酒者患上科爾薩科夫氏症候群[28]時，會用迂迴的虛構故事來填補記憶的空白。連小孩也會頭腦清醒地進行偽裝，所以是公認不可信的法庭證人。這些現象都屬於心理的幻影，在其中真實世界和謊言世界交疊在一起。精神病學認為這種謊言世界是虛構、偽裝且病態的。

上述諸位會吹牛的不凡人物，顯然都讓杜撰取得優勢。這些傳記故事中的虛構、偽裝、不認帳，似乎想要說：「我可不是你們所謂的什麼事實。我不會讓我的奇特、我的神祕莫測落到事實的世界裡去。我得創造出一個世界來呈現我的本來面貌，呈現社會的、環境的『真實』以外的那個更真的幻象。我既不說謊也不瞎編，虛構是自然而然發生的。這不能算是說謊，因為這些描述我的故事並不全然是我自己的嘴巴在講。」

英文有個詞「doppelgänger」取自德文，指跟你活在同一個世界的分身、你的影子，或另一個你，他彷彿就在你身邊，就像你的另一個自我。當你跟自己對話、責備自己或封閉自己時，或許你面對的即是你的doppelgänger，他不是你那住在他處的雙胞胎兄弟，他就在你房子裡。

因紐特人用另一種方式來指涉另一個靈魂，這個靈魂可能是內在的，跟你享有同一具軀體，也可能是外在的，可從你的身體進出，棲居於物件、地點或動物之中。[29]接觸過澳大利亞原住民的人類學家，稱這第二靈魂為「叢林幽靈」。

神話故事、魯米的詩、禪宗的故事，都提及這種雙重性或生命中的奇妙重疊。樹上兩隻鳥，一隻將死、一隻不朽。將死的鳥鳴叫、築巢、飛翔；不朽的鳥則觀望。

在許多社會中，胎盤都必須小心處理掉；它跟隨你出生，所以絕對不可再進入你生命。它必須夭折並且返回另一個世界，否則這先天的分身可能會變成可怕的幽靈。

雙胞胎常被認為是不祥的，像是哪裡出錯了——那兩隻鳥、人和鬼、此世界和彼世界，都一起存在於這個世界上。雙胞胎即是doppelgänger的具體呈現，可見的與不可見的都納含其中。所以在傳說故事中，雙胞胎其中之一被謀殺（或犧牲）以保護另一方，像是該隱和亞伯、羅慕路斯和瑞摩斯。[30]不朽的、來自彼世界的那一方離開，讓凡人世界的這一方得以完整進入生命。

看綽號知其人

許多人是有兩個名字的，他們取了親友、《聖經》人物、聖徒、名人的名字，希望能沾一點光。

許多人厭惡自己的名字，恨父母親給自己取這種名字。然而，覺得這種名字有辱自己的又是「誰」？這只是我個人一廂情願的想法嗎？抑或是橡實的驅力所致？

小孩子有綽號。球員、爵士樂手、不法歹徒、幫派分子也有綽號。是因為人與天資得各用一個名字嗎？取綽號間接承認「分身」的存在嗎？有了綽號，大家才記得彈鋼琴的是「暈頭」（Dizzy），吹小號的是「胖子」（Fats），每天穿衣吃飯的是瓦勒先生（Thomas Waller, 1904-1943，綽號胖子〔Fats〕）和葛萊斯比先生（John B. Gillespie, 1917-1993，綽號暈頭〔Dizzy〕）。[31]

綽號多少自有其道理。綽號的含意可能追隨其人一生，而且會在天資未展現之前先露出一些眉目。綽號並不僅僅是把缺點人性化的一種親切表示。表達感情的言語都是為了要使人自在，綽號正具有扯平立足點的功用。例如最早進人棒球名人堂的赫曼・魯斯（Herman Ruth, 1895-1948），一般人只叫他「貝比」（Babe）；超強勢的五星上將及連做兩任美國總統的艾森豪，只是常人口中的「艾克」（Ike）。至於殺人不眨眼的通緝要犯，也往往有「大寶」、「小哥」等解除緊張感的綽號。

假設我們不是要用這種呼寵物般的綽號削弱稟賦的氣勢，我們只是覺得稟賦特質，亦即榮格所說的「第二號」人格或蘇格拉底所說的代蒙，是具有清楚形象的另一個生命，它也應有名字或需要名字。而它顯然會利用偽裝術以縮小形態出現。神話與童話故事不乏小精靈、小小人、十二姊妹中的老么之類的描述，似乎這最小的才有扭轉乾坤的能耐——因為他們在人世是另一個世界的代表。

我們可以從《世界年鑑》（*World Almanac*）[32]上看到，改名字的影藝明星比比皆是：瑪丹娜・露易絲・奇奇尼（Madonna Louise Ciccone）改名瑪丹娜（Madonna）；小洛伊・舍萊（Roy Scherer, Jr.）改名洛赫遜（Rock Hudson）；蘇菲亞・希可洛尼（Sophia Scicoloni）改名蘇菲亞・羅蘭（Sophia Loren）；湯瑪斯・馬波瑟（Thomas Mapother）改名湯姆・克魯斯（Tom Cruise）；喬治・亞倫・歐陶德（George Alan O'Dowd）改名喬治男孩（Boy George）。《年鑑》上說，他們改名字是為了讓觀眾唸得順口而便於促銷，這只是理由的人情世故面。另一面則是：人不可能同時又做凡人又做超凡巨星。他們需要兩個名字，是因為不同的名字反映不同的人，個人與他的稟賦要藉雙重身分運作。

忘了「我」是誰

一九八三年獲得諾貝爾獎的遺傳學家麥克林托克，在康乃爾大學當學生的期間，有一次地質學課考試時經歷了一件怪事：

> 寫答案的藍色本子發下來，最前面一頁要寫名字。我哪有空去寫名字呢？我急著要看試題。我看了就馬上作答——寫得很愉快。我考來得心應手，一切順利。可是等我要寫自己的名字時，竟然記不起名字了。名字是一定要寫的，可是我就是想不起來，只好等著。我不好意思問別人我的名字叫什麼，因為人家會以為我腦筋有問題。我愈來愈不安了，終於……（過了大約二十分鐘），我想起來了。我想這與身體是個累贅有關。正在發生的事、我看見的、我在想的、我喜歡看見、聽見的事，都比身體重要得多。[33]

竟然忘了自己的名字！這件事是否證實稟賦另有生命？會不會是麥克林托克那隱而不見的

稟賦跑出來答完了試題，所以坐在那兒的大學女生，不能在不是她答的試卷上簽名？麥克林托克自己解釋說：「身體是拖著的一件東西……。我總希望我能做個客觀的旁觀者，而不是這個所謂的『我』。」

例如戶籍登記的「那個名字」是指「另一個人」，那麼，傳記寫的這個人又是誰？傳記作者用某人的「生平」與「作品、成就」稱人的兩個靈魂，在傳記中將兩者連成一體。我們之所以愛看傳記，是不是因為這個緣故？因為傳記揭示了兩個名字錯綜複雜的關係？我們藉讀傳記而認識自己的稟賦，從了解書中人的成敗悲歡學會自處。

我們看傳記，不為崇拜英雄、尋找榜樣、逃避到自己以外的生活中，而是要解答根本的疑問：我們是否和一個「分身」一同降生，我們該如何找回這已經疏遠我們的監守之靈？人打從出生就不是孤單一個。我們和另一個我一同來到人世，它是有魔力的，或是非凡俗的，它不該在我們所在的時地。

麥克林托克等了二十分鐘她的名字才回來。她的兩個靈魂分別是「身體的我」和「旁觀者的我」。她出生時取的名字是愛琳諾（Eleanor），大人又覺得，這堅毅的小女孩難得一見，還是叫芭芭拉．麥克林托克比較合適，因而改了名字，她等於又降生了一次。改名時她才四個月大。

因紐特人認為，當你生病時，你的名字就會離開你，「消失不見」，於是你便擁有另一個名字。如果你死了，那是擁有亡靈名字的你死去了；如果痊癒了，你之前的名字就會回來，而那個亡靈的名字將會「消失」。我們會說：「原來的他回來了。」一切恢復原狀。

「分身」可能在我們睡覺時或處於不尋常狀態時降臨，例如齋戒、禁閉，或死亡即將到來的危機時刻（「當我從岩石上掉下來時，我的一生在眼前重現」）。永生的分身瞬間支撐了我們，因為他的生命不受限於時間。

在我們的精神文化中，這些現象還會怎麼呈現呢？有幾種方式，通常出現在意識的邊緣，甚至是以扭曲的形態。比如以病態的形式，由藥物引起的意識遊離，以多重人格障礙；或是生病時的不速之客，如作家約翰．厄普代克[34]在回憶錄《自我意識》（*Self-Consciousness*）中描述自己得了牛皮癬時說：「感覺身體被另一個存在共同占據。」類似現象還出現在沮喪、焦慮、思維被侵入，或由強迫症引起的壓力狀態中。比較容易接受的情況是：童年時幻想中的朋友、心理治療中的積極幻想、藝術作品中的某個角色或人格。又如手術過程中的入睡幻覺難以解釋的影象，當事人彷彿從手術檯上空俯視自己。

這些異常現象對抵抗無形世界的文化提出質疑。如果一種文化哲學沒有足夠的空間容納另一種文化，或不認可無形的事物，那麼，不被容納的將以扭曲的形式擠入我們的心靈世界。因此，應該以不正常的世界觀來看待某些精神障礙，因為它們確實就在一個失調的世界觀底下被定義為障礙。

難纏的指揮家

講到自傳的真假，我要請出的最後一位證人，是二十世紀最具爭議性、最有獨創風格、最廣受歡迎，也是最「難纏」的指揮家——史托考夫斯基（Leopold Stokowski, 1882-1977）。[35] 有一大串態度懇切、懷有善意，且已是著作等身的作家試圖求得史托考夫斯基合作寫傳，卻一個接一個吃了閉門羹。

即便如此，傳記還是問世了。這些傳記都說，史托考夫斯基原籍不是波蘭，他在英國出生，母親是英國人，外祖父母都是英國人，而且都信奉新教。他父親出生於倫敦，史托考夫斯基的祖母也是信奉新教的英國人，只有他祖父是在波蘭出生。他一直等到年紀相當大的時候才去波蘭，卻講著一口東歐腔的英語。

東歐腔只是他的偽裝之一。「凡是想挖他過去的人都有苦頭吃，因為史托考夫斯基極以瞎編為樂事……。訪問他的人若問及他的過去，得到的一定都是虛構故事。」偽裝瞎編後來一發不可收拾。按《牛津音樂指南》（*Oxford companion to Music*）與《時代》雜誌所載，他可能是猶太人，或有猶太血統。相當具權威性的《葛羅夫氏音樂及音樂家辭典》（*Grove Dictionary of Music and Musicians*）說，他的真名是史托克斯（Leo Stokes）。至於白紙黑字的文字方面，據他女兒說，史托考夫斯基與其夫人有「很清楚的協定」，不可公開任何述及他的書信或文件。史夫人「把他們所有的信件都銷毀了」。[36]

此外，他宣稱派瑞爵士（Sir Charles Huber Parry）乃是指導他作曲的老師之一。事實上，派瑞離開教職兩年後，他才註冊入學。這位大師所講的諸多故事之一，是他得到第一把小提琴的經過：

我知道當時自己幾歲，因為，一天晚上有個男人走進那家波蘭俱樂部，手上拿著一件東西……。我問父親：「那是什麼？」他答：「是一把小提琴。」我就對我祖父說：「我想要一把小提琴。」……他真的買了——那叫什麼來著——四分之一尺寸的小提琴給我。所以我七歲就開始拉小提琴了，那仍然是我最喜歡的樂器……。

這個故事的第一個破綻是，他祖父逝世三年後他才出生。其次，他兄弟指出：「李奧（史托考夫斯基的小名）未成年以前，從未去過波美拉尼亞或盧賓（亦即小提琴故事發生的地點），或英格蘭以外的任何地方。他並未在年紀很小的時候學會拉小提琴，就我所知，他根本不會拉小提琴。

史托考夫斯基雖然後來有再提到拉小提琴的故事，而且，他於一九〇九年加入樂師工會時，登記的演奏樂器是小提琴，為他作傳的丹尼爾（Oliver Daniel）卻說，從未遇到曾經看見他拉小提琴的人。

對等生命

史托考夫斯基一生儘管作風炫耀鋪張，卻因為他的回憶故事、嚴守隱私、無中生有而被人稱為謎樣的人物。他自己倒說出頗為明白的理由：「我認為應該培養記性……。也應該培養忘性。」他的一生之中一直需要有一個「對等生命」（counterlife，此乃作家羅思〔Philip Roth〕之用語），需要另造一個幻想的傳記。

他九十六歲逝世之時依然活躍。「在他壽命將終之時，他把著名人物，如史特拉汶斯基寫給他的大部分信件都燒了。他不要留下任何有關他的紀錄。」[37]唯一例外的是他指揮樂團演奏的紀錄。

他虛構出生背景，捏造少年時代，纂改事發的年月日，健忘；總之，他辛辛苦苦維護自身的故事。諸神似乎也偏愛這故事，甚至出手幫他添加一筆。且看，他在英國辭世後——

他的多幅畫像……他自己畫的許多素描和油畫、筆記、紀念品、吉祥符，以及他漫長一生之中收集的許多私人物件，都裝入一個大貨櫃運往美國。結果船遇上強烈太平洋暴風，這隻貨櫃落入海裡了。[38]

傳記反點金術

曾經寫過愛爾蘭劇作家蕭伯納（George Bernard Shaw, 1856-1950）等人物傳記的侯羅伊德（Michael Holroyd）形容過這種強烈抗拒傳記的心態。他將人物的生活與成就明白區分為二，一語道破其中緣故：

> 引發想像的人物一旦成了傳記的題目，他的光芒可能會熄滅。因為，生活不過是一個殼，創作成果才是殼裡的果仁……。寫傳記的人有「反點金術」傾向。他摸到的每一塊黃金都會變成廢物。看重自己作品的人，對寫傳記的人要敬而遠之——這便是普遍存在的想法。[39]

侯羅伊德為傳記作者同行抗辯了「反傳記」立場的指責，僅到此為止。他沒提自述者的觀點是因什麼感情而發，似乎未留意個人生活與工作成就之間的根本衝突，以及隱瞞的根本必要性。影響自述的主要因素是個人的稟賦天資，對塵世生活感到難堪的也是這份稟賦天資。即使它付出的一切努力都是為了降入人世，在這世界上大大施展一番，它卻始終不大能接受人情世故。

和傳記作者敵對的，不只是傳記主角及其家人、密藏著信函與回憶的忠實友人、看著他從小長大的人、封鎖起來的文件。他的這份稟賦也反對用那些以事實本身為根據的合理解釋法交代過去，代蒙在一手策劃弄虛造假。有時候，傳記主角的後代似乎覺得先人雖亡猶在，監控著他們嚴守祕密。

馬爾康（Janet Malcolm）曾說心理分析是「不可能從事的行業」。作傳可以成為另一個不可能的行業，因為傳記自稱在敘述的這個人物並不全然是一個人，這與心理分析者的情況相同——所要分析的對象是隨委託人而來的隱形精神狀態。寫傳記的人要在個人生平可看見的事物中，找到那看不見的幽靈。謹守著事實講的傳記故事，會發現無形力量牽動傳記主角生命的清楚跡象。

艾普斯坦（William H. Epstein）在《認識傳記》（*Recognizing Biography*）一書中指出：「傳記學從未有過一套公認的術語和行事協議，一套可以擁護或反對的寫作理論。」[40]這種不確定伴隨寫作領域的真假莫辨而來，寫傳記的人從此不再存有幻想。這倒不是作者對傳記主角灰心失望（被謊話騙得團團轉的人往往會把這種失望表達成憤怒），而是對只看正確事實的世人不再存有幻想。這種幻象破滅是令人心曠神怡的，可以使寫傳記的人接受一種更為宜人的幻想，亦即是代蒙的真實，因為生活與工作都是代蒙慫恿的。果真如此，也是橡實原理對於傳記理論的一點貢獻。

工作與生活、稟賦與個人，彼此相對重量如何，這個問題總令人覺得難以拿捏。自大與自慚始終在交替著，反映在言行上就是一般所說的狂躁與沮喪。兩者如何平衡？研究美洲印地安人的人類學家胡特．克蘭茲（Hultkrantz）說，聚居北美洲西北海岸的貝拉庫拉族（Bella Coola）自有妙方。他們說，靈魂圖像「很小，卻有很大的威力」。聖胡安族（San Juan）則把「心的靈魂」比為玉米粒。[41]

傳記主角同時感受到玉米粒（或殼中之仁）的微小與力量。傳記一方面抬高傳記主角，一方面又用人性的陰影緊隨稟賦而將主角貶低。有一部以小說家勞倫斯（D. H. Lawrence, 1885-1930）為主角的傳記，書名即是《一位天才的肖像》（*Portrait of a Genius*）。寫傳記的人為什麼想寫？我們為什麼想讀？是為了想一睹天才異數的模樣，想看的不是葛萊斯比先生和瓦勒先生，而是「暈頭」和「胖子」（他們的綽號）。

代蒙說話時，它講的是：我說的拆裝手錶的故事（福特），我說的在貧窮環境中靠自己奮鬥的故事（伯恩斯坦），正是事實。我說的杜撰故事，更能呈現我的本來面目。這些故事可以做我生平表現的後盾。我讀生命故事是倒溯讀的。我講的是天資稟賦的故事，不是小林頓（詹森）、小萊尼（伯恩斯坦）、小李奧波德（史托考夫斯基的名字）的故事。心中圖像迫使這些人，把童年扭轉成為不平常。所以我必須說出扭曲的故事才能道出實情。故事必須能配得上天資的獨特性。一般都市猶太家庭起居（伯恩斯坦）、一般農家少年的雜務（福特）、一般偏遠山區生活的動與靜（詹森），實在都不夠資格，而且可能令伴著他們降生的守護神靈不舒服。

自然本性喜好隱藏

史托考夫斯基一生都在護衛著他的守護神靈，不讓它被寫到錯誤的故事裡，以免它被扼殺了。佛洛伊德二十九歲的時候，尚未成名、尚未提出任何留傳後世的理論之前，就已經懂得隱瞞之道。他放這一把保護的銷毀之火，必是因為有先見之明。為了保護他的天才，他得維護這天才生存的故事，以免這看不見的天才被貶為庸碌而真正遁於無形了。

我們看到傳記裡有造假的童年、少年故事時，應該發揮想像力去找出其中的「殼仁」。我們看見的吹牛虛構並不僅僅是掩飾、白日夢、自大妄想，而是害怕傳記所寫的故事喧賓奪主，霸占靈魂的地盤。

作傳的人總得刺探偷窺，以便找到看不見的。不是因為當事者隱瞞而看不見，是因為殼仁本來就是看不見的。古希臘哲學家赫拉克立特（Heraclitus, 540-470 B.C.）說：「自然本性喜好隱藏。」人性的橡實亦然。它一直隱藏在看得見的事物之後，只用它前面的這些偽裝呈現自己。作傳的人在偽裝中穿梭，必須用心的眼睛搜尋，才能找到肉眼所未見的。

註釋 NOTES

1 編註：馬克・吐溫（Mark Twain, 1835-1910），原名塞姆・克列門斯（Samuel Langhorne Clemens），美國幽默大師、小說家、作家、演說家，是十九世紀後期美國現實主義文學的傑出代表，知名作品有《湯姆歷險記》、《頑童歷險記》等。

2 原註1：Jean-Claude Baker and Chris Chase, *Josephine: The Hungry Heart* (New York: Random House, 1993), 12.

3 編註：德拉克瓦（Eugène Delacroix, 1798-1863），法國著名畫家，繼承和發展了文藝復興以來歐洲各藝術流派的成就和傳統，熱心發展色彩的作用，成為浪漫主義畫派的典型代表，有「浪漫主義的獅子」之稱。他的畫對後來的印象派及梵谷有很大的影響。德拉克瓦是法國人的驕傲，羅浮宮規劃好幾間展室專門保存他的作品。

4 編註：泰列朗（Charles Maurice de Talleyrand-Perigord, 1754-1838），法國政治家，外交家，拿破崙戰爭後於維也納會議時，成功利用列強之間的矛盾保護法國的利益。

5 原註2：Timothy Wilson-Smith, *Delacroix – A Life* (London: Constable, 1992), 21.

6 原註3：Maurice Zolotow, *Shooting Star: A Biography of John Wayne* (New York: Simon and Schuster, 1974), 37.

7 原註4：Robert A. Caro, "Lyndon Johnson and the Roots of Power," in *Extraordinary Lives: The Art and Craft of American Biography* (Boston: Houghton Mifflin, 1988), 218.

8 原註5：Tad Szulc, *Fidel: A Critical Portrait* (New York: William Morrow, 1986), 112.

9 原註6：John Raymond, *Simenon in Court* (New York: Harcourt, Brace and World, 1968), 35.

10 原註7：Victor Seroff, *The Real Isadora* (New York: Dial Press, 1971), 14.

11 原註8：Joan Peyser, *Leonard Bernstein* (London: Bantam, 1987), 12.

12 原註9：Robert Lacey, *Ford: The Men and the Machine* (Boston: Little, Brown, 1986), 10.

13 編註：季辛吉（Henry Kissinger, 1923-），一九七三至一九七七年擔任美國國務卿，當代地緣政治理論最具影響力的評論人之一，其公職生涯中眾多令人稱道的成就裡，其中一項就是對於中美關係正常化所作出的貢獻。他於一九七三年獲得諾貝爾和平獎。

14 原註10：所有關於季辛吉的事蹟都引自：Walter Isaacson, *Kissinger: A Biography* (New York: Simon and Schuster, 1992), 26-27.

15 編註：亨利・詹姆斯（Henry James, 1843-1916），美國小說大家，心理分析小說的開創者，意識流寫作技巧的先驅，其創作以小說為主，也寫許多文學評論、遊記、傳記和劇本。他的小說常寫美國人和歐洲人之間交往的問題；成人的罪惡如何影響並摧殘純潔、聰慧的兒童；物質與精神之間的矛盾；藝術家的孤獨；作家和藝術家的生活等。代表作《一位女士的畫像》。

16 原註11：Michael Holroyd, "Literary and Historical Biography," in *New Directions in Biography*, A. M. Friedson, ed. (Manoa: Univ. of Hawaii Press, 1981).

17 編註：薩克雷（William Makepeace Thackeray, 1811-1863），與狄更斯齊名的維多利亞時代的英國小說家，代表作《浮華世界》。

18 編註：阿諾德（Matthew Arnold, 1822-1888），英國詩人，評論家。四十歲之前以詩歌創作聞名，之後轉向文藝、文化批評和神學創作。其文筆秀麗、真誠，詩歌介於浪漫主義與現代主義之間；他的批評性文章則是以理性主義為主並加入諷刺的成分，給予讀者更多的思考空間。

19 編註：喬治・艾略特（George Eliot, 1819-1880），英國維多利亞時代三大小說家之一，與狄更斯和薩克雷齊名。喬治・艾略特慣以深刻剖析平凡小人物之心理，開創現代小說通常採用的心理分析創作方式，代表作《織工馬南傳》。

20 編註：納博科夫（Vladimir Vladimirovich Nabokov, 1899-1977），俄裔美國作家，二十世紀傑出的文體家、批評家、翻譯家、詩人、教授以及鱗翅目昆蟲學家，被視為俄國流亡世代中最優秀的作家，其聲譽在晚年達到頂峰，被譽為「當代小說之王」。代表作《羅麗塔》。

21 原註12：Leon Edel, *Writing Lives – Principia Biographica* (New York: W. W. Norton, 1984), 20-21.

22 編註：薇拉・凱瑟（Willa Cather, 1873-1947），美國西部拓荒文學的先鋒人物，被譽為物質文明中精神之美的捍衛者，一九二三年獲普立茲獎，作品以描寫女性及美國早期移民的拓荒開墾生活著名，七〇年代後入選美國「十六大現代作家」之列，甚至與福克納、海明威等大作家齊名。

23 原註**13**：Carolyn G. Heilbrun, *Writing a Woman's Life* (New York: W. W. Norton, 1988), 14.

24 原註**14**：Isaacson, *Kissinger*, 26.

25 編註：布里茲涅夫（Leonid Brezhnev, 1906-1982），蘇聯政治家，曾任蘇聯共產黨中央委員會總書記、蘇聯最高蘇維埃主席團主席（國家元首）。在任期間，蘇聯軍事力量大增，核武數量超過美國，蘇聯成為軍事上的超級強國；對社會主義國家推行有限主權論；執政後期，經濟改革趨於保守，大搞個人崇拜，蘇聯經濟陷於停滯。

26 原註**15**：Seroff, *The Real Isadora*, 14. 50.

27 原註**16**：American Psychiatric Association Staff, *Diagnostic and Statistical Manual of Mental Disorder*, 3d ed., vol. 3 (Washington, D.C.: American Psychiatric Press, 1987), 301.51.

28 編註：科爾薩科夫氏症候群（Korsakoff's syndrome），又稱健忘症候群，是一種大腦缺乏硫胺（維生素B1）而引起的精神障礙，由俄國神經學家謝爾蓋・科爾薩科夫（Sergei Korsakoff）最先發現而命名。科爾薩科夫症候群表現為選擇性的認知功能障礙，包括近事遺忘、時間及空間定向障礙。

29 原註**17**：Ake Hultkrantz, *Conceptions of the Soul Among North American Indians* (Stockholm: Statens Etnografiska Museum, 1953).

30 編註：羅慕路斯（Romulus）與瑞摩斯（Remus）是羅馬神話中羅馬城的奠基人。他們是一對雙胞胎，母親是女祭司雷亞・西爾維亞，父親是戰神瑪爾斯。按照傳統羅馬歷史記載，羅慕路斯是羅馬王政時代的首位國王。兄弟倆人後來就新建城市的命名問題而發生爭執，戰鬥中羅慕路斯將瑞摩斯殺死。此後羅慕路斯創立了羅馬軍團和羅馬元老院，並且以搶劫掠奪的方式將羅馬人與薩賓人融合為一個民族。

31 編註：兩人都是爵士樂大師。

32 原註**18**：*The World Almanac and Book of Facts* (New York: Pharos Books, 1991).

33 原註**19**：Evelyn Fox Keller and W. H. Freeman, *A Feeling for the Organism: The Life and Work of Barbara McClintock* (New York: W. H. Freeman, 1983), 20, 36.

34 編註：約翰・厄普代克（John Updike, 1932-2009），享譽英語文壇的小說家、詩人，著有二十多部長篇小說、十幾本短篇小說集，以及詩集、藝術評論、文學評論和童書。一生得獎無數：曾獲美國「國家圖書獎」、「美國圖書獎」、「國家書評獎」、「羅森陶獎」、「霍威爾獎章」及兩次「普立茲獎」、美國藝術文學學院的「小說金質獎」肯定。

35 編註：史托考夫斯基（Leopold Stokowski, 1882-1977），英國指揮家，古典音樂改編家，被譽為音響魔術師，一九〇五年到美國發展，最為人熟知的作品是迪士尼動畫的「幻想曲」(Fantasia)，其對巴哈作品的改編也讓樂迷津津樂道。著名的鋼琴怪傑顧爾德（Glenn Gould）曾說，史托考夫斯基是少數能讓他敬佩的指揮家。

36 原註20：Oliver Daniel, *Stokowski: A Counterpoint of View* (New York: Dodd, Mead, 1982), xxiv, xxv, xxiii, 10.

37 原註21：Abram Chasins, *Leopold Stokowski: A Profile* (New York: Hawthorn Books, 1979), 148-149.

38 原註22：Daniel, *Stokowoski*, 923.

39 原註23：Holroyd, "Literary and Historical Biography," 18.

40 原註24：William H. Epstein, *Recognizing Biography* (Philadelphia: Univ. of Pennsylvania Press, 1987), 6.

41 原註25：Hultkrantz,*Conceptions of the Soul*, 383, 141.

第九章

一窺命運的堂奧

生得這麼一個身體，有這樣一雙父母親，
生在這個地方，有這些所謂的外在環境。
一切發生的事形成統一，結為一體，這是命運之神的諭示。
——摘自普羅提諾的《九章集》（II. 3. 15）

命運之神？我們這成形的命運，圈起它輪廓的線條。
這是神分派給我們的差事；是上天賞給我們的榮耀；
是我們不可踰越的界限；是我們注定的結局。
——摘自雷瑙（Mary Renault）的
《君王必將死》（*The King Must Die*）

普羅提諾曾說：「假如靈魂選了自己的代蒙，選了自己的生命，我們還有能力作決定嗎？」[1]我們哪有自主性可言？我們經歷的一切，我們辛苦作成的決定，其實都是預定好的。我們陷在幻覺的網裡，自以為能左右自己的生命，其實一切都在橡實裡安排好了，我們只是履行那個祕密計畫罷了。

為排除這種錯誤推論，我們必須講明白，橡實的能力範圍有多大、它如何發揮作用、它的力量受什麼局限。如果童年的行為是它促成的，這「促成」又該怎麼講？如果打算好了要某種生活方式，要從事戲劇表演、要研究數學、要投身政壇，這「打算」的範圍有多大？生命橡實連最終結果、死亡的日子都算好了嗎？如果它的威力強得能「決定」你童年該生病、該被學校開除，該如何解釋這「決定性」？此外，如果橡實教人覺得非如此不可，連錯誤也是必然的，這「必然」是什麼意思？

這些問題的答案，都是本書的主旨，必會一一說明，否則只得俯首接受宿命論，或是把這本書當作純幻想。

命運與宿命論

在一個講求凡事不靠別人、贏家獨得一切的文化裡，英雄式的自我要扛起的負擔極重。而宿命論即是英雄式自我引人沉淪的另一面。負擔愈重愈想卸下，或是交給更強的力量——命運——去扛。英雄自我跨海來到新大陸；一手持槍一手拿《聖經》，帶著狗，與拓荒者一同登山涉水；在大西部和約翰．韋恩一同挺立；堅忍對抗全球惡勢力，不懼自然與人為的險阻。

單獨帶著自力奮鬥的命運，置身處處是隱惡的世界中；如果你有這種感覺，這種心理負擔將使人生成為一場艱苦透頂的掙扎。你若不排除萬難繼續前進，在學校就會落後或「成績低於標準」，被送進輔導室去矯治；你得從學前時期就向前進。僅僅為求生存，你就不得不發展、攀爬、防禦、攫取，因為這是生存的英雄式定義。人生簡直沒多大趣味，連小紅帽停下步子來採花的時候，也冷不防有大野狼跳出來。

這樣妄想狂式的定義——人生是一場爭鬥、競爭才得生存、他人非友即敵，使人往宿命論去求得片刻歇息。宿命論說，一切早已注定；一切是神的安排；一切事的發生都有道理在。我不必負責了，因為是命運在肩負世事，我其實是聽諸神擺布的。我活的這個運命是從「必然」的寶座下直接得來的，所以我怎麼選擇都無所謂。

這種想法是宿命論，不是命運的本意。我們所說的柏拉圖比喻的命運三女神（即希臘說的三位摩伊拉），要安排個人的遭遇，指示代蒙伴隨人降生，卻不預定人生的每一件大小事。

希臘人的看法是這樣的：「人會遭遇到事情，既然已經發生，可見非發生不可。」[2]所謂 Post hoc, ego propter hoc（原在其後，故其為因）；事情發生後（post hoc），我們解釋使此事發生的原因（ergo propter hoc）。一九八七年十月美國股市崩盤並非事先注定，是在事發之後，我們再找出崩盤必得在那時候發生的「原因」。

命運的眼神

在希臘人看來，應該是命運促使這種不幸的事發生。但命運只會帶來那些古怪不尋常的事，並非每件微小的事都在神明的安排之中；否則就落入宿命論，讓神祕學者的占卜板上出現徵兆，讓我們一邊虔誠地臣服於命運，一邊又帶著些許惱怒與之對抗。

所以，把命運想像成一種短暫的「干擾變項」，或許更適切一些。德國人使用「augenblicksgott」來形容瞬間的小神靈，在眨眼之間閃過，帶來極為片刻的作用。篤信宗教的人可能說這是「代禱天使」。命運不會如影隨形，不會與你同行，和你談話，在每個危機時刻拉著你的手鼓勵你。命運會在你料想不到的時地出面，也許狡猾地眨眼，也許猛然推你一把。

假設你在研究行情之後把股票賣了，第二天就有公司被收購的消息公布，你才賣的股票漲了三成。你的船將要划到終線，風突然停了，對手的船以一秒之差超前贏了你。遇到這兩種情況，你會怎麼做？如果你從此不再買股票，把錢都換成金條藏在床底下，因為相信你命中不該投資股票；如果你認定自己沒有贏划船冠軍的命，沒有贏過別人的命，沒有划船的命，你相信風突然停是一個兆頭，於是你把船賣掉，改從事攀爬岩壁的運動，或自顧自地憂鬱傷感；這都是「你的」選擇，因為「你」在股市變化和風向之中看出意義而作出這樣的決定。

在不幸的事件中看見「命運插手」，會使事件帶有重要含意，也使人有所省思。但是，相信行情起落的時間和一秒之差的輸贏在決定你的一生，這就是宿命論了。宿命的人會把一切交給命運；不必投票，不必反對開放槍枝，不必加入「反對喝酒開車媽媽聯盟」，連消防隊也不必設了，反正該燒的就會燒，該來的也躲不掉。要做什麼事，先卜一卦，卦象會告訴你命中該如何如何。這就是宿命。

看懂命運狡猾眨眼的含意是一種省思行為。宿命卻是一種感受狀態，不思考，不求甚解，不仔細推理。不但不透徹思考，反而陷在萬事由天的情緒裡。相信宿命論的人用天意解釋一切，不論有什麼事發生，都可以扯到「我命該如此」的結論上，宿命論可以使人舒服安分，因為宿命論不會提出疑問，不必檢視事情的來龍去脈。

命運只掌管一部分

命運在希臘文是moira（摩伊拉），原義是「一份」，「一定數量」。命運只是一部分的影響力。我們的代蒙亦然，代蒙是摩伊拉存在個人之內的形態，在我們生命中也只占「一份」，它召喚生命，卻不主宰生命。[3]

「摩伊拉」這個希臘字的字根是 smer 或 mer，意思是「思想、沉思、考慮、反思、掛心」。[4]這個字要求我們謹慎思考事情，明白哪一部分是從別處而發、不可解釋的，哪一部分是歸我，是我所做、我能做、我可以做而未做的。摩伊拉不由我掌握，而摩伊拉只是一部分。我不能把自己的行為、能力、做出來的成果，以及挫敗，全部交到命運和諸神手上，也不能全部推給橡實的意願。命運並不卸除我的責任，反而要求我多擔負責任，尤其是思考分析的責任。

我說的辯識並不是簡化的精神分析，也不將事物歸咎於某個原因，比如：「是代蒙、是命運，我注定在股市交易中犯錯。我的父親從沒教過我，我的母親花錢如流水，我小時候沒拿過零用錢，根本沒有機會學習理財。我總是自我毀滅……」就這樣一連串地歸因，最終又回到了親職的謬誤。

希臘人面對不祥或難解的事情時，會祈求神諭，探問遇到障礙，或有所請求，應該要對哪一位神明獻祭。[5]他們的做法是為了讓問題更具體，並且正確地取悅神明。希臘人試著去發現，是哪一個命數、哪一隻命運之手，需要我們去注意和銘記。

愛爾蘭人總在做任何微小計劃時習慣說上一句「Deo concedente」或「上帝保佑」，這時候我們會想起命運所承擔的部分；比如計劃明天要搭火車，我們會說：「到時車站見，上帝保佑。」我想去、我會安排前往，但也可能會有阻撓，因此我說 Deo concedente，或敲敲木頭，[6]別忘了命運所掌管的那個部分。虔誠的老猶太教徒幾乎每說一句話，都不會忘記可能有某些意外會干擾甚至違反他的意圖。

說到命運無可預期的干擾，於是我們又想起了代蒙，因為代蒙總是突然到來，介入干擾我的意圖，有時候是難過地躊躇著，有時候則突然對什麼東西深深迷戀。這些驚奇和意外讓人感覺微細而又不合情理，你常會把它們拋在一邊；然而它們又常常會證明自身的重要性，讓你事後不得不嘆一聲：「命！」

目的與目的論

宿命的感覺是：我一生中發生的事，是為一個遙遠模糊的目標作準備。我注定要走入某一行，注定要成功，或是遭殃、受委屈、走霉運，注定要於某日以某狀而死。我生來的這個命運把我朝某個目的拉。目的論（teleology）所指的觀念即是：凡事都是受一個目的牽動而朝著確定的結局發展。

「目的因」與我們一般所想的「起因」是相反的。因果論要問：「為什麼原因而起？」以為凡事是過去種下的因在推著。目的論問：「用意何在？目的何在？」認為凡事是被目的拉動的。

終極目的論（finalism），也是目的論的別稱，主張每一個人，宇宙亦然，在朝著一個最終的目標移動。目標的種類很多：重回上帝身邊且罪惡贖盡；一切緩緩同質化而趨於靜止；意識不斷發展、物質分散為精神；較好或較壞的來生；大災難或神的救恩。

目的論使生命有了邏輯條理，合理解釋了生命的遠程目標。按目的論的理解，生命中不論發生什麼事，都在證實這遙遠的目的之存在，可以是上帝旨意、神的安徘等等。

如果去掉「論」（-logy）而只看「目的」（telos），則可恢復其原始（來自亞里斯多德）的含意：「為了某些因由和利益。」[7]我到店裡去買麵包和牛奶，不是因為我被增進人類福祉的目標拉去；不是因為有一套統御一切行為的確定原則。我為什麼要結婚生孩子？為什麼要租一部車開去店裡給小孩買東西？所有這些「為什麼」，都可以用一個終極目的論的回答來解決。但是「目的」只是指向一個有限的、具體的原因，道出我這一個行動的理由。我們想像每個行動都有其目的，但卻沒有籠統而超越一切的目標在背後，因為這樣的話就會落入目的論或終極論。

那麼是為什麼而去？只問「目的因」的話，可以有很明確的答案：去給家人買早餐。不必多談早餐的哲學：關懷的神學意義、早上這一餐的象徵意義、責任的道德意義、「家庭價值」的政治口號、需求的心理學、食品成本的經濟學、新陳代謝作用的生理學。早餐的哲學很多，都可滿足目的論的人生觀。可是，跑到店裡去買麵包牛奶的「目的」只是為吃早餐罷了。

橡實似乎正是按這種有限的模式而作用。它不會耽於久遠的哲學思想，它擾動人的心，叫人發脾氣——如曼紐因之摔小提琴。它挑激、召喚、命令，但不大會提出堂皇的目標。

「目的」的拉力可能很猛；讓人覺得被目的充塞。但目的究竟是什麼、該怎樣去達成，依然不明確。目的也可能是雙重的或三重的，分不清要從歌或從舞，要繪畫或寫作。目的通常不會以清楚框架好的目標物出現，它比較接近一種不安分不明白的衝動，連帶著確知不可等閒視之的意識。

橡實沒有目的論藍圖

瑞典電影及戲劇導演柏格曼[8]的兩則童年故事，可以解釋橡實那種不明確的勢在必行。柏格曼在《放映機：一部自傳》（*The Magic Lantern: An Autobiography*）之中說，他小時候會說謊，時常分不清幻想與事實，按他自己說的，是分不清「魔法與燕麥粥」。七歲時，大人帶他去看馬戲團表演，這件事「使我進入狂熱興奮狀態」，關鍵時刻是當他看見

> 一位年輕女郎，身穿白衣，騎著一匹高大的黑色種馬繞著場子跑。

我被愛慕之情征服。她成了我幻想遊戲中的人物，我給她取名為愛絲美麗妲……。我叫課堂裡與我鄰座的尼瑟發誓守密，然後告訴他說，我爸媽已經把我賣給舒曼馬戲團，過不久我就要輟學離開家，到馬戲團受雜耍訓練，要和愛絲美麗妲一起表演，她被全世界公認是最美的女人。第二天，我的幻想就被洩露而遭到褻瀆。

我的導師認為滋事體大，寫了一封言語激動的信給我母親。結果演出了一場可怕的審訊，我被逼得招供，在家和學校都受辱而丟盡面子。

五十年後，我問母親是否記得我這個賣到馬戲團的故事……。沒人問過一個七歲大的孩子希望離家被賣入馬戲團的更深層原因嗎？母親回答說，那時他們已經在為我多次說謊胡思亂想的事困擾不已。她在傷心之餘曾去諮詢小兒科醫生。醫生強調，小孩子應當及早學會分辨幻想與事實。那次遇上我又扯這種滔天大謊，所以必須處罰我。

我找那個出賣了我的朋友報仇，拿著我哥哥的帶鞘刀在操場上追他。後來有位女老師來擋在我和他之間，我也想要殺她。

我被學校開除，又挨了一頓痛打。後來我那不忠實的朋友染了小兒麻痺症而死，這很令我高興……。

此後我仍舊幻想愛絲美麗妲，我和她的奇遇愈來愈危險，我們的愛愈來愈熱情。[9]

這樁事包羅的意義很多：迫不及待要找到魔幻與真實這兩個領域結合的地方（馬戲團）；初遇靈魂圖像的阿妮瑪（anima）——騎在黑馬上的白衣女郎，以及對戀愛按捺不住的癲狂（浪漫幻想是超越時間的，所以年齡小不重要）；為幻象而不惜一死或殺人；老師、醫生、家長所代表的「真實」世界裡的管教對策；「守密」之重要與遭背叛之慘痛經驗，以及隨之而來的幻想與真實的分裂。

這樁事雖然有重要含意，而且凸顯了柏格曼的性格與強烈衝動，卻絲毫沒有揭露他未來的志業，也沒有傳遞什麼訊息。這兒找不出目的論、決定論、終極目的論。

第二個故事與柏格曼從事電影的職志有比較明顯的關係：

> 我得到放映機，比想要得到任何東西都來得殷切。一年前，我第一次去看電影，片子內容講的是一匹馬。片名大概是《黑神駒》（*Black Beauty*）……。對我而言，這便是開端。一股激烈熱度降臨，從此未再離開我。無言的身影把蒼白的臉轉向我，用聽不見的語聲對我最隱祕的情感說話。六十年過去了，一切如舊，那熱度依然保持原樣。

另一個故事是：

耶誕節到了，所有的餐點都擺出來了，就在餐桌席上分發聖誕禮物。裝禮物的籃子拿進來了，父親點一枝雪茄、端一杯甜烈酒，主持儀式，一一分發禮物……。

放映機事件便是在這時候發生。得到它的竟是我哥哥。

我立刻開始嚎叫。我挨了罵，躲在餐桌底下，就在那兒發火，大人叫我馬上閉嘴。我衝到房間裡，又咒又罵，想著要離家出走，終於因悲傷得筋疲力竭而睡著了。

當晚稍後我醒了……。白色的折疊桌上放著我哥哥其他的聖誕禮物和那架放映機，頂上的彎曲管子，形狀美麗的銅鏡頭，放置影片捲的架子。

我迅速作了決定。我把哥哥叫醒，向他提出交易。我要拿我的一百個錫兵玩具跟他交換放映機。由於戴格已經有一大堆錫兵，而且老是在和朋友玩打仗遊戲，我們完成一項令雙方都滿意的協議。

放映機是我的了。

這架機器還包括一個方形的紫盒子，裡面裝著一些玻璃幻燈片，以及一捲深褐色的影片（三十五毫米）……。蓋子上的說明標示影片的名稱是「侯勒夫人」。誰也不知這侯勒夫人是誰，後來我才知道她是地中海國家通俗傳說中的女愛神。

第二天早上，我躲進小孩遊戲室的大衣櫃裡，把放映機放在糖果箱上，點起煤油燈，把光線投向刷白粉的牆壁上……。

> 牆壁上出現一幅草原的景像，一位年輕女子在草原上沉睡，顯然穿著其本國服裝。然後，我轉動機柄！這是難以形容的，我找不出可以表達我當時興奮的言詞。但是我隨時可以記起那金屬燒熱的氣味，衣櫃裡的樟腦丸香和灰塵，曲柄觸著我手的感覺。我仍可以看見牆壁上抖動的長方形影像。
>
> 我轉著機柄，這女人醒了，坐起身子，慢慢站起來，伸開兩臂，旋轉身子，然後從右邊消失了。我如果繼續轉動機柄，她又會躺在原處，然後把一模一樣的動作重來一遍。[10]

柏格曼這個有關放映機的故事，讓我們更清楚區分因果律（由過去所推動）與目的論（被推向某個目標）的差異。如果問：這個小男孩為什麼非要得到放映機不可，甘願用一大堆玩具兵交換？因果律會答：他已經看過一次電影，引發了好奇心。哥哥得到放映機時，引發同胞手足的競爭心態，嫉妒心油然而生。此外，先前馬戲團事件的那匹黑馬，和他記憶中第一部影片《黑神駒》相同，馬戲團事件提供了解放機會（雖然相對於逃往馬戲團，只是被動式的「賣給」馬戲團），以脫離由牧師父親掌控的道德壓抑式家庭。他也可能希望控制母親，即操控女人——，只憑轉動機柄就可以讓女人動起來。

因果律，或亞里斯多德古典哲學的「動力因」（efficient causality），要回答「是什麼發動了作為？」必須回溯一連串假設的相關因素，即一系列按推測應屬相關的事件，每一件都是假定以前一件事為起因的。即便這些環節真的相連，一環牽動一環，最前面的那一環的作用因卻只是猜測。黑馬的形象、迷人的愛絲美麗妲、馬戲團的作用因？是什麼在扣著那最初的、自發的、久久不忘的熱情這一環？我要給的回答是：去問命運。

命運的回答是：柏格曼的橡實蘊含著電影工作，七歲的他已有幻想，甚至更早。當時他不知道那是什麼，也無從預言。是神魔般的力量選中了這兩件事，使愛絲美麗妲那麼迷惑人，使放映機那麼令人愛不釋手。命運沒有目的論的藍圖，沒有把柏格曼日後要拍攝的《魔笛》（*The Magic Flute*）或其他影片事先定為目標。代蒙卻在這兩件事上灌注感情重量——刺激、發燒、興奮、咒罵。這不是鎖定柏格曼的未來命運，而是指出他的命運之路。

目的因才是關鍵

我還要再次說明目的因（telos）與廣義目的論的區別。主要是因為目的因極有用，目的論卻無甚意義。有目的因概念的人，會認為事情發生是有緣故的，從而重視發生的事。事情是為了什麼而發生的，它有用意。小時候的柏格曼不是無端地愛說謊；他編的故事是為他日後的生活方式與事業成就作準備，「說謊」在他從事的工作中不但自有道理，而且是必需的。他在還沒有舞台和劇本發生之前，已經在排戲了。透過目的因的鏡片看他的童年，無謂的說謊、發脾氣、渴望，都是為了表達靈魂的迫切需要。目的因使這些事有了重要意義。

目的論會說出他發脾氣、胡思亂想的目的。如此作預言是貿然之舉，因為柏格曼幼年的說謊行為也有可能是騙子、吹噓推銷員的行為模式。那匹黑馬不一定只往一個方向奔去；愛絲美麗妲、侯勒夫人、放映機投射出來的活動影像，不一定只意謂電影工作，也可能指向繪畫或色情業、時裝設計或男扮女裝癖。如果看了一個小孩有這些行徑，就斷言有個目的論的終極目標在拉他；「你未來是要投身戲劇工作的，女性將是關鍵影響，幻想是適於你的行業，你必須主控全局」，這未免太冒失了。而且，事先知道某一徵候出現的目的何在，會使這徵候的特定用意喪失，這徵候不會受到重視，降低其價值。

佛洛伊德的理論系統可充分闡釋兒童時期的強迫執著是如何發展出來的，但他也強調治療時要有所節制與保留。他不願意精神分析師變成目的論者，即使他認為分析中的所有現象皆存在目的因。

橡實的作為不等於確知長程目標方向的個人嚮導，而比較屬於一種行動作風，一種內在動力，使人覺得發生的事是有其用意的。它使人把本來無關緊要的事看得非同小可，又把理應是重大的時刻看得不那麼嚴重。

不妨說，橡實比較在乎事情的靈魂層面，比較注意什麼對靈魂有益，不那麼留意你以為對自己有益的事。蘇格拉底的代蒙為什麼叫他不要逃避監禁與處死，也就比較容易理解了。

意外中亦大有文章

我們時常感覺得到自己必須做的是什麼。因為心的圖像會提出強烈要求，我們會謹守軌跡前進。比較難解的是意外事件。那些突然刮起的風，把船吹出航道，似乎耽擱了它到達目的港口的行程。這些突然起的風只是干擾嗎？抑或各有其特定用意？它們的力量加起來是否能推著船向前——也許抵達另一個港口？假如你的羅盤方向太固定於遠處的地平線，眼中所見只是為達目的地該朝哪兒走、該怎麼做才能走到那兒，那麼，你就不會看出意外干擾是否有道理在。

不但不易看出意外干擾是否有道理，更糟的是，不能用果斷的眼光從出乎意料的事件中看出價值。許多事情本來就是意外。世界之運轉，既有秩序，也有混亂；力量來自智慧，也來自愚昧。但是，意外之中仍可能大有文章。認為一切早已安排好或一切均屬意外碰巧，都是宿命論與目的論。用有意的眼光看所謂的「意外」，仍能找到故事。

影星蓓蒂．戴維斯[11]七、八歲的時候，在學校扮演聖誕老人。當時聖誕樹上點著真的蠟燭，禮物全都放在聖誕樹下。當她想要貼近聖誕樹時，衣袖碰到蠟燭，火燒到她的服裝和棉花做的假鬍子。

> 我突然著火了。我隨即嚇得大叫。耳邊聽見人聲，我被人用一條地毯裹住……。地毯打

開時，我決定依然閉住眼睛。隨時不忘演戲嘛！我要趁此假裝我眼睛瞎了。「她的眼睛怎麼啦？」我聽了渾身起了一陣快感震顫。那一刻完全在我掌控下。[12]

橡實不曾安排這場火災，蓓蒂．戴維斯卻能把這場意外變成好戲。個人的內在形象能把意外事故納為己有，性格造就了命運。

名人的意外經驗

再看看兩位著名美食家的早年經歷。法拉內（Pierre Franey）在法國勃根第鄉下時，伸手到溪裡摸到正在歇息的鱒魚就一把抓起來，然後用文火煮，拌上有香料的醬吃。他自己養兔子，會殺雞；清早會到野地去找鼹鼠土丘，因為土丘蓋著的蒲公英莖特別甜。按他自己在《食物．法國．美國的回憶錄》（*A Chef's Tale: A Memoir of Food, France, and America*）之中所言，他是「與我們吃的食物親密共處」長大的。[13]他村子裡的小男孩都有同樣的經驗，唯有他心中的圖像把這些都化為專業廚師的精妙烹調。

比爾德（James Beard）自己愛烹飪，也指導別人烹飪，並且撰寫烹飪書籍。他出生時體重十四磅，是四十歲的母親意料之外的過大嬰兒。他的身體似乎是他的靈魂選好的，要嘗遍他未來生涯的所有滋味。他第一次出「意外」，也是「我首度品嚐美味的經歷。我趴著，爬到放蔬菜的簍子裡，挑中一顆大洋蔥便吃了起來，連皮什麼的全吃了。一定是這頓大嚼定下了我的一生。」[14]

邱吉爾十八歲時，在一次激烈的戰鬥遊戲中出了意外，跌裂了頭骨，且有一邊的腎臟破裂。療養期間他「在知性領域裡找到了自己」。[15]這一跌不但被整合到圖像之中，而且補充圖像所需。

小說家巴里的哥哥離家就學期間，在溜冰池中跌破頭骨，因而致死。巴里的母親因喪失她最疼愛的兒子，而隱居臥病多年，年僅六、七歲的巴里就陪在母親病榻旁，想逗母親一笑。母子二人輪流講故事，母親講的是自己的往事，巴里講的則是他自己編的故事。[16]橡實把這次意外、哀傷、臥病都按照奇想小說家巴里的圖像而做過調整了。

作家瑟伯童年時期的一次意外（被兄弟用箭射中）使他一眼失明（晚年全盲），但這意外來的風既未將他帶入航道，也未把他刮離航道。他的圖像屈服遷就，找出目標。一如他經過幾年新聞寫作摸索才找到自己的風格，以及他的漫畫風。[17]

尼克森總統特別喜歡《湯姆歷險記》（*Tom Sawyer*）。美國男孩子喜歡這本書無甚不尋常，況且尼克森很早就酷嗜閱讀寫作。安布羅斯（Stephen E. Ambrose）在《尼克森：一位政治人物之培養》（*Nixon: The Education of a Politician*）中說：「尼克森喜歡湯姆以巧計騙玩伴們替他粉刷籬笆的一段，喜歡到把整段都背下來。過了將近五十年，尼克森（在白宮）還把這段文字一字不差地背出來。」[18]即便在童年的尋常經驗裡，靈魂也能賦予其不尋常的意義。

曾於一九二四年創出仕女必備之「黑色洋裝」的著名時裝設計師香奈爾（Coco Chanel, 1883-1971），二十歲以前的少女時代是在嚴格的修道院孤兒院度過的。這個經驗形同坐監，她的回憶錄對那個地方、那段時光隻字不提。她曾說過：別跟我說我的感受如何……。你曉得，人一生可能不只死一次。」[19]然而，她設計的套裝式樣之簡單樸素，對稱之完美，以及她每每愛用黑、白、灰的顏色，都在描摹她刻意要忘記的修道院經歷。靈魂需要什麼，自會取來一用，而且對於不幸遭遇和意外事故總能作智慧的處理。

智慧的希臘字是 sophia，英文的 philosophy（哲學）由這個字而來，原義是「對智慧之愛」。sophia 還有一個實用方面的解釋，原來是指操控事物的技巧，特別指駕船的舵手而言。有智慧的人懂得掌舵之道；舵手的智慧顯示在他如何略作調整，以配合水、風、重力的意外。把船刮出航道的意外發生時，代蒙的權衡正是這種智慧。這也是「哲學」：喜愛作小小的修正，把似乎不合的整合起來。

「必要的意外」

意外的動向對於主要方針既不構成妨礙，也不產生推力，只是重塑方針的形式，彷彿靈魂為應對生活中的事件而調整了航向和船身。這是一種向下成長的技能，也是解讀事件效應的智慧。

延續與調整同時發生，這不新奇、也不陌生。回溯亞里斯多德的說法，靈魂由身體的結構和運動共同孕育。我們的形體一方面來自生命之初的命運圖像，另一方面隨著我們的運動而不斷變化。這個形體，你可以用不同的字來指稱，比如圖像、代蒙、感召、天使、心靈、橡實、靈魂，但它始終不偏離形體。

有些意外事故會把船淹沒，例如，戰爭創痛造成精神壓力；在刀尖下被強盜逼迫；高速駕駛導致車禍受傷；一再遭受虐待。有些人似乎能硬撐過去；有的人卻陷在泥淖裡而無力自拔。是否因為橡實受傷太重，傷口合不起來，船舵破到舵手也無能為力的程度了？

宿命論的回答：一切操在諸神之手。終極目的論說：一切都是因為有一個隱藏的目的，屬於你的成長過程。英雄主義說：把陰影吞了或宰了，把災難拋到腦後，繼續你的生命。以上的回答，都在分解意外這個範疇，化入宿命論、終極目的論、英雄主義之內。

我卻主張意外確實為一個存在範疇。意外迫使我們思索生命。重大的意外發生時，我們會尋找解釋；這是什麼意思？它為什麼發生？它要我做什麼？在意外過後繼續權衡得失，也許這樁意外永遠融不到靈魂圖像之中，卻可藉著增添困惑、脆弱性、傷疤，使圖像的完整性更加鞏固。

心理學的發展理論會把邱吉爾、香奈爾、瑟伯、巴里遭遇的意外事故當作典型的青少年期創傷，這種創傷會漸漸昇華、被轉換、被吸收，因為時間能夠療傷止痛。

橡實原理卻認為，邱吉爾跌傷、瑟伯一眼失明、巴里母親的喪子之痛、香奈爾在修道院的閉鎖生活，都正適合他們各自的橡實。這些年少時代的意外不是天意安排，不是橡實預料中的。這些始料未及的事端也不會決定以後的生涯，不會迫使生命走上一條已經確定的路。這些事端是意外，卻也是必要的，不妨稱之為「必要的意外」。意外事端只是手段方法，目的是讓靈魂的召喚出現，讓橡實的圖像現身。邱吉爾的經歷是猛然跌撞之後的緩慢復原；巴里和香奈爾的經歷都是長時間的幽閉。香奈爾在孤兒院學到了一絲不苟的紀律，巴里則是練就編故事的本領。他們都能各取所需，正如尼克森的固有圖像吸收了湯姆騙人的伎倆。

必然女神大顯身手

記得柏拉圖說的厄耳神話嗎？女神阿南刻（Ananke），又名「必然」，端坐於寶座之上，周圍環繞著她的女兒們——命運女神，以及隨侍的助手們。個人的靈魂選擇了什麼遭遇，阿南刻便確定為必然——不是意外、不是好事或壞事、不是預料或擔保，只是必然罷了。我們經歷的都是必須經歷的。但是，對誰而言是必須的呢？對她，必然的女神。

阿南刻是誰？她代表什麼？首先要知道，她是宇宙間極強的力量。柏拉圖舉出的宇宙力只有兩種：理智（nous）與必然（ananke）。[20]理智解釋我們所能理解之事——合理的法則與模式。必然的作用是「可變的」因——可變的也可以解釋為「不確定的」、「漫無目標的」、「遊蕩的」。

一件事若是突兀的、似乎怪怪的、脫離了慣常模式的，那就很有可能是必然女神的功勞。她雖然決定了你的命運，她發揮影響的方式卻是非理性的。生命，甚至你自己的生命，之所以難以理解的原因就在此。靈魂的遭遇按非理性的原則而來，遵循的法則是無確定目標而漫遊的必然。難怪我們愛讀傳記和自傳，因為這些故事讓我們見識到非理性的必然如何在人生之中作用。必然的主宰力雖然是絕對而不可更改的，其超乎因果與人類意志的決定力卻是不確定、不可預料的。

本書前面幾章已經提過「因」的非理性：小孩子迷戀怪異幻想的低俗故事書（第七章）；本來上台表演舞蹈的艾拉．費茲傑羅突然唱了歌；麥克林托克考試時忘了自己的名字。我們也從許多人被學校開除、排斥之中，從恩師貴人慧眼識英雄的例子中，看見漫遊的因在那兒作用

（第五章）。我們其實一直跟著必然女神漫無目標的腳步，觀看她如何行事，感受她那無從解釋且不可否認的威力。

遠古的圖像具體化了這股無可否認的威力，ananke 的字源帶著深遠意義。Ananke 一詞來自古埃及語、阿卡德語、迦勒底語、希伯來語，即「狹隘」、「咽喉」、「扼制」、「緊束」之意，指的是套在俘虜頭上的枷鎖和頸環。[21] Ananke 抓住你的咽喉、囚禁你，將你視作奴隸般驅策。

神話圖像與疾病糾纏不清，榮格一語道破：「上帝已成為疾病。」疾病以精練、強烈的形式體現上帝的力量，給你帶來心絞痛或焦慮症，阻礙你的自由行動。心絞痛（angina）和焦慮（anxiety）這兩個字正是源自 ananke。

人不可能逃避必然。康德曾說，「必然」（Notwendigkeit）的意思就是「不可能是別樣」。我們按這個觀點來看生命，就很容易理解了；我們既有的狀態不論是什麼樣，都不可能是別樣。人生沒有可遺憾的，沒有走錯的路，沒有真正的錯誤。用必然的眼光看，我們所做所為只是本來就要做的。如艾略特的詩中所說：「原本可能發生的事是一種空想／保持著永恆的可能性／只在一個臆測的世界裡。／原本可能發生與已經發生的／指向一個終點，那始終是現在。」[22]

難卻悔恨自責感

我們做一件事，作一個決定，都以為是有選擇空間的。選擇權、個人意志、決定、抉擇，這些都是幫自我壯大聲勢的口號。必然女神卻冷笑著說，不論你怎麼抉擇，都恰恰是必然要求的那樣。不可能是別樣。決定下來的那一刻，決定的即成必然。

既然我生命中的每個決定性時刻都有必然插手其中，我不論怎麼做都怪不得我自己了。我似乎可以把這份責任卸下來——反正任何抉擇都可能發生，或注定會發生。然而，每次面臨抉擇，這毫不容情的主宰女神都令我顫抖不安，只因為她的非理性是不可預測的。一定要等到事過境遷，我才看出一切都是不得不然的。

既然如此，錯誤何在？人怎會犯錯？又為什麼會自覺有愧？假如一切已發生的事都是不得不然，又如何解釋悔恨？

假使我不論如何抉擇，「必然」都能把它納入不得不然，那麼，必然就應當是一種包括的原則，它能調整每個生命的圖像，以便一一收納這個生命的所有行為，不論是什麼行為。我們的頸子上依然套著枷，但這個枷是可以調整的。必然的枷使我們覺得彷彿總是被困住，總是環境條件下的犧牲者，時時渴望解脫。我們也許明明知道該來的就會來，卻仍有一股悔恨自責感。必然就說，悔恨自責也是我們這個枷的必要部分，但這種感覺並不表示我們本來就可以不這麼做，或應該不這麼做。

按這樣來理解必然，會使犯錯有了悲劇意味，而不致把犯錯看成應懺悔的罪或應予補救的意外。已發生的事，不可能是別樣，發生之前也不可能安排成別樣。發生的大小，鑄成大錯的失足，無一例外都屬於生命的一部分，必然的過程要到嚥氣的一刻才達終點。

能躲則躲，逃避不是罪

必須有很寬的心，才能容受特別緊的枷。我們遇上莫名其妙的病理性情況，多半會抗拒。對於這種擾亂，我們多半打算置之不理，直到心發出了召喚，我們才注意到它可能是重要的、可能是必然的。頭腦不會輕易屈服，心的召喚與頭腦的打算通常會有一番拉鋸戰。這種人人皆有的衝突，呈現了柏拉圖所說的理智與非理性必然之戰。

當然，頭腦可以用拖延、壓抑、背叛來對付心的召喚。背叛了召喚，不一定就得受懲罰而萬劫不復。代蒙未必是窮追不捨之魔。必然女神並沒有一位女兒名叫復仇。真正的必然，只限於指非如此不可的，或是指無論如何躲不掉的。能躲則躲，逃避不是罪，必然女神不是專作道德評判的。縮頭逃脫與毅然伸頭挨一刀，同樣可能是個人靈魂圖像的一部分。

哈利．胡第尼[23]是一生以逃為志業的人。按照他的傳記《胡第尼的一生與多次死境》（*The*

Life and Many Death of Harry Houdini）所載，「他始終不斷虛構自己的生命」，從而逃脫了「迂腐真相」的監禁。[24]每一個要困住他的陷阱，都被他逃脫，包括他的生平事蹟在內，例如：他的確實出生地（美國威斯康辛州或是匈牙利？），他的出生日期（三月二十四日還是四月六日？），父母給他取的名字（是 Ehrick 抑或 Erik？）。至於他本來的姓氏 Weiss 也被他逃脫，他十七歲時讀了十九世紀法國魔術師伍丹（Robert-Houdin）的生平事蹟，就用「伍丹」給自己造了胡第尼的姓。

胡第尼運用巧妙機智處處克服困境。貧窮、失業、歧視、失敗，這些厄運都困不住他。他表演逃脫絕技，能從任何綑綁鐐銬、監獄牢房、銀行保險庫脫身。最為驚險的一次是，他被繩索鐵鏈綑住，放在金屬棺內沉入冰冷的水底，結果照樣逃脫成功。

他逃出了棺材，卻難逃長期發炎的盲腸在他健壯的體內慢慢形成的死亡。

死亡是絕對的必然

胡第尼的故事不像鬥牛士馬諾列特的嗎？不像你我的嗎？橡實以回溯的眼光看生命故事，看見那頭公牛在等著馬諾列特，正如盲腸炎在等著胡第尼。那是無法逃避的必然，一直尾隨著他的橡實蘊含的絕佳技術與拚鬥豪氣，直到他生命結束的那一天，他臨終時對妻子說：「我厭倦了，不能再拚了。」即便是逃脫大師，也得承受必然。非理性的枷鎖就在眼前，卻也是看不見的。

愈是能忠於代蒙，就愈接近命中必然的終點。我們期望代蒙能預卜死之將至，會在搭飛機之前、在突患重病的時候問它，這是我的命嗎？是現在就來嗎？然而，心的召喚似乎是毫無疑問的必然之時，死亡也會現身。我們對自己說：「假如我做了我真正非做不可的，我會因而喪命；可是，假使我不去做，我不如死掉。」要點似乎仍在要不要回應召喚。

職志與命運有此密不可分的關係，也許正是我們逃避代蒙、不相信代蒙理論的原因所在。多數人會發明並且主張的那些理論，會把我們和父母親的支配力纏在一起，用社會學的制約與遺傳學的決定因素妨礙我們的行動；從而逃避了一件事實——這些影響我們命運的力量遠遠不及死亡。死是唯一的絕對必然，它主宰著必然女神與三個女兒（命運三女神）織成的生命線索之圖樣。這線索的長短，以及它只去不回的走向，都是這圖樣的一部分，而它不可能是別的模樣。

註釋 NOTES

1 原註 1：Plotinus, *Enneads*, vol. 3, trans. A. H. Armstrong, Loeb ed. (Cambridge, Mass.: Harvard Univ. Press, 1967), 4.5.

2 原註 2：E. R. Dodds, *The Greeks and the Irrational* (Berkeley: Univ. of California Press, 1951), 6.

3 原註 3：Ibid., 23.

4 原註 4：B. C. Dietrich, *Death, Fate and the Gods: Development of a Religious Idea in Greek Popular Belief and in Homer* (London: Athlone Press, Univ. of London, 1965), 340。也可見William Chase Greene, *Moira: Fate, Good, and Evil in Greek Thought* (New York: Harper Torchbooks, 1963)。

5 原註 5：H. W. Parke, *The Oracles of Zeus: Dodona, Olympia, Ammon* (Oxford: Basil Blackwell, 1967).

6 編註：「touch the wood」或「knock on the wood」，說著還會用手指頭輕敲幾下桌面，意即「老天保佑」。這習俗來自西方的驅邪傳統，據說古時候人們相信樹木裡住著許多精靈，所以在講話的同時若輕敲幾下桌面，就能趕走邪惡的精靈，而所說的話也就不會被邪靈聽見而壞了好事。

7 原註 6：Aristotle, *Physics II*, trans. R. P. Hardie and R. K. Gaye, in *The Works of Aristotle*, W. D. Ross, ed. (Oxford: Clarendon Press, 1930), 3.194b.

8 編註：柏格曼（Ingmar Bergman, 1918-2007），瑞典導演，出生路德會傳教士家庭，導演過六十二部電影，多數自行編劇，大部分的電影都取景自故鄉瑞典，主題多是冷酷的，處理痛苦與瘋狂，在憂鬱與絕望中也發現喜劇與希望；最著名的作品包括《第七封印》（*het Sjunde inseglet*, 1957）與《野草莓》（*Smultronstället*, 1957）。除電影外，他也執導超過一百七十場的戲劇。柏格曼被譽為近代電影最偉大且最有影響力的導演之一。

9 原註 7：Ingmar Bergman, *The Magic Lantern: An Autobiography*, trans. Joan Tate (London: Hamish Hamilton, 1988).

10 原註 8：Ibid.

11 編註：蓓蒂・戴維斯（Bette Davis, 1908-1989），美國電影、電視和戲劇演員，於一九三五、一九三八年二度獲得奧斯卡獎最佳女主角。

12 原註 9：Bette Davis, *The Lonely Life: An Autobiography* (London: MacDonald, 1963), 23.

13 原註10：Pierre Franey, *A Chef's Tale: A Memoir of Food, France, and America* (New York: Alfred A. Knopf, 1994), 12.

14 原註11：Evan Jones, *Epicurean Delight: The Life and Times of James Beard* (New York: Alfred A. Knopf, 1990), 4.

15 原註12：Victor Goertzel and Mildred G. Goertzel, Cradles of Eminence (Boston: Little, Brown, 1962), 267.

16 原註13：Janet Dunbar, *J. M. Barrie: The Man Behind the Image* (Newton Abbot, England: Readers Union, 1971).

17 原註14：Thomas Kunkel, *Genius in Disguise: Harold Ross of* The New Yorker (New York: Random House, 1995), 326.

18 原註15：Stephen E. Ambrose, *Nixon: The Education of a Politician, 1913-1962* (New York: Simon and Schuster, 1987), 36-37.

19 原註16：Edmonde Charles-Roux, *Chanel: Her Life, Her World-And the Woman Behind the Legend She Herself Created*, trans. Nancy Amphoux (London: Jonathan Cape, 1976), 40.

20 原註17：Francis MacDonald Cornford, *Plato's Cosmology: The "Timaeus" of Plato Translated with a Running Commentary* (London: Routledge and Kegan Paul, 1948).

21 原註18：Heinz Schreckenberg, *Ananke* (Munich: C. H. Beck, 1964).

22 原註19：T. S. Eliot, "Burnt Norton," in *Four Quartets* (London: Faber and Faber 1944).

23 編註：哈利・胡弟尼（Harry Houdini, 1874-1926），生於匈牙利的布達佩斯，一八七八年隨家人移民美國，他被稱為史上最偉大的魔術師、脫逃術大師及特技表演者。

24 原註20：Ruth Brandon, *The Life and Many Deaths of Harry Houdini* (New York: Random House, 1993), 11, 292.

第十章

惡魔天空下

一個魔鬼，天生的魔鬼，他的本性／永遠不受調教；
我對他費的心力／發自仁愛，全是白費，實屬白費！
——摘自莎士比亞的戲劇《暴風雨》（*The Tempest*）

我想，人可以憑殺人大出鋒頭。
「鋒頭」兩個字一直在我腦子裡轉……。
殺了人真的可以讓你出大名哩。
——希考克（Dick Hickcock）

歹徒、罪犯、虐待狂的獄卒、強暴罪的累犯，都是陰暗世界的動物。他們的靈魂也是經由必然女神的裙兜抖落降生的嗎？千年以前普羅提諾就問過這個問題：「邪惡的個性怎可能是諸神賜予的？」[1]天意會教人去殺人嗎？橡實裡會帶著惡種嗎？也許人格變態的罪犯根本沒有靈魂，是嗎？

惡種的問題，也就是邪惡本質的問題，該如何解答？我們且細究一下希特勒這個人。他如果稱不上是有史以來最惡劣的變態兇手，至少也是近代史上之最。

研究希特勒，比同時取多個變態兇殺者作比較研究更有效益。第一，發揮我們先前一直在用的方法：藉檢視極端者來了解常態。第二，我們用一個具代表性的案例，來顯示代蒙如何在性格特徵與習慣行為中表現。第三，經由正視希特勒的滔天大罪，我們要面對他留在這個時代的窮兇極惡。他的惡行不同於一般無冤無仇的連續殺人犯罪，「個人暴行造成的傷害……比起那種因超越自我、效忠集體信仰系統所導致的滅族屠殺，是不值一提的。」[2]

作為後希特勒時代西方世界之中一個有自覺的份子，不但必須記得二十世紀前半期（西方歷史上的希特勒時代）的景象與教訓，也應當反省西方世界如何存在希特勒這種為惡潛能。探討希特勒不止於提出一篇心理變態或政治專橫的研究報告，不僅僅是梅勒[3]、沙特（Jean-Paul Sartre）等人士在文學本行之外作的那種心理變態人物探討。這應是含有儀式意義的心理學探索之舉，是自認有人性自覺者，記取猶太人被滅族屠殺及二次世界大戰所必要的行為。

因為西方心態曾經不自覺地參與了希特勒的惡行，凡是對於那個心態存有同感的人，都可藉探討希特勒而悔悟。因為這一個惡魔選中希特勒為宿主，以無比狠毒的形態出現，希望這一番剖析使它不致再炫惑我們的理智判斷。此外，也要藉此一一說明代蒙暴露惡魔面目、資賦揭示邪惡本相的方式。

把注意力集中在最邪惡之人身上，最大的缺點就是遺漏了那些宵小鼠輩。注視著希特勒，可能錯過了那些更貼近我們的惡魔。隱身的企業管理者和政府官員所做的決策毀壞社區、破壞家庭，還掠奪了自然資源。這些成功的「精神變態者」取悅了群眾、贏得選票。色彩繽紛的電視機如願地傳遞著距離、冷酷與魅力，跟政治、法律、宗教、商業領域中那些光鮮亮麗的領袖完全一致。世界上任何崇尚成功並且功成名就的人都該被懷疑，因為這是一個精神病態的時代。如今的精神病患不再像一九三〇年代黑白犯罪電影裡的過街老鼠一樣躲躲藏藏；他們現在坐在豪華防彈轎車裡，行駛在林蔭大道上進行國事訪問、治理國家，還委派駐聯合國代表。希特勒是屬於老派，可能會把我們的注意力引開而無法看穿現今與未來的惡魔面具。惡魔永遠存在，它會用當代的束裝隱藏自己，為行殺戮而降臨世界。

按可靠的消息來源報導，按可信的歷史學者與傳記作者評估，希特勒的言行習慣確實有以神魔自居、被代蒙附體的跡象。希特所擁有的代蒙跟書中其他人物的不同之處，在於他的人格天性與代蒙的本質——他人格裡的壞種讓他毫不猶豫、毫無反抗地服從代蒙的驅使。

我想要指出的是，榮格理論提供了適當的視角來解讀希特勒現象，本章稍後我也會提出其他的理論模型。惡魔或邪惡天才的概念，有助於我們看待希特勒如何訴諸於日耳曼民族的黑暗號召力，以及如何在邪惡願景的蒙蔽之下形塑出民族精神，並且得到順從與行動支持。看著希特勒的奇幻力量從一顆種子開始而迷惑了千百萬人、哄騙成集體的妖魔化，我們也就比較容易理解那些精神變態的殺人魔如何讓受害者著魔般地順從他們。或許純真比邪惡更神祕。

希特勒的惡種

我們應該揭露希特勒的個性，這是我們的文明社會的命運。我們分兩個層次來看：首先列舉出在傳統概念上符合惡魔、死亡、毀滅的人格特徵；然後再聚焦分析他特定的某些特質，以顯露出在傳記中所看不到的真實樣貌。

1. 冷酷的心

到了後期，希特勒最後一次對區域指揮官說話時提到：「不管發生什麼事，我的心永遠冷酷。」某次全軍會議上，他高度讚揚了戈林，[4]他說戈林「表現出了他的冷酷……。在最艱難的時刻他都一直在我身邊，他總是冰冷。當局勢惡化時，他就讓自己變得冷酷。」[5]

但丁說，地獄最深處是冰層，那裡住著十惡不赦的該隱、猶大和路西弗。[6]各種傳說與迷信，以及中世紀晚期一直到文藝復興時代的宗教法庭，都認為惡魔的陰莖是冰冷的，精液也是冷的。[7]

冷酷的心，其心理特質是堅硬、無法屈服、沒有情感、無法釋懷。歷史學家韋特（Robert Waite）描述希特勒人生的四個階段，證明「他的天性中有某種堅定、頑固、無法動搖的特質……。阿道夫不可能改變他的思想或本性。」[8]在二戰的後期，一九四五年的柏林，「當一位副官提出某些事可以有不一樣的作法時，阿道夫．希特勒吆喝道：『難道你不知道嗎？我不能改變！』」他的所有習慣，包括他的衣著、刷牙的程序、選擇的音樂和電影、他的日程表等等，都是一成不變的。他每天在同一個時間溜狗，始終在同一個地點、往同一個方向扔同一塊木頭。[9]

2. 地獄之火

地獄最常見的代表圖像是火。代蒙長期以來都讓人聯想到火；例如，稟賦被當作是圍繞在頭頂的熾熱光圈，就像天使的光環。希特勒的代蒙利用火來做惡——國會縱火案給了他崛起的舞台；黑夜裡行軍的火把；如火在燃燒的激昂演講；火海中的歐洲城市；死亡集中營的焚化爐與煙囪；他的屍體在柏林被浸泡汽油後燃燒。戰爭開始前幾年（一九三二年），他與勞施寧[10]對談時，早已知道他的下場以及德國的結局；勞施寧當時是納粹黨主要的領導者，後來叛變並且在戰爭前宣布退黨。希特勒對他說：「我們可能被擊敗，但是即使失敗了，我們也要拖著整個世界一起毀滅——以火焰燃燒世界。」[11]然後，他開始哼唱華格納的《諸神的黃昏》（*Götterdämmerung*）。

火有很多象徵意義：轉化、浸洗與重生、溫蘊和教化，以及照亮黑暗。對希特勒來說，火的潛能就只是毀滅——德勒斯登[12]的火焰炸彈是由惡魔所召喚，死神蒞臨人類文明世界而站上最高點。

3. 狼

希特勒早期稱自己為「狼先生」，也把他姊姊的名字改成「狼夫人」。在地堡的最後日子裡，他養了一隻小狗，取名為「狼」，而且不讓別人碰牠。狼的精神特質在他的孩童時期就開始浮現，他的名字阿道夫（Adolf）一字與狼有關。他把三個軍事總部分別命名為「Wolfsschanze」、「Wolfsschlucht」和「Werwolf」，用詞都與狼有關係。他最愛的犬種是德國牧羊犬（wolfshunde）。「他把他的黨衛隊稱作『我的狼群』……他時常不自覺地口哨吹著《誰怕大野狼》。」[13]

這狼性認同的原型力量，至今仍影響著我們；它根植於冷戰格局以及現代歐洲的東西分離。美國情報機關開始相信希特勒手下有一支完整的「狼人部隊」，備有毒氣與祕密武器，使用古老的北歐文字；這支部隊和希特勒駐守在巴伐利亞山脈的最後陣地裡，部署著復仇的恐佈策略。不僅布萊德雷將軍把美軍調往德國南部以應對幻想中的狼群，更出乎史達林意料之外的是，盟軍竟然充許他的軍隊進駐柏林。[14]

暫且不提及狼撫養孤兒的母性象徵，狼其實也被認為是諸多邪惡死神中的一員，這古老的傳統並非只限於德意志文化，而是存在於大多數社會中。[15]

4. 肛門性慾

希特勒做過灌腸，腸胃脹氣讓他極度困擾。他非常迷戀於撫摸與被撫摸，對於飲食、消化與個人衛生相關的事情，有許多偏執的想法。有確鑿的證據表明，他的性愉悅包括被女人玷污。[16]

我們從這裡再次看到他與邪惡力量的連結。惡魔會選擇肛門作為他身體的特殊部位——因此肛交是罪惡，清潔貼近神聖，硫磺味是來自地獄的味道，而惡魔的臉譜以中世紀板畫的風格刻畫在他的臀部。醫療中強制的通便有其神學意義——把壞東西清除掉。像薩德侯爵[17]作品中所描寫的主要聚焦在肛門性慾，是反基督的性行為，站在基督之愛的對立面。那些針對臀部的懲罰，從鞭打到烙印，包括基督教所要求對惡人最殘酷的折磨，都可視為惡魔攻擊它在人體上所躲藏的巢穴。

因此對肛門性慾有了更深遠的想像——肛門性慾對希特勒而言不僅僅是一個人格發展的階段，也解釋了他的偏執與性虐戀。如果肛門是庇護惡靈的情慾帶，那麼對它的癡迷就不僅僅是表現為如廁習慣的偏執，還提供了一個儀式性的象徵場所，讓惡魔得以持續存在。

5. 女人們的自殺

希特勒與好幾個女人有過親密關係或彼此相愛；據一些可靠的資料來源，其中六個女人（幾乎已是全部）相繼自殺或企圖自殺。[18] 其中包括一個名叫米米．瑞特（Mimi Reiter）的少女，希特勒在三十七歲時愛上她，突然結束關係後她便企圖上吊自殺。另一個是他「一生的摯愛」——他的外甥女格莉．勞巴爾（Geli Raubal）。希特勒長期的女友伊娃．布朗（Eva Braun）曾在一九三二年對著心臟開槍自殺，但死裡逃生，只為了履行與希特勒在地堡裡相伴死去的約定。

從心理學的角度，希特勒可能執迷於心靈被打擊的女人，這或許也就是她們走上自我毀滅之路的緣由。或者，我們也可以推測，希特勒的性功能障礙或可能的嗜糞癖導致了這些女人的自我厭惡，而選擇「在恥辱前死亡」。或者，我們再往惡魔的方向想像——跟這個集狼性、地獄之火與冷酷於一身的人維持親密關係，是否讓她們痛不欲生？這些女人是否知道她們愛上的是個魔鬼？

6. 畸形人

馬戲表演的氛圍必須要有服裝、儀隊、節慶和怪異的姿勢（如鴨子步和伸直手臂敬禮），以及畸形人。希特勒長期聘用的私人司機是個身材矮小的人，必須把駕駛座墊高才能看見前方。恩斯特・羅姆[19]被殺後，取代他的衝鋒隊領袖只有一隻眼睛。曾擔任納粹德國時期國民教育與宣傳部部長的約瑟夫・戈培爾，[20]有一隻畸形足。希特勒的官方攝影師是個背部畸形的酒鬼。出版局長麥克思・阿曼（Max Amann）和納粹的第一任財務長都是獨臂，阿曼也是個侏儒，而出版局的主要副手是個聾人。納粹黨黨務中心的領導人馬丁・鮑曼（Martin Bormann）是個酗酒者；副元首魯道夫・赫斯（Rudolf Heß）有妄想症；赫爾曼・戈林是嗎啡上癮者；勞改營的管理人羅伯特・萊伊（Robert Ley）有語言障礙。[21]

第一次世界大戰之後，歐洲在一九二〇、三〇年代，街上盡是身體殘缺、畸形的人，隨處都可看到他們乞討的身影。表現主義藝術作品、歌舞表演的舞台上、夜晚的妓院裡，都是這些怪異的人。然而，希特勒的隨從們擁有不同的境遇，這群怪物成了國家高層，而跟他們有同樣身體缺陷的另一群人，卻計劃性地被推入死亡集中營。

這或許也並非不尋常。魔鬼信仰的歷史中，半人的形象代表野蠻無人性，像是幻想與電影中的鐵鈎手、獨眼海盜、跛腳的追捕者、駝背人一樣，威脅著正常的世界。希特勒最喜歡而且反覆觀看的電影是《金剛》和《白雪公主與七個小矮人》，都是怪物的故事。

美國民主精神最值得稱道的成就之一，就是將殘障者整合到社會中，且賦予法律效力。將「畸形者」融入社會，不僅豐富了社會，也不只是一種悲憫的手段，同時還消除了殘障者身上所象徵的詛咒——在許多社會中，他們仍然被視為邪惡，是來自地獄的惡魔。

7. 缺乏幽默感

怪胎、戲服、劇院、慶典——卻沒有喜劇。希特勒的建築師與裝備部長亞伯特・史佩爾（Albert Speer）說：「希特勒沒有幽默感。」他的貼身祕書說：「我不曾聽過他發自內心的笑聲。」他的少時同伴說：「他完全不會自嘲……，他無法對某些事僅僅付之一笑。」前線的士兵說：「他沒有笑過，也不曾開玩笑。」他憎恨被嘲笑，從不說笑話，也不允許別人開玩笑。[22]

惡魔也許會像個魔術師，他耍機智、扮小丑、跳舞、愛開玩笑——但絕不會有謙遜的幽默感！幽默也意味著滋潤和柔軟，人會變得可親、懂得自省，並且遠離浮誇和自負。幽默把我們釘在世間，是向下成長所必要的（見第二章）。在人間喜劇中，我們因為看到自己的荒誕行為而發出笑聲，這笑聲就像大蒜或十字架那樣有效遏制魔鬼。卓別林的《大獨裁者》（*The Great Dictator*）不只是單純地模仿希特勒，更揭示了那種荒謬、瑣屑，以及邪惡的自我膨脹所帶來的悲劇。

惡魔的一般特徵

藉著觀察希特勒的惡魔性，我們可以理解「惡種」如何作用，並學會辨識惡種。

希特勒學生時代的一位朋友庫比卻克（August Kubizek）曾說，他母親怕看希特勒的眼睛，那是淡藍色的、灼灼逼人的、沒有睫毛的一對眼睛。希特勒的高中老師說他的眼睛「發光」。庫比卻克說：「如果有人問我，少年時代的他什麼地方看得出後來這個人的非凡特質，我只能答：『從他的眼睛看出來。』」希特勒自認眼睛像母親，而她的眼睛令希特勒想起他最欣賞的畫家史徒克（Franz von Stuck）筆下的梅杜莎。[23]希特勒年少時對著鏡子練習銳利刺人的眼光，並且愛玩逼視別人到對方不敢對視的遊戲。英國的老牌法西斯主義者張伯倫（Houston Chamberlain，即華格納的女婿）曾寫信給希特勒說：「您的眼睛如同備有一雙手，因為它們會把人抓住、握牢……。您只憑看一眼便將我的靈魂狀態脫胎換骨。」

約在一九〇九年間，希特勒見到了他智能思維上的導師朗茲（Georg Lanz），這位反猶太人的空想家著述非常多，其中不乏怪誕奇異者，如：《神之動物學》（*Theo-zoology*）或《罪惡猿人類的故事》（*Tales of the Sodom-Ape Men*），《婦權之險惡以及男性操權者之道德規範》（*The Dangers of Women's Rights and the Necessity for a Masculine Morality of Masters*）等。朗茲曾有以下的言論：「高等種族人類最重要且最具影響力的情慾力量在眼睛……。英雄式的情慾行為是用眼睛表達愛。」[24]在許多被希特勒的「英雄式情慾」俘虜的人們之中，有一位曾說：「我望進他的眼睛裡，他看入我的眼睛，於是我心中只有一個願望——回到家裡去與這令我五體投地的偉大經驗獨處。」[25]

「德國的老前輩劇作家」豪普特曼[26]終於親睹希特勒丰采之時，「元首與他握手，注視著他的眼睛。那是名聞遐邇的令人顫抖的目光……。事後豪普特曼告訴友人：『那是我一生最重大的時刻。』」[27]

魔鬼向外望

古來就有「眼睛是靈魂之窗」的說法。那麼，希特勒逼人的目光是否意謂著魔鬼在向外望？他的眼睛是否洩露內在只有冰冷的深淵，是沒有靈魂的空洞？這個問題雖然無人能答，但我們至少不能說這雙眼睛是環境制約的產物。即使眼珠的顏色取決於遺傳因子，那股梅杜莎般懾人的威力，豈能用染色體一筆帶過？

看希特勒的生命故事，也與前面幾章中的傳記一樣，只見一切了然於胸的橡實似乎無懼於任何險阻。希特勒在一九三六年的一次演講中說：「我走上天指給我的路，放心大膽得像夢遊者一般。」他可以大難不死，因為他是預定要擔大任的，因為他與眾不同。一九一四年到一九一八年整個戰爭期間，他置身戰壕中，受過一次皮肉傷，一次因被少量毒氣殃及而眼睛受傷。其他兵士視他為「異種」，是難以親近而不肯與別人打成一片的人。

他的同袍覺得他是有魔法護身而不會死的。按《希特勒：掌權之道》（*Hitler: The Path to Power*）所載：「他的那一團打過三十六場重要戰役……。死亡包圍希特勒有一千餘天，他每每因不尋常的緣故躲過一死。」[28]韋特的《心理變態的神》（*The Psychopathic God*）記述：「他似乎一再找死，但子彈要了別人的命，他卻安然無恙。一次重大攻擊造成軍團嚴重折損，事後某人對希特勒說：『老兄，沒有一顆子彈是衝著你來的。』」[29]透藍（John Toland）所著的《希特勒傳》（*Adolf Hitler*）說，一九二三年希特勒在巴伐利亞奪權失敗的「啤酒廠政變」（Beer Hall Putsch）之中，他的隨身保鏢「衝到希特勒的前面，挨了原來要打他的那六、七發子彈。」[30]一九四四年那次計畫周密的大膽謀刺行動竟然失敗，是一隻失靈的手槍撞針和一條粗桌子腳救了他的命。

有一次，是希特勒十七歲那年，幸運之神負了他。他買了一張彩票，也作好全盤大計畫要如何來花用贏得的彩金。結果他沒中彩，失望得狂怒。讓他放心閉著眼睛往前走的「天意」、摩伊拉、福爾圖娜、幸福女神，這一回令他失望了。我們不要忘記，摩伊拉也是個守護神靈的別名。

希特勒相信命運女神、天意安排、歷史。他自述志向的《我的奮鬥》（*Mein Kampf*），一開頭就講他自己版本的柏拉圖比喻。書中指出，命運之神為他選了奧地利的布勞瑙（Brunau）為降生人世的地方。

他的生命職志教他自命有權在人性世界之外夢遊。在人性世界之外，也等於超越人性世界，到神的世界裡。希特勒的這份把握，教他認為自己永遠是對的。而這種徹底的自信贏得德國上下對他信服，跟著他往錯路上走。絕對的把握、徹底的信心，在那時候，這些都是神靈惡力的徵兆。

不接受勸諫

據希特勒的同母異父兄弟阿洛伊斯（Alois）說，他才七歲時就很專橫，動不動就發脾氣，不肯聽別人勸，正如他後來不聽部下將軍們的意見一般。[31]女人說的話他也一律不聽；他只聽得見他的代蒙，也就是他唯一忠實伴侶的聲音。惡魔的語聲淹沒所有聲音，大權獨攬的人會腐化，道理也在此。神可以無所不知，自以為是神的人也就成了萬事通，因此，希特勒不必聽取別人的意見，反正別人講的不會比他知道的有理。

為了表現自己無所不知，希特勒把大量資料，如軍隊駐守地點、船艦調度與火力、車輛種類都死記下來，用這些東西來制伏發問者，使司令們難堪。這種資料「證明」他比別人都勝一籌，也掩飾了他的欠缺思考、不知反省、沒有與人對談的能力。

希特勒的行為應能教我們自我警惕，以免我們將來選一個在電視搶答比賽中贏得冠軍的人做總統，以免我們教子女相信「資訊高速公路」就是求取知識之路。如果用虛誇大話表達瑣碎無聊是精神病態的蛛絲馬跡，那麼，只重事實資料而不重思考，只重愛國心、政治上或宗教上妥當的「價值」而不重判斷是非，這種教育方針只能培養出一批順利完成高中學業的精神病態國民。

代蒙的超然存在超越了時間，因此它進入的方式只能是向下成長。要從編年式的生命事蹟中掌握代蒙的傳記，必須以「回溯生命」的方式閱讀，也就是以直覺透視（見第四章）。直覺一眼看見整體；時間則把事件串成一條鏈引導至事物的終點。但希特勒的計劃與權力並不是隨著時間而發展——這一切在他年輕時早已具備，一如他在華格納歌劇的崩壞中死去般，早已注定。

希特勒自覺被時間困陷。他常說：「我沒時間。」「時間總是對我們不利。」他從不戴手錶，偶爾帶著懷錶，錶也是停的。他不理會晝夜之分，白天把窗帘緊閉，整夜燈火不熄。他常說，他在世上建立的王國會千年不衰，他自詡其他時代的人物：腓特烈大帝、俾斯麥、耶穌基督。他常患的毛病是失眠症。

時間與因果

時間把一件件事連成一串，成為一個接一個走向終點的事件。種子裡的圖樣卻是所有事件同時並存的，而且要按著這個圖樣全部同時實現。因為靈魂一下子感覺到、看到全部，所以就要這全部，而且馬上全要。這種一眼鳥瞰全貌的姿態，應屬於無所不在的上帝所有。前人早有明訓：「因為上帝創造了時間，所有事情才不至於一下子同時發生。」時間把速度放慢了，所以事情一件一件地發生，人類的意識受時間制約，所以認為凡事都是前面的為因，隨後的為果，一件引發一件。代蒙卻看見，時間不可能引發原本不存在整個圖像之中的東西。時間只是把實現的步驟拖慢下來，以便促進向下生長。

橡實跳到時間之上，硬要所有事件同時實現，這是代蒙喧賓奪主的表徵。所謂適時欣賞春花秋月夏陽冬雪，所謂等待時機、不慌不忙，對「惡種」是沒有意義的。惡種只知狂妄膨脹，不能容忍任何干擾妨礙（如希特勒發明的閃電戰，以及他每遇妨礙就大發雷霆），所以又衝動又急躁。古代方士說過：「有靈魂才有耐心。」而且：「一切急迫都是魔鬼作祟。」

再舉一個惡種直接介入的例證，也許這一回魔鬼親自駕臨：

一位與他有親密日常接觸的人士告訴我以下這樁事。夜晚，希特勒發出陣陣狂叫醒來……，他恐懼得發抖，把整張床都晃動了……。希特勒站在臥房裡搖來搖去，發狂似地張望自己四周。他喘息著說：「是他！是他！他來過了！」他的嘴唇發紫，汗順著臉頰流下。突然，他唸唸有詞，說著數字、零碎的字詞、片斷的語句，全然湊不成任何意義，聽來很恐怖。他講著結構怪異而根本不是德語的字句。終於，他靜止站住，只有嘴唇在動。後來，他找人為他按摩過，又喝下一些東西。突然他又叫起來——

「那邊，那邊！在角落裡！那是誰？」他像平常那樣又跺腳又尖聲叫，別人證實室內與平時沒有兩樣，他才漸漸安靜下來。32

愛麗絲・米勒在《為你著想：育兒隱含的酷行以及暴力之根源》（*For Your own Good: Hidden Cruelty in Childrearing and the Roots of Violence*）書中重述了這件事。她認為，希特勒是在想像嚴厲的父親給他的折磨。米勒按慣見的剖析角度，把希特勒見到的惡魔，降格成為呈現在腦際的父親形象。她認為，希特勒指揮玩伴玩戰爭遊戲時以劣勢的印地安人、布爾人（Boers）自居，也是在向高壓的父親表示反抗。而且，按米勒解釋，希特勒既反抗這壓迫他的父親，又不自覺地與父親認同而成為施壓迫者。因此，希特勒之可怖行徑的動機力，以及他之恐懼見到鬼，都是父親形象內投（introjection）的心理所致。[33]親職謬誤驅除了惡魔。

摧花手傑克的男女化身

曼森[34]這個恐怖人物，過去幾十年在西方社會的想像之中陰魂不散，不輸十九世紀的變態殺人狂「摧花手傑克」（Jack the Ripper）。有許多人認為，曼森為惡的主要咎責也在於父母親失職。據曼森自己告訴寫傳記的人，他母親以一壺啤酒的代價把他賣給一個酒吧女侍，所以他「永遠覺得自己是打不進別人圈子的人」。[35]許多人就說，這件事種下了他作惡的因。不論研究目標是希特勒，或是別的天生嗜殺者，我們的通俗心理學只用一套方法解釋這一類人物因代蒙感召所帶來的寂寞孤立，那就是：都是父母影響所致。

伍迪·哈里遜（Woody Harrelson）在奧利佛·史東執導的電影《閃靈殺手》（*Natural Born Killers*）裡飾演一名精神失常者，他坦言自己就是個「天生嗜殺者」，正符合他在電影中的演出。[36]但原著作者昆汀·塔倫提諾和導演史東卻看來無法接受他們作品的暗示。他們在電影中安排了性虐待的倒敘場景，以此向陳腐的心理學「推論」致敬。這種不相關的鋪墊不僅塑造了精神變態者的受害者形象，而且模糊了這部電影本身的深刻洞見。電影帶出了「無意識行為」三大無法抗拒的動機：美國人的情感孤立與反社會情緒、媒體渲染的對追求卓越的幻想，以及召喚殺戮的天生惡種。

顯示惡種最為明白的，莫過於英國新堡（Newcastle）的瑪麗・貝爾（Mary Bell）的案例。一九六八年間，年僅十歲的瑪麗，在前後不過兩個月時間內，只憑她的一雙手，勒斃了四歲的馬丁和三歲的布萊恩。塞瑞尼（Gitta Sereny）研究此案的專書《瑪麗・貝爾案例》（*The Case of Mary Bell*）指出，瑪麗早年與極度消極且精神分裂的母親共處，母親從不想要這個孩子，好幾次企圖甩掉她。因此，按塞瑞尼的說法，瑪麗勒死的兩個小男孩其實是她母親扼殺她的人生下的受害者。無人性的行為乃是無人性的親職促成。塞瑞尼為了改善社會環境、駁斥天生惡種之說而寫《瑪麗・貝爾案例》一書，她說：「難道我們還沒走出指有病的兒童為惡魔、相信天生劣性的境地嗎？」[37]

然而，瑪麗・貝爾的表現的確怪異。幼年時，別的小孩都不喜歡她，也不與她親近，「沒有一個小孩願意和她一起玩」。小學老師認為她滑頭而不知羞恥。她信口瞎說，讓人分不清真假。她出庭作證的時候，「不論陪同她的人或庭內的旁觀者，都不由自主地對她產生莫名其妙的反感。」她似乎有一股拒絕人類接近的排斥力。

早在嬰兒期她就顯露這種特質。曾經帶過她一段時間的姑姑表示：「她還是小嬰兒的時候就不願意讓人幫她換洗，也不讓人抱，不讓人親。每次要親她，她就會把頭轉開。」[38]她卻愛接近死亡。未滿四歲之前，她曾四度瀕臨死亡邊緣。她除了會自己找到藥丸或毒劑來吞食，還有一次差點從窗口跌出去摔死。有一回是在她祖母家，祖母是「做事十分牢靠的人」，把自己的藥丸藏在放留聲機的櫃子裡。當時年僅一歲的瑪麗，竟能先找來毛線針，撬開了櫃子，掏出藥瓶，旋開蓋子，把並不好吃的藥丸吞食到幾乎令她喪命的數量。

她為什麼又去勒死別人？因為「『死亡』、『兇殺』、『殺人』這些字眼對瑪麗具有另一種含意……。在她看來，這些都是一場遊戲。」[39]

塞瑞尼顯然相信，瑪麗的母親如果接受了適當的精神科照顧，瑪麗如果能得到適當的校內輔導，她的社經環境條件如果不那麼糟，馬丁和布萊恩就不會被勒死了。

米勒可能會贊成塞瑞尼的話，因為米勒明白指出：「一切怪誕行為都源於童年早期種下的根。」她還說：「希特勒確實把家庭生活的創傷移轉到整個德國上。」[40]

史蒂爾林（Helm Stierlin）所著的「心理歷史」書《阿道夫・希特勒：家庭透視》（*Adolf Hitler: A Family Perspective*），也與米勒有同感。這本書似乎認為，如果希特勒早年的家庭生活得到心理治療的導正，整個世界史的發展都會為之改觀。

即便塞瑞尼與米勒堅持的理論有幾分對，讀者仍舊會問：希特勒和瑪麗・貝爾，以及其他人格變態的罪犯，是否家族裡就有這種遺傳因子？某些人是否天生邪惡，人力也莫可奈何？莎士比亞的戲劇《暴風雨》（*The Tempest*）之中，主角普羅斯佩羅（Prospero）曾以宛若灰心的心理治療師的口吻說怪物卡力班（Caliban）之本性難移：「一個魔鬼，天生的魔鬼，他的本性

／永遠不受調教；我為他費的心力／發自仁愛，全是白費，實屬白費！」貝爾與希特勒的那種異常的冷酷，以及面對死亡的衝動，似乎都是教養與遺傳以外的事，似乎是他們的靈魂缺少了什麼，或者是根本就缺少了靈魂。

因此，我要用八種解釋方法來談「惡種」。雖然八種方法看來立場分明，卻能彼此互惠，每一種都可以成為別種的假設前提，但沒有一種可以自認是唯一正確者。

相較於其他章節，本章的行文可能顯得更嚴謹，因為我們談的是希特勒。這圖像過於惡毒且具爆發性，所以需要特別處理。每一項證據和指控都分別予以標記。我們可以想像，阿道夫・艾希曼（Adolf Eichmann）在以色列審判、克勞斯・巴比（Klaus Barbie）[41]在法國的審判，以及紐倫堡大審中，從審訊到判決所經歷的就是如此費力與嚴苛的方法。這種步步為營的理性方法是為了抵抗惡魔的力量。我們不妨假想，「惡種」在受審訊，以下八種都是被告行為的說明。

一、早期創傷的制約作用

你之所以成為現在的你，是由於嬰兒期和童年期處於虐待、兇暴、不關心的環境所致。[42]你也許患過生產前後的併發症、營養不良、早期頭部受傷。你才出生就不受歡迎，不得不在殘酷暴力的環境中存活。父母給你罔顧真實情況的訊息而強迫你服從；你要承受突如其來的情緒與任性專橫的衝動行為。你生命的每一刻都在極端中度過；你無力抵抗暴虐，自尊蕩然無存，於是學會了這種早期奠定的模式，並且續進發展，你就愈來愈壞。

二、遺傳的瑕疵

你的生理結構生來有問題；睪丸素太多；血清素不足；荷爾蒙失衡；自主神經遲鈍；言語行動失控；患有遺傳來的惡疾。生理瑕疵影響行為，這是十九世紀精神病學的重量級理論。從家族史的調查，比如幾代人的耳朵或手紋所顯示的退化迹象，因而衍生出來這樣的理論。精神病學的書籍成了那些怪誕的「墮落者」的照片集，並且認為這些人的生命與行為能力的「本質」會退化是因為他的祖父輩酗酒或有奇異的性癖好。按此，是生物物理學方面的原因造成行兇犯罪的變態人格，他們擁有與天才或藝術家一樣的某些生理特質，而且性慾（libido）在其中有強大的影響。[43]這種人的生理狀況基本上是無法改變的，所以必須用監禁、閹割、電擊、切除腦葉等方式「治療處理」，納粹黨當政時代用人作活體解剖，滅絕猶太人，也就理直氣壯了。現今的生理治療主張以藥物來抑制行為。

三、團體規範

生理本性和社會制約只是基礎，最重要的「釋放因子」（release factor）乃是你生長的社會環境，這又以青春期開始至結束時的環境條件最為關鍵。居住地區的習俗，幫派的規矩，監獄裡的不成文法規，軍中特種部隊要求的紀律，民兵組織的意識形態，集中營裡的有難同當，黑手黨兄弟的守祕誓言。你認同了哪一個團體，你的價值體系和行為方式就取決於哪個團體的規範。這套規範灌輸了行為模式，你一旦被逼得無路可退，就會用這種行為模式來反應，暴力罪行都是你所屬的團體的精神表現。如希特勒的「衝鋒隊」集體暴行，如古時軍隊戰勝後的姦掠燒殺。這一切與生理條件或早期環境影響的關係較不密切，主要是因為「人在江湖，身不由己」。

芝加哥的犯罪集團老大艾爾・卡蓬（Al Capone, 1899-1947）的傳記，便是以卡蓬幼年在紐約的生活環境與團體規範，解釋他以犯罪為職志的原因：

> 八個、十個、十二個人在兩、三個陰濕昏暗的小房間裡吃、睡、盥洗，腐朽水管滲出的屎尿味散播在走廊上，窗外就是爬滿蟲蠅的垃圾堆，冬天冷，夏天熱，煩惱困惑的大人相對叫囂、叱罵孩子，動不動就給孩子一頓毒打。除非必要，哪個小男孩願意在這種地方多待一刻？
>
> 街上的少年幫派是逃避之路⋯⋯。他們組成自己的團體，不受大人管制，而且與大人敵對。由一個年紀較長的強勢男孩子領頭，他們在共同冒險、喧鬧、賭博、行竊、搗毀公物、偷偷吸菸喝酒、舉行祕密儀式、開淫穢玩笑，和敵對幫派打架等行為之中尋求刺激快感。44

四、選擇機能

你的行為是自己選擇的，而且自始就由你的選擇制約促成。雖然你的生理狀態、幼年成長經驗、青春期團體規範影響你作的選擇，但是這些卻不是你兇殘行為的決定因素，其中必定有什麼對你有利之處。按邊沁（Jeremy Bentham）的功利主義，人的行為是以利益為出發點。威爾森（James Q. Wilson）與荷恩斯坦（Richard Herrnstein）所說的「懲罰或獎賞」概念也指出，行為之前會衡量痛苦與快感的比例。[45]如果就你的人格所見，衝動行為與貿然殺人帶來的報償大於可能受的懲罰，你的選擇機能自然會去做這個行為。而且，你的選擇如果一再順利成功——如希特勒連著十年沒有遭到敗績，也會使你更加相信命運安排你走上該走的路。

五、業與時代精神

你前世的業導致今生這種行為。你的染色體生來就有瑕疵，但天生瑕疵乃是你的業所造成。你個人必須承擔「惡種」所反映的種種，也就是負擔時代精神（zeitgeist），歷史的必然。不論你淪落到兒童扒手集團裡，或是參加了強盜殺手組織，或是你的身體正好在某種情況下產生不尋常的生理反應，這一切都是因為前世造下的業所致。其中有玄學的奧祕，不是人的理性思維能明瞭的。再壞的惡種都是宇宙發展模式中的必然，希特勒個人的業也是宇宙大方案的一部分。

六、陰暗面

除了生理與環境因素之外，每個人格之中還存在著破壞傾向。暴力、罪惡、謀殺、酷行屬於靈魂的陰暗面。《聖經》十誡中有五誡明令禁止偷盜、殺人、姦淫、撒謊、嫉妒，乃是給予這陰暗面應得的重視，這些人人皆有的陰暗面傾向，也是社會常規、政治機械、道德約束之所以建立的根本原因。人心若沒有陰暗面，誰還需要律師、犯罪學家、告解神父？這陰暗面的自主力隨時可能竄出，或是因窘困的狀態漸漸出頭，如《蒼蠅王》[46]這本小說的內容所示。所謂「天生的殺人者」，其實是再合乎人性不過的，因為陰暗面是人性固有的。希特勒太清楚這陰暗面了，他縱容它，任它盤據腦際，並且企圖消滅它。但是他只看見猶太人、斯拉夫人、知識份子、異己者、病者、弱者有陰暗面，卻無法承認自己也有。

七、人性的空洞

人性根本具有的東西不見了。你的個性、人格出現了缺口。你作惡犯罪不是因為你「有」陰暗面（既然陰暗面是人人皆有的），而是因為欠缺人性的情感。谷根布爾—克雷格（Adolf Guggenbühl-Craig）的理論指出，這是久缺必備的人情之愛（essential eros）所致。[47]天主教神學稱這種欠缺為「善之喪失」（privatio boni）。

可能有其他特性填補這空缺：任性衝動（常在一怒之下犯罪）、短視（只圖立即的滿足而不管長遠後果）、僵化而不知變通、感情貧乏、思想狹隘、毫無慚愧懊悔的心（遇事則把咎責推得一乾二淨）、將個人意念外化、拒絕面對事實。這些特性都是犯罪的原因，但最主要的還是人性有個空洞，惻隱之心喪亡。

英國的尼爾森（Donnis Nilsen）連殺十五名少年，並且與屍體同寢做愛；美國的達莫（Jeffrey Dahmer）把誘拐來的少男殺死後又吃屍肉，簡直就像基督教、西藏、日本的傳統繪畫中的地獄惡魔，他們也許想逃離空洞的流亡生涯，找一條回到共同人性中的路。性慾不是他們作惡的導因，而是一個徵候，他們想藉此重燃熄滅的火，激起生命力，所以要與人的肉體接觸交媾。

八、惡魔召喚

你雖躲不掉那個衝著你來的召喚，但你也不可能知道它與前世今生的自己、世界歷史的發展潮流如何關聯。召喚驅策你去做超越尋常的事，如茱蒂·嘉蘭的演藝、如巴頓將軍的戰鬥、如畢卡索的繪畫。繪畫、思維的潛能是蘊含在橡實裡的，窮兇極惡的潛能，按卡茲（Jack Katz）指出，也是與生俱來的：

別人不懂，人活著可不是為了要有自己的家，和有花草的院子之類的狗屎。我們是要擺給人家看的，是最漂亮的人。我們走到哪兒都是坐最拉風的車，帶最拉風的女人，穿最拉風的衣服。別人都在講你。你一走進去，整個酒吧都靜下來。你可以隨便找人的麻煩。[48]

這是把侵犯他人當作超越他人，藉著「漂亮、拉風」的力量跳出原有的環境，觸到了召喚本身的超越性。

莎士比亞悲劇《奧賽羅》（*Othello*）的最後一幕之中，奧賽羅終於明白是伊阿高（Iago）故意挑撥，導致自己殺死無辜的妻子，就問伊阿高：「你為什麼陷害我的心與身？」莎翁給伊阿高的回答是：「別再問我，你知道的，你早就知道了。」這是伊阿高在劇中的最後一句台詞。讀者紛紛猜測他作惡的動機，其實，他這句話的意思是：「奧賽羅，你已經知道原因了。因為你在前面幾句台詞裡已經兩次稱我是魔鬼。」

「惡種」以害人為樂，藉進行破壞得到快感。瑪麗．貝爾殺人後，一位女性的精神病學者問她殺死布萊恩的經過，她答：「我那天一直在笑。」兇殺的唯一目擊者是一位十三歲的女孩，她說：「她說她樂在其中。」[49]殘暴惡行本身就給她滿足感，後青春期的男性也許能從中得到性的快感，瑪麗．貝爾的案例卻不大可能包含性的動機。

如果是以實際利益考量為動機，也是說不通的。希特勒以兇殺立國，並不是為了經濟利益。他在戰場失利之際，還把人力物力投入死亡集中營的運作，成本遠超出他沒收的財物所值。難以忍受的生活條件可能促使人去為非作歹，但「惡種」——社會學家卡茲稱之為「走向偏差的衝動」——並不能用物質貧困來解釋。

無緣故的偏差行為

卡茲以哲學概念為理論依據（有一部分取自法國思想家呂格爾[50]所著的《惡的象徵》〔*Symbolism of Evil*〕），指「無緣無故」的行為有其用意，並非一時發狂。這種無故作惡，可以縫合凡俗與神界之間的裂隙，觸犯所有不可犯的誡命，可以使人擺脫人性的枷鎖，啟開通往超人性之門，走入鬼神不分的境界。

過激的神祕信仰，如膜拜魔鬼撒旦、印度教與佛教的密教活動，都從儀式上打破禁忌。神聖性原是道德領域的意義，禁忌藩籬一旦被闖入，以極盡褻瀆之能事揚昇褻瀆的地位，足以使褻瀆與神聖無從區分。

心理變態者的殺人行為被指為「無緣無故」，是因為這種行為與理性無關，是反覆無常的。也因為這是卡茲所說的「偏差的昏亂」，藉罪行脫胎換骨，是凡人驟然的「神化」。[51]卡茲認為，這種無緣無故卻可以從幽冥世界的觀點看出所以然來，重點不在犯罪者的本性如何，而在於犯罪的時候變成錯亂瘋狂。

馬斯特斯（Brian Masters）所著的《殺人為伴：殺人癮男子的故事》（*Killing for Company: The Story of a Man Addicted to Murder*），以連殺十五名少男的尼爾森為主題。馬斯特斯認為，「在謀殺行動之中，殺人者的理智是麻木的。」[52]

德國的巴區（Jürgen Bartsch）是虐殺男童的累犯，他說：「大約從十三、四歲起，我就一直覺得控制不了自己的行為……。我禱告，希望禱告有點用，結果卻無效。」[53]他會去求神，是因為他覺得這種現象是超乎人性範圍的。達莫把誘騙來的少男毒打至死，再切屍肉來吃，連他自己都不明白怎會做出這種事。被送法辦後，他未認罪而寧願開庭受審，因為他「想知道我這麼壞、這麼邪惡，究竟是什麼原因」。[54]

一九九二年的受審期間，達莫的父親萊奧諾（Lionel Dahmer）想起自己年少時也有和兒子相似的經歷和心理狀態：如「嗜殺」性的控制快感、有權力慾；用毀傷性的材料作實驗；不愛與人親近；感情冷漠；試圖引誘小女孩，以及在八歲到二十歲的期間會夢到自己在犯恐怖的殺人罪行。每次夢醒，會覺得那些罪行真正發生了：「我搞不清什麼是幻想，什麼是真實，想到自己可能犯下的罪行，嚇得要命。我不知所措，恐怕自己一時失控幹下什麼可怕的事。」

萊奧諾承認自己是失職的父親，「推卸責任而欠缺洞察力」。但是，他跨出了愛麗絲．

米勒等人士主張的「親職謬誤」——把罪犯子女的咎責歸諸父母親。萊奧諾帶有「參與的神祕性」，他和兒子一樣有潛在的惡魔性。他也體驗過惡魔的介入。

達莫四歲的時候，「惡種」就發作過一次。時逢萬聖節前夕，這也是魔鬼、巫婆、亡靈降臨人世的節日，達莫一家人在鏤空南瓜，刻出應景的笑臉南瓜燈。四歲的達莫突然尖聲叫道：「我要兇臉的。」家人哄他接受笑臉南瓜，他就用力槌桌子，聲音叫得又尖又激烈：「不，我要兇臉的！」

連續殺人數目最多的奇卡蒂羅（Andrei Chikatilo），於謀殺了五十名左右的青少年（以少女占多數）之後，在烏克蘭被追捕到案。他在應訊時說：「就好像有什麼在指引我，是我自己身體以外的東西，是超自然的。我殺人的時候，我殘酷的時候，根本是身不由己。」他在供詞中說：「我在一陣獸性發作中，只模糊記得自己的某些行動……。犯罪的那一刻，我想把一切都撕爛……我不曉得自己怎麼回事……被一股控制不了的衝動掌握住……強大無比的拉力……我開始發抖……抖得很厲害……我確確實實在發抖……」55

橡實的出現不僅是個向人發出警告、保護、勸阻、敦促及召喚的引導天使，它還使出致命的力量，正如它恐嚇希特勒讓他在夜裡顫抖；而這種恐懼並未在其他情境中出現，即使在戰壕裡、在一九四四年七月的刺殺事件中，以及在地堡的最後日子裡都沒有出現。比較接近的發作症狀，是當他在台上因憤怒而扭曲了面孔，或博得群眾的歡呼時，還有他被頂撞而發怒的時候。

事前防範？

我們難免要問：假如希特勒的可怕行徑證實「惡種」存在，能不能事前防範，以免再有希特勒這樣的人出現？

他童年時期就帶有惡種，這似乎相當明顯。他父親的父系不詳，有關他早期的傳聞真實性可疑，都顯示著詭祕。他本是奧地利人，卻在十二歲時表露激烈的親德態度，已經預示了未來的端倪。他十歲和同學模擬布爾戰爭，與英國人為敵。十一歲時，他是「帶頭的男孩」，指揮一群比他年紀小的孩子，別人眼中的他是拘謹卻又狂熱的。他少年時代的浪漫傾向都貫注在神話、歌劇、華格納的造作排場上。

七歲時，他就用圍裙披在肩上，「站在廚房的椅子上，發表長篇熱情的訓話」。十四、五歲時，他會旁若無人地發出大串誇大的言詞，表現得超乎他的人格與體形，「看來有些陰險邪惡」，好像在用來自別處的聲音說話。他少年時代的一個朋友說：「他簡直是有話非說不可。」[56]

他三十出頭時在監獄裡寫的《我的奮鬥》，已勾勒出了他的願景。整場災難就被濃縮在裡面，任何人都可以讀到。然而猶太人、西方世界的政治家、知識分子、民主主義者以及教會，卻無人發現惡魔在裡頭。人類對文明進程抱有光明的希望，對善良與和平投以信仰，以至那雙能夠看到惡魔的黑暗之眼被蒙蔽了。

惡魔就存在於我們之間，而且存在形式不限於這些極端的犯罪行為，如果我們對這一點有絲毫懷疑，或是對精神疾病缺乏深層的體悟，那麼我們就只能自欺欺人、一臉無辜，在敞開胸懷的同時也打開了通向邪惡的大門。還是那句話：暴政依愚民而起，愚民則癡迷於暴政。純真總迎來邪惡。

「我無法滿足代蒙」

閱讀希特勒的傳記，可以教我們從他的童年與成長早期辨識出跡象來：寒冷的眼睛與冰涼的心；毫無幽默感；自以為是、傲慢、不知變通、追求純淨；與時代的步伐不合；似有神助的幸運感；受到阻撓、妨礙、違抗時的暴怒；多疑地要求別人絕對信任效忠；特別喜愛「邪惡」的象徵與神話故事（狼、火、末日劫難）；突然狂喜或暴怒，疏離人群；害怕沒有威風的狀態——如平庸、無知、無能。

關於最後提到的這一點，對無力感的恐懼——我們必須清楚區分缺乏能力與性無能兩者。

把希特勒的心理變態歸因於他的單睪丸症，就如同把奇卡蒂羅和尼爾森的罪行歸因於性無能，完全是本末倒置。這頭驅動罪惡的野獸其實是一種恐懼，害怕無力滿足代蒙的願景。如果代蒙的訴求過於非凡，這種恐懼將讓一個平凡人受盡折磨。惡魔現身，與想像中或真實的性功能障礙都沒有關係，真正的原因在於個人與代蒙之間的關係出現障礙。我們力求滿足代蒙的願景，不想被人類的侷限所約束；換言之，我們成了誇大狂。

人格的條件和代蒙的需求，兩者之間不對等導致了無能的感受。無能所帶來的自卑感被窄化成了性無能，這符合精神病理學一貫的具象主義作風。（精神病理學大致上可用「具象主義」〔concretism〕一詞來交代，把所有心理事件如妄想、幻覺、投射、感受和願望都一概視為真實且如字面意義般的體現。例如，希特勒幻想著把一戰被打敗的國家振興起來，他重整軍備，建立死亡集中營，這一切都可直接被視為他揮別「軟弱」的手段。具象主義的視角也認為閹割是治癒戀童癖和強姦慣犯的方法，因為他們認為以性的形式表現出來的行為就只是跟性直接相關。）

只有我們的西方心理學理論才如此本末倒置，跟精神病理學一樣傾向於具象主義。早在佛洛伊德之前，甚至可追溯至聖保羅的時代，我們的社會瀰漫著性幻想，而心理學理論為之著迷。精神病理學是色情的（看看那些病歷史，盡是窺淫癖和色情狂），所以這些理論必定貶低了靈魂和代蒙，就像清教徒所指責的商業色情一樣。

把惡種簡單歸結為單睪症，就錯失了當事人心中最深層的無力感，「我辜負了代蒙，我無法滿足代蒙的召喚，配不上它無限的願景和狂熱的欲望」。況且，單睪症還存在爭議，畢竟希特勒不允許醫生檢查他腰部以下的部位。所以，「解藥」不是恢復性能力，不是「更多的蛋蛋」，而是從「具象主義」中解放出來；「具象主義」將橡實的潛力貶至「小囊袋裡的東西」──那是佛洛伊德提到陰囊時的用語。

無法與代蒙互動

嘉蘭和馬諾列特的潛能都是橡實帶來的稟賦，心理變態者為惡的潛能也一樣。犯罪行為雖然可能轉移、壓抑、受挫、昇華──如精神病學與犯罪學所說，卻是「必然」。人格變態者聽到的召喚是，用眼睛、說話聲、魅聲、謊言和狡猾態度、身體來發揮威力，這些可以掩飾孱弱不足。因為這種威力來自惡種，所以人物本身（如希特勒）往往遊蕩在邊緣外圍，與團體格格不入，教育程度不高不低，有某項不甚要緊的嗜好，甚至可能略有些藝術天分或想像力豐富（沙特、特魯門、柯波帝、諾曼、梅勒探討心理變態罪犯時都有此項心得）。

個人條件與代蒙的要求差距太大時，人世的世界都得用來滿足惡種的需索。惡種就像寄生蟲，吸著它選為寄生主的血，以致這個人言行顛三倒四、流露病態、乏味無趣，不能與人融合相處，愈來愈偏狹而「沒有人味」。我們稱這種人為「不合群的人」。不合群卻不孤單，因為他和代蒙契合一體，遠離人性世界，要以人性世界看不見的、幻想世界的宏偉迷人為樣本來重創世界。這種人飄入獨處的、駕凌人性世界之上的神境。普羅提諾在《九章集》結尾的名句是：「此乃諸神、似神者、享天堂之福者的生活……。這種生活不喜人世的事物，從獨處到獨處。」57

希特勒最大的熱情，既不是德意志帝國、不是戰爭或勝利，甚至不是他自己，而是他的宏偉建築。自古以來的自大狂統治者，從尼布甲尼撒二世到埃及法老，從羅馬統治者到拿破崙和希特勒，具體地把代蒙的視界搭建出來。因此，自大狂統治者是建築師的夢魘，正如《聖經》裡巴別塔故事的啟示——這故事不只是述說語言的起源；要將宏大的幻想付諸於具象，《聖經》要警戒的是其中的自大狂妄。部落民族謹慎地把聖壇建造得易於移動，他們的建築是世俗的，他們的視野卻是超脫塵俗的。

防範與儀式

因此，防範的重點在於調整強弱的平衡；個人的心理與代蒙的潛力，守護神的召喚與被召喚者的人格特性，都需要平衡。人格的建立不僅在於「強健自我」，心靈建設也非只是教化

——約瑟夫．門格勒（Josef Mengele, 1911-1979）對囚犯施以殘酷實驗，是集中營裡最惡劣的醫師，但他受過良好教育、熱愛音樂，還研究但丁。[58]奇卡蒂羅是個老師；希特勒直到生命的最後一刻仍在作畫和設計建築；曼森在獄中創作流行音樂；瑪麗．貝爾寫詩；加里．吉爾摩（Gary Gilmore）畫畫，他那個反社會且多次犯罪入獄的哥哥蓋倫（Gaylen）讀遍世界名著，而且寫詩。[59]

前文已經說過，調整個人與代蒙力量失衡的心理要務是「向下成長」。這種成長方式，可以把人格的重心從代蒙那種專心一意的自我中心移開，轉向普遍的人性，把向上超越的召喚扭轉為向人世延伸，回應人世的要求。前文述及的約瑟芬．貝克、卡奈蒂、愛因斯坦、曼紐因、伯恩斯坦，都有過這種調整。

但向下成長無法強加於年輕人。當有人建議希特勒進入傳統的行業成為公務員時，他憤怒了。法國數學家埃瓦里斯特．伽羅瓦（Évariste Galois, 1811-1832）無法適應學校生活；他的狂妄與才氣逐日增長，但也日益與人疏遠，因此他被管制，直到二十歲時死去。

未著手進行、未考慮向下成長之前，絕對必須承認個人稟賦的存在。這意思也就是說，承認橡實——是惡種也罷——乃是生命中最本源的驅策動機，在年輕的生命中尤其是。肯定個人稟賦存在的，往往單單是一個朋友（如耐心聽希特勒狂言多年的庫比卻克，陪伴且欣賞韓波的伊尚巴爾），或是別具慧眼的老師（如伊力．卡山的山克老師），或是一位教練（如指教馬諾列特的卡馬拉）。這個人識出稟賦，向這稟賦致意了，它才會樂意走下來。

上述這些知音伯樂所見的，理論也必須予以承認。要挫敗「惡種」，第一步就是承認它確實存在。如果我們的理論都認定人格形成因素是大腦結構、社會環境條件、行為機制、遺傳特質，卻不承認代蒙是教唆者，代蒙不會因此而甘於委屈緘默。它反而要朝亮處走，要人家看見、聽見它。

曾經蓄意殺死柯拉特（Clutler）全家人的希考克（Dick Hickcock）說：「我想，人可以憑殺人大出鋒頭。『鋒頭』二個字一直在我腦子裡轉……。殺了人真的可以讓你出大名哩。」[60] 代蒙曝光出名的機會，是電視媒體提供的。如果說電視應當擔負重大犯罪行為的咎責，主要原因不在於電視展示的內容如何，而是因為電視能向全世界展示你的存在，揭示你的全貌。然而，這樣的曝光展示是假象。「種子」還在雲端做超級巨星夢，並未落地生根。

精神科醫師斯科特·佩克（M. Scott Peck, 1936-2005）將他的一部分病人安置在這幻想的世界裡，把病人們的一些共同症狀稱為「邪惡」（evil）。他把「邪惡」當作診斷——症狀包括傲慢、自私、自戀，或極度倔強。極度倔強的態度在希臘和基督教的傳統中都被認為是傲慢自負的。邪惡的人自主選擇其邪惡的道路，這樣的說法符合荷恩斯坦的解釋，將犯罪放置到道德的領域來研究。佩克雖是個精神科醫師，卻徹頭徹尾是個衛道士。

犯罪者想要超越世間而祈求不可見的力量如名與利，但佩克無視這一切；他只認為邪惡使人醜陋、粗鄙、庸俗、無能、渺小，總是以浪漫主義式的優越感來閃避。因此，他「所見地獄的最新景緻」，是但丁式的拉斯維加斯——「盡是目光呆滯的人群……永遠使勁拉著機器。」[61]

刻板的框架封閉了佩克的視野，他不可能在惡魔中瞥見代蒙。根深蒂固的摩尼教[62]思想將他的世界一刀切割，分為神聖與罪惡、救贖與唾棄、健康與病態。「邪惡是終極的病……邪惡是最瘋狂的存在。」以精神病理學為名，一個道德主義者把他的病人打入了地獄。

一種絕對區分善與惡的邏輯，永遠只能提一套標準化的方法來應對世事，一如千百年來基督教文明中的「為神聖而戰」；佩克稱之為「戰鬥」。「我們從一次又一次向邪惡的戰鬥中，認識到了邪惡的本質。」而治療師將站上這場戰鬥的前線，因為他們具有愛的能力和素養。「我認為，只有通過愛的方式，才能安全地研究且對付邪惡。」

「愛」的前提

「愛」實在是目前通用的字彙之中最全能的一個。因為基督教的上帝即定義為愛，愛是無所不能的。我卻要說，愛拿「邪惡」沒輒，除非「愛」能先承認惡種之中存在著惡魂的召喚。在戰鬥行為中發揮的意志未必是愛，愛應該是知性的理解，要能承認不分聖人罪人都抗拒不了必然的召喚。為宗教殉身是某些聖徒必須走的路，回應惡神召喚竟也是惡人唯一的路。此話並不表示犯罪有理，我要指出的是：橡實原理能從比邪惡診斷法更廣的角度去理解惡神。

依我看來，防範措施不能用限制或警告的方式。必須面對惡種，面對那催討個人付出生命的召喚。惡種蘊含的爆發力，那股逼人就範的潛能，如希特勒的暴躁、一意孤行，是首當其衝的危險。我們也許必須先把炸彈的引信加長，然後再來研究如何拆卸它或把它鎖入獨囚的禁室。讓罪犯去「蹲監牢」的用意也在此。

因此，有效儀式的第一步就是讓頸項抬不起來。沮喪經驗即使不能引發犯罪者的自責，仍可能教他意識到那教唆作惡的惡魔存在。希特勒當年只知聽從惡魔的指示，卻從不質疑它，他的頭腦被惡魔的想像奴役而無暇查究惡魔存在。

沮喪之後不該是偽裝成「改邪歸正」或「重新做人」的壓抑，而是我們已經看到的犯罪服務社區的行動：如曾服刑的人被帶到學校裡，向學生說明犯罪的原因、犯罪的目的、犯罪的代價，並且教學生們如何避免犯罪。這樣現身說法的服務是一種儀式，也是向下生根到少年學生的世界裡。

防範惡種不能離開「惡魔在人世之外」的原則。防範所需的手段不是格鬥，而是引誘、邀請橡實裡的代蒙走出盡惡而不善的硬殼局限，以使它看清「出鋒頭」、「出大名」的真正意義。種子之惡在於只被一個願望迷了心竅，只看得見一個目標，扭曲了想像的範圍，以致於只知連續重複同一個行為。

我所說的儀式，觸及人們重視代蒙召喚力量的方式。人們應透過那些有豐富人文價值涵養的學科訓練，接觸美、超凡入聖、冒險經歷以及死亡。在這之前，我們必須找到種子的起源，看清它隱含的意圖。

社會必須要有保護自己遠離壞種的驅魔儀式。然而，也需要儀式來承認惡魔的存在，給它一個空間而不是監禁它——就像雅典娜把熱血狂暴的復仇三女神安置在雅典文明中心一個神聖的地方。

這保護社會的儀式直視惡魔，在惡魔中看見代蒙，這與當今的防範思維不同。我們現在所以為的防範，其實依循的就是希特勒所偏愛的手段，以為那樣就可淨化社會、消滅邪惡種子。有人提出這樣的公共計劃——針對學童進行「基因傾向」測試，從性格特徵和人格中揭露潛在的犯罪和暴力傾向，及早「淘汰」掉那些在童年展現「易怒與不合作」因子的人。[63]

書中的案例已經告訴我們，這些特徵不只是跟犯罪有關，他們很可能是卓越分子，社會需要他們的領域力、創造力與文化傳承。而且，分門別類之後，這些「野草」將如何被處置呢？或許他們會被逼迫餵食藥物，或者被帶往私人營利的監獄成為勞動力而未受到勞工法或最低薪資的保障，這些手段美其名是為了「改造」他們成為順服社會的人。

適當的儀式必須替代原本僵化刻板的處理方式。如果沒有驅魔儀式來區分惡魔與代蒙，我們就只能同時掃除兩者。儀式不僅保護社會遠離惡魔，也保護社會遠離自己的偏執與妄想，避免掉入那個被依戀實則惡性的淨化方法；換言之，是要逃離美國式的神話：回歸清教徒天堂的純真。

美國人以純真來遮蔽愚昧，僅僅是因為無知而被原諒。我們努力讓自己被善所包圍，這就是美國夢——至於惡，則留給「他者」，而我們可以對之診斷、治療、防範，以及布道。這樣的觀念在我們心中存在已久，普林斯頓大學宗教學者帕格爾斯（Elaine Pagels）在她的重要著作《撒旦的起源》（*The Origin of Satan*）[64]中說，這是西方宗教中一顆災難性、甚至邪惡的種子，跟他們所不懈宣揚的「愛」背道而馳。

若一個社會執意把純真視作最崇高的美德，而且還供奉在聖壇上，就像在奧蘭多（Orlando）、阿納海姆（Anaheim），[65]或是在《芝麻街》（SesameStreet）[66]裡面一樣，那麼除非裹著糖衣，否則這社會無法看到任何善的或惡的種子。就像阿甘在吃巧克力，然後還沒正眼看一下陌生之前就把糖果遞給他，實在是傻人做傻事。有惡種存在，而且惡魔在召喚——這樣的認知會給我們的傳統觀念當頭一棒，把美國人從天真爛漫中喚醒，然後才能看到原來惡魔正依附於純真之中。然後，我們最終會認識到，天生殺人魔的塑造者以及祕密夥伴，正是純真的阿甘。

註釋 NOTES

1 原註1：Plotinus, *Enneads*, vol. 3, trans. A. H. Armstrong, Loeb ed. (Cambridge, Mass.: Harvard Univ. Press, 1967), 1.6.

2 原註2：Arthur Koestler, *The Ghost in the Machine* (New York: Viking Penguin, 1990), 384.

3 編註：梅勒（Norman Kingsley Mailer, 1923-2007），美國作家、小說家，作品主題多挖掘剖析美國社會及政治病態問題，風格以描述暴力及情慾著稱。代表作是一九四八年出版的第一部著作、以第二次世界大戰為背景之小說《裸者與死者》。梅勒曾兩度獲得普立茲獎，並成功將小說技巧融入紀實作品中，如今這種寫作手法也為許多記者所模仿。

4 編註：赫爾曼・戈林（Hermann Göring, 1893-1946），納粹德國的一位政軍領袖，與希特勒關係親密，在納粹黨內有相當巨大的影響力。他擔任過德國空軍總司令、「蓋世太保」首長、「四年計畫」負責人、國會議長、衝鋒隊總指揮、經濟部長、普魯士邦總理等跨及黨政軍三部門的諸多重要職務，並曾被希特勒指定為接班人。

5 原註3：Robert G. Waite, *The Psychopathic God: Adolf Hitler* (New York: Basic Books, 1977), 412, 379.

6 編註：路西弗（Lucifer）這個名字出自《聖經・以賽亞書》，意為發光者或掌燈者。據傳路西弗在叛變之前擔任天使長的職務，是天界所有天使中最美麗、最有權柄的一位，其光輝和勇氣，沒有任何一位天使能與之相較。然而《聖經》並未提及路西弗曾經是一位天使，也未提到他的地位，該說法可能來自傳說或偽經。因彌爾頓《失樂園》的影響，路西弗成為撒旦的傳說開始普及；在《失樂園》中，路西弗因拒絕臣服基督，率天眾三分之一於天界北境舉起反旗。經過鏖戰，路西弗的叛軍終被基督擊潰，在渾沌中墜落了九個晨昏才落到地獄。

7 原註4：James Hillman, *The Dream and the Underworld* (New York: Harper and Row, 1979), 168-171.

8 原註5：Waite, *The Psychopathic God*, 14.

9 原註6：Ada Petrova and Peter Watson, *The Death of Hitler: The Full Story with New Evidence from Secret Russian Archives* (New York: W. W. Norton, 1995), 16.

10 編註：赫爾曼・勞施寧（Hermann Rauschning, 1887-1982），曾短期加入納粹黨，一九三六年宣布脫離納粹黨，離開德國，從此開始公開批評納粹政權。

11 原註7：Hermann Rauschning, *The Voice of Destruction* (New York: Putnam, 1940), 5.

12 編註：德勒斯登（Dresden），是德國東部重要的文化、政治和經濟中心。第二次世界大戰以前，德勒斯登是德國最發達的工商業城市之一，二戰時遭到盟軍的大規模空襲，整個城市一度毀滅。

13 原註8：Waite, *The Psychopathic God*, 26-27.

14 原註9：Petrova and Watson, *The Death of Hitler*, 9-13.

15 原註10：Edgar Herzog, *Psyche and Death: Death-Demons in Folklore, Myths and Modern Dreams* (Dallas: Spring Publications, 1983), 46-54.

16 原註11：Waite, *The Psychopathic God*, 237ff.

17 編註：薩德侯爵（Donatien Alphonse François Sade, Marquis de Sade, 1740-1814）是一位法國貴族和一系列色情與哲學書籍的作者，以描寫色情幻想和導致社會醜聞而聞名於世，以他姓氏命名的「薩德主義」（Sadism）則意指性虐待。其最著名之著作為一七八二年出版的《索多瑪一百二十天或放縱學校》（*Les 120 Journées de Sodome ou l'Ecole du Libertinage*）。

18 原註12：Werner Maser, *Hitler: Legend, Myth and Reality*, trans. Peter and Betty Ross (New York: Harper and Row, 1973). 198.

19 編註：恩斯特・羅姆（Ernst Röhm, 1887-1934），德國納粹早期重要人物，衝鋒隊的組織者，一度要求衝鋒隊與國防軍合併，用以增強勢力，希特勒難忍衝鋒隊動輒觸發街頭暴力，嚴重影響他統治德國的威信，遂捏造羅姆有政變圖謀，用以清算行動（長刀之夜）。超過一千名衝鋒隊隊員被逮捕，此後衝鋒隊淪為普通國民組織，羅姆亦於一九三四年被槍決。

20 編註：約瑟夫・戈培爾（Joseph Goebbels, 1897-1945），納粹黨的國民啟蒙暨宣傳部長，被稱為「宣傳的天才」，擁有文學博士學位，曾經擔任記者及戲劇顧問。就任兩個月後，在柏林和幾個重要大學城焚書；他認為廣播與坦克一樣，是征服人心與思想之戰的新武器，故大力研發便宜又耐用的「國民收音機」（國民收音機因被戲稱為「戈培爾的嘴巴」）。戈培爾自始至終無條件服從希特勒，誓與之共存亡，希特勒自殺後一天，他與妻子先殺死他們的六個孩子之後自殺。

21 原註13：Waite, *The Psychopathic God*, 44-45.

22 原註14：Ibid., 13, 201, 14.

23 編註：梅杜莎（Medusa），希臘神話之蛇髮女妖，凡正視其雙眼者立即變為石頭。

24 原註15：Ibid., 7, 114, 92-95.

25 原註16：Joachim Fest, *Hitler*, trans. Clara Winston (New York: Harcourt Brace and Company, 1974), 4.

26 編註：豪普特曼（Gerhart Hauptmann, 1862-1946），德國劇作家、詩人，自然主義文學在德國的重要代表人物；在吸收自然主義、新浪漫主義、超現實主義等創作手法的同時，又對印度教、《可蘭經》以及中國的老子作了透徹的研究，將各種思想和文體熔為一爐。一九一二年獲諾貝爾文學獎。

27 原註17：Rauschning, *The Voice of Destruction*, 257-258.

28 原註18：Charles Bracelen Flood, *Hitler: The Path to Power* (Boston: Houghton Mifflin, 1989), 25.

29 原註19：Waite, *The Psychopathic God*, 202.

30 原註20：John Toland, *Adolf Hitler* (New York: Doubleday, 1976) 170.

31 原註21：Waite, *The Psychopathic God*, 176, 155.

32 原註22：Rauschning, *The Voice of Destruction*, 256.

33 原註23：Alice Miller, *For Your own Good: Hidden Cruelty in Childrearing and the Roots of Violence* (New York: Farrar, Straus and Giroux, 1983).

34 編註：曼森（Charles Manson, 1934-），美國歷史上最瘋狂的超級殺人魔，因在一九六九年先後虐殺多人，被稱為「最危險的殺手」。他所控制的組織「曼森家族」喪心病狂、殺人如麻。

35 原註24：Joel Norris, *Serial Killers: The Causes of a Growing Menace* (New York: Doubleday, 1988), 157-158.

36 編註：一九九四年的電影《閃靈殺手》，英語原名「Natural Born Killers」意即「天生嗜殺者」。

37 原註25：Gitta Sereny, *The Case of Mary Bell* (New York: McGraw-Hill, 1973), xv.

38 原註26：Ibid., 74, 197.

39 原註27：Ibid., 195, 130.

40 原註28：Miller, *For Your Own Good*, 132, 161.

41 編註：阿道夫・艾希曼（Adolf Eichmann, 1906-1962），納粹德國前高官，也是在猶太人大屠殺中執行「最終解決方案」的主要負責者，被猶太人稱為「納粹劊子手」，二次大戰後逃亡至阿根廷，遭以色列情報特務局捕獲，公開審判後絞死。克勞斯・巴比（Klaus Barbie, 1913-1991），德國納粹分子，一九三六年起加入黨衛軍；一九四二年至一九四四年任法國里昂地區蓋世太保司令期間，以極其野蠻與殘酷的方式，殺害四千多個猶太人與法國反抗軍，其中包括幾十名無辜孩童，因此被冠以「里昂屠夫」的稱號。

42 原註29：Lonnie H. Athens, *The Creation of Dangerous Violent Criminals* (Urbana: Univ. of Illinois Press, 1992).

43 原註30：Cesare Lombroso, *The Man of Genius* (London: Walter Scott, 1891); Richard von Krafft-Ebing, *Psychopathia Sexualis: A Medico-Forensic Study* (New York: Pioneer Publications, 1946).

44 原註31：John Kobler, *Capone: The Life and World of Al Capone* (New York: Putnam, 1971), 27-28.

45 原註32：James Q. Wilson and Richard J. Herrnstein, *Crime and Human Nature* (New York: Simon and Schuster, 1985).

46 編註：《蒼蠅王》（*Lord of the Flies*），是威廉・高汀發表於一九五四年的寓言小說。小說講述了一群兒童被困荒島，在完全沒有成人的引導下建立了脆弱的文明體系。但由於人類內心的陰暗面，終致這個文明體系被野蠻與暴力所取代。威廉・高汀因此書獲得一九八三年諾貝爾文學獎。

47 原註33：Adolf Guggenbühl-Craig, *The Emptied Soul: The Psychopath in Everyone's Life* (Woodstock, Conn.: Spring Publications, 1996).

48 原註34：Jack Katz, *Seductions of Crime: Moral and Sensual Attractions of Doing Evil* (New York: Basic Books, 1988), 315.

49 原註35：Sereny, *The Case of Mary Bell*, 66, 41.

50 編註：呂格爾（Paul Ricœur, 1913-2005），法國著名哲學家、當代最重要的現象學、詮釋學及敘事學者，對於人類學、歷史學、社會學和心理學等人文領域都影響深遠。早期研究以現象學、詮釋學為主，後期因赴美講學，其哲學稍為遷就語言的迂迴路徑，藉以開創自我詮釋學之敘事理論。

51 原註36：Katz, *Seductions of Crime*, 289f, 301.

52 原註37：Brian Masters, *Killing for Company: The Story of a Man Addicted to Murder* (New York: Random House, 1993), 238.

53 原註38：Miller, *For Your Own Good*, 225.

54 原註39：Lionel Dahmer, *A Father's Story* (New York: Avon, 1995), ix, 175, 204, 190.

55 原註40：Robert Cullen, *The Killer Department: The Eight-Year Hunt for the Most Savage Killer of Modern Times* (New York: Pantheon, 1993), 209, 194-203.

56 原註41：希特勒的童年事蹟引自Toland, *Adolf Hitler*, 12, 22；以及Waite, *The Psychopathic God*, 147。

57 原註42：Plotinus, *Enneads*, vol. 6, 9, 11.

58 原註43：Gerald Astor, *The "Last" Nazi: The Life and Times of Dr. Joseph Mengele* (New York: Donald I. Fine, 1985).

59 原註44：Mikal Gilmore, "Family Album," *Granta* 37 (Autumn 1991): 11-52.

60 原註45：Katz, *Seductions of Crime*, 301.

61 原註46：M. Scott Peck, *People of the Lie: The Hope for Healing Human Evil* (New York: Simon and Schuster, 1983), 261-265.

62 編註：此為比喻。摩尼教為公元三世紀中葉波斯人摩尼（Mānī）所創立，受基督宗教與伊朗袄教馬茲達教義所影響，屬於諾斯替（靈知）的二元論宗教。主要教義為「二宗三際論」，崇尚光明。摩尼聲稱自己是神的先知，也是最後一位先知，其目標是要建立一個世界性的宗教，超越一切的宗教傳統，他在二七七年被釘死於十字架。基督宗教教父奧古斯丁皈依基督前是一位摩尼教徒，脫離後則反駁摩尼教。

63 原註47：Peter R. Breggin and Ginger R. Breggin, *The War Against Children: The Government's Intrusion into Schools, Families and Communities in Search of a Medical "Cure" for Violence* (New York: St. Martin's Press, 1994), 15.

64 原註48：Elaine Pagels, *The Origin of Satan* (New York: Random House, 1995).

65 編註：指美國兩個城市奧蘭多和阿納海姆的迪士尼樂園。

66 編註：《芝麻街》是美國自一九六九年開播的兒童教育電視節目。

第十一章

天下無庸才

不必以為唯有天資卓越的人，才受守護神靈的安排照顧……
神靈不承認所謂「平庸」的想法，祂看待我們是一視同仁的。

——本書作者

守護之神可能平庸無奇嗎？靈魂的召喚可能叫人去做個庸碌之輩嗎？絕大多數人擠在統計圖表上的那個鐘形曲線裡，在我們左右兩端的極優者和極劣者，令我們投以羨慕與恐懼的目光。顯然中間的這群多數人，在才能、機會、背景、運氣、智力、容貌等各方面，都算不上出眾。

首先我們得承認，「平庸」是裝滿勢利眼偏見的一個用語。我們用到這兩個字的時候，必有絃外之意，好比這與我是相去甚遠的。因為被我指為平庸者，與我自己是不屬同類的。

「平庸」往往意指「不出眾」。其實，不論命運給你安排了什麼條件際遇，靈魂自有個別性；不論個人喜好什麼格調，表現了多麼中等的成績，沒有一個靈魂是平庸的。

平庸的靈魂是什麼樣子？淡而無味、毫無特徵、到什麼環境就變成什麼樣子？我們不能憑工作性質認定靈魂平庸；修理工、服務台接待員、馬路工人的職業也許平常，他工作的表現未必平庸。早餐吃玉米片、看電影吃爆米花的人多不勝數，但這兩個行為並不證明這種人平庸。每個人因為自有習性作風而成為他自己。如果真有平庸的靈魂，那該是沒有任何標記特徵、完全無知、沒有圖像——所以是莫須有的，是沒有代蒙監守的生命。

西方文學中的確出現過沒有靈魂的生命，如猶太民間傳說中的假造人（Golem）[1]、活僵屍（Zombie）、機器人（Robot），以及存在主義「異鄉人」，但即便這些人也是有形象的。活著的生命一定是有形象有風貌的，形塑靈魂的圖像不可能消失。每個人都有標記，每個人都與別人不同。靈魂沒有所謂平庸之說。

性格引導才華

天資如曼紐因之演奏小提琴、愛德華．特勒之研發氫彈、福特之製造汽車；但我們不可以把天資和靈魂的召喚搞混了。才能只是生命圖像的一個部分；許多人天生具有音樂、數字、機械方面的才能，但這份才能必須能為圖像所用，能被個人的性格發揮，才會顯出不尋常。雖然有很多天生我才的人，卻甚少有發揮才能個性的人。人的性格是關鍵所在，也是每人各有不同的。

有些人天生的才能並不特別突出。布萊德雷將軍年少時的專長是在運動方面，尤其精於棒球。導引他命運的卻是他的性格。他少年時要和擔任教師的父親冬天在密蘇里州農田小徑步行；到只有一間教室的學校去；一小時要走二十七公里；還要獵野味回家供食用（他六歲就有自己的ＢＢ獵槍）。自那時候便表現出勤奮、盡心、服從、體能優良的布萊德雷，在個性上蘊藏著他的命運。他日後不一定要走進西點軍校和陸軍參謀長的職位，但從軍確實讓他把生命圖像活了出來。

不是因為一心想要傑出，而成為卓越突出的人；主要是性格召喚的力量，促使你不能成為橡實稟賦以外的樣子，必須忠實地追隨這召喚，或是努力去實現固有圖像。

橡實理論堅持，每一個人都有和別人「不一樣」的橡實，橡實塑造了每個人，不論有沒有眾人目光青睞，每個人都有自己的性格。在極少數的情況下，橡實及早就發出響亮的呼聲。有音樂才能的人往往是最早聽見召喚的：如大提琴家卡薩爾斯六歲就能演奏鋼琴和風琴；安德遜（Marian Anderson, 1902-1993）八歲時作了第一次酬勞的演出（酬勞五角）；莫札特和孟德爾頌（Felix Mendelssohn, 1729-1786）的音樂天才是不用多說的；至於馬勒（Gustav Mahler, 1860-1911），在還不會站的幼兒期就會哼他聽過的曲調；歌劇家威爾第（Giuseppe Verdi, 1813-1901）七歲時，父親因為受不了他百般要求，買了一架小型立式鋼琴給他，而柴可夫斯基四歲的時候就纏著大人要樂器了。[2]

但大多數的情形是，守護神靈並不大呼小叫，只導引著個性慢慢地、靜靜地流露。投入演藝的生命受橡實的召喚特別明顯，如茱蒂·嘉蘭、英格麗·褒曼、伯恩斯坦，都有登峰造極的演藝生涯，但事在人為，更重要的是以什麼樣的個性施展演藝才華。

靈魂與職業

一般常見的錯誤觀念是：只以某人從事的行業指稱此人的志趣本領，忽略了此人在這個職業上的表現。柏拉圖本人就犯了這個錯。他在神話比喻中把靈魂安置在職業裡，因此，宰牲口賣肉的人所從事的行業和他的靈魂，並沒有明顯區隔。你做的事就代表你這個人，既然你投身在超市切肉的平庸職業，你就是一生庸碌。

這又是一錯；人的個性不等於他做的事，這得看他怎麼做。肉販也是各有不同的，因為每個人有每個人的代蒙。如電影《馬蒂》[3]的主人翁馬蒂，是個「好肉販」，他的個性使這個人物獨一無二而值得懷念。

芝加哥廣播電台節目主持人托克爾（Stud Terkel）訪問的對象，正是這種平常大眾之中的獨一無二。哪一個人的童年記憶中沒有這種難忘的人物？——某位郵差、某位老師、巷口雜貨店的老闆、愛養小貓小狗的鄰居。從芸芸眾生中打撈獨一無二的個人特色，也是社會工作者和心理治療師作個案研究的深層動力。心理治療師不僅是寫下個案的相關事實，還要把資料理出頭緒來，找到能貫穿資料的模式。不論是張三或李四的檔案，每個個案裡都有那麼一個人，一種性格，按希臘哲學家赫拉克立特所說，這裡面也有著一個命運。

平庸者的選擇

我們隨即會講到赫拉克立特的名言：「個性即命運。」在此先回答本章開頭提出的問題：

是否有平庸的守護神？平庸的人是否本來就選擇了平庸的命運？答案有四：

1.否。傑出不凡的命運才有守護神靈。凡人不過是翻求才廣告，碰到什麼就做什麼，胡亂走完一生。

2.是。平庸的大多數也有守護神帶領，卻因為種種緣故：父母阻撓、醫生誤診、家境貧窮、沒有識才的伯樂，所以錯過了命運召喚；或是信心不足，或是遇上意外，於是將就湊合過了一生。隨緣而不強求，所以平庸。

3.是。但即便湊合也令人難堪；橡實（acorn）磨成了雞眼（corn）。走在平庸大道上，卻一直覺得本來可走別的路，所以希望並且等待有什麼力量，能帶自己到真正該走的路上。我怨天尤人，認為現況的我根本不是我的本來面目。

4.是，但不盡然。許多人本來就是不要露鋒芒的，他們原該走中道，成為普通人群的一員。靈魂的召喚不把個人特色和特立獨行當成同一回事，卻含蓄地導引生命走入不像本書列舉的人物那麼強烈突出的形態。每個生命都走靈魂選擇的路，出眾與否並不重要。

第一個答案的說法，只有傑出特殊的人物活出預定的生命圖像，常見於非凡人物傳記、有關創造力的研究報告、探討天才的理論。這個答案也把人區分為幸與不幸兩種，本書並不贊成。既然每個人都是個別由代蒙選定的，所謂少數人有幸被揀選之說是不能成立的。

第二個答案認為，多數人因故誤了命運召喚，不得不退而求其次，這是社會學的說法。

第三個答案正供給心理治療可用武之地。主張這個答案的人，可以讓心理治療幫他發現真正的自我或自助壓抑的本質，讓被錯待妨礙的天分重釋自由，而大大發揮一番。

第四個答案是本章關鍵的主題，這個說法既相信平庸是靈魂的選擇，也在社會學和統計學的常模之外重新定義平庸。

靈魂感召，一視同仁

這個說法的支持者應以當代女性主義為主，因為女性主義觀察人生經歷時，認為個性與事業成就是同樣重要的。新近探討歷史與歷史人物的寫作，不再只以政治人物和天資超眾的人為主，而會關注一般常人。諾士（Roger North, 1653-1734）在《列傳》（*Lives*，約一七二〇年撰）的〈總序〉之中便有先見之明，主張現代這種反英雄、反等級高下之別的傳記觀。[4] 諸如此類的寫作觀點，會討論為人處事的風格、個人抱持的理念、社會習俗的影響、使文化價值觀變動的日常義行、道德上的考驗等，以凸顯權力核心活動以外的個人特徵。[5] 觀察人物個性的時候，要看將軍大帳中的戰略全圖，也要看兵士在開戰前夕寫的家書和後方的家人。

這種傳記與歷史寫作的修正，意在呈現個人如何應對紛亂的遭遇。這種寫作方式所依據的理論，正是我要在此提出的：生命是個性形成的，不論生命如何平淡卑微，都有靈魂的感召。命中的職志可能是走入生活，不為追求成功，而為正直、為關愛、為結為夫婦、為服務、為生活而奮鬥。我們常有的疑問，如：為什麼有人出類拔萃，有人沒沒無聞？為什麼有人永遠居於陪襯地位，有人一輩子不上不下，持續以平庸的才能做出平庸的成績，這種問題可以休矣。

其實平庸，是不能衡量的，平凡的生命並不是因為逃不出稟賦平庸的厄運所致。我們如果總是著眼在掙取到多大權勢、多少專長，就沒法看見人的個性。這就好像教人人戴著磨成某一種光度的鏡片，所見的全是奇形怪狀。

我們不必以為唯有天資卓越的人才受守護神靈的安排照顧。也許神靈是很有民主精神的，只在意實踐命運圖像，並不嫌棄才能平庸的人；神靈不承認所謂「平庸」的想法，看我們是一視同仁的。代蒙重視每一個人，而且與個人結為一神一俗的雙胞生命，共同成就一個社會實體。

我們的社會學、心理學、經濟學，亦即西方文明本身，似乎沒有能力衡量非出眾人物的優點，只知把這些人歸入才智中等的平庸之類，以致「成功」二字有了莫大的重要意義：因為只有「成功」能幫我們逃出平庸的境地。不甘願平庸的人甚至想藉媒體而出眾，但媒體只在你為傷心事而哭的時候、在舞台上激昂的時刻、為某個意見擺出姿態的當兒來拉拔你；這時刻一過，又把你拋回茫茫平庸人海。媒體能諂媚、歌頌、誇大，卻不會想像，所以又看不見真正的你。

總之，靈魂沒有所謂平庸之說。這兩個詞屬於不同領域，不可能交集。「靈魂」是個別、獨特的，「平庸」是按社會統治所使用的曲線、數據、比較、標準，來估量個人。也許你各方面都落入社會學分類法的中庸級，連你的志願、期望、成就都不能倖免。但你表現中庸的方式卻可能在統計圖的曲線上衝出一個箭鋒。

個性即命運

論輩分，赫拉克立特比蘇格拉底和柏拉圖還要高。他的三字名言：Ethos anthropoi daimon（一般釋義為「個性即命運」），兩千五百年來不知被多少人引用。大家都能詮釋這三個字，卻無人確知他的本意為何。以下略舉幾例：

「人的個性即其天資。」

「人的個性即其代蒙。」

「人的個性即其守護神靈。」

「人的個性乃是其人不朽且蘊含神性的部分。」

「人的個性即其命運。」

「個性即命運。」

「對人而言，個性即注定之命運。」

「性即人之帝。」6

三個字之中，daimon的意思我們已很清楚，即「代蒙」、「監守神」，或「守護天使」、「靈魂」、「圖像」、「命運」、「橡實」、「稟賦」、「生命的伴侶」、「心的召喚」、「心靈的孿生」。被想像力人格化了的代蒙，本來具有多義性，按古希臘的心理學來講，即是個人的命運。你生而帶著自己的命運；這命運要陪伴你一生。所以代蒙的意思可以解為「命運」，可以解為「稟賦」，卻不可解為「自我」。

在北美洲的原住民社會中，橡實以各種名詞指稱，而且都被視為獨立的神靈，它們陪伴、引導、保護和告誡世人。神靈可能附於某人，但不可能跟你的人格自我結合。其實，「天生」的橡實不僅屬於你，也屬於祖先、社群、周圍的動物；它的力量作用於農作和狩獵、作用於社群的精神與健康，換言之，它作用於真實的世界。橡實有別於現代主體性中如此分隔與孤立的膨脹自我。所以，那是「你的」橡實，但它既非你，也不屬於你。

古代世界所知的代蒙非人非神，來自介乎人神兩境的「中間地帶」，也是靈魂的領域。代蒙不是神，比較像是個人最隱私的精神狀態；它可能到夢裡來，或發出預感、直覺、情慾衝動等訊息。赫拉克立特名言譯為「個性即命運」，便是將生命之路與處事為人之道緊密聯結。說得簡明些，意思是：如果你處事平庸，你的命運便是平庸的。

當然，這句名言還有別的解讀。有些人用赫拉克立特的說法來對抗普遍的迷信，反對代蒙擁有決定命運的各種力量；他們視赫拉克立特為一位反對宿命論的道德主義者，因為宿命論讓人擺脫責任。莎士比亞說：「是神靈，我們頭頂的神靈，左右著我們的一切。」（《李爾王》，IV，iii，35）赫拉克立特好像在反駁說：不是神靈，是你的個性。但狡猾的莎士比亞又說了：「親愛的布魯圖，錯不在我們的神靈，而是我們自身。」（《尤利烏斯．凱撒》，I，ii，139）

另一些人從中看到先驗自我（transcendental ego），那是一個原型的引導神靈，照顧著每一個人，守護著他們的行為，如蘇格拉底的代蒙守護著他遠離錯誤。遵循代蒙被認為有助於培養人格或良好的習慣。代蒙所形塑的性格特徵將抑制過分的傲慢自負，讓你堅守於自己的圖像（天賦）。圖像顯現在你的行為中，所以你可從生命的省視中見到自己的天賦。你的可見形象就是你內在的反映，當你評價他人時，你所看到的正是你身上所具有的。因此你必須要有開闊的視野，否則就只能看到你所看到的東西；還要目光銳利，否則所視的只是模糊一團；看透黑影也非常重要，否則你將被欺騙。

赫拉克立特三字名言的頭一個字 ethos，該怎麼解？它的讀音和 ethics（倫理；行為準則）很像，但意義更接近 habit（習性；氣質）。赫拉克立特的本意是指慣常的行為。你處理人生的態度是什麼樣子，你就一定是什麼樣子。堅持認為有一個更隱密、更真實且有別於實際表現的我，這是非常虛幻的想法——心理治療提供這樣的幻想而從中牟利。赫拉克立特是現實的：你就是你所表現的。「如何表現」是關鍵，因為這是你的生命與代蒙感召之間的連結。

那麼，赫拉克立特是第一位行為主義者嗎？他是否有說過：「改變習慣，你就改變了性格，也改變了命運。不用管背後的原因是什麼。」

我認為赫拉克立特的話有更深刻的含義。行為主義聽起來太刻意，太像新教徒、太美國式，更是太人文主義了。儘管赫拉克立特把行為準則（ethos）和倫理直接跟代蒙連結起來，但我們真正關注的，是代蒙的命運。人文主義的自我中心思維誤以為代蒙既然選擇了我，它應該會在意我們的命運。但它的命運又如何呢？或許人類的使命就是讓自己的行為迎合代蒙的意圖，去做它認為正確的事，去實現它的目標。個人處理人生的態度會影響到自己的心，會改變自己的靈魂，會牽涉到代蒙。靈魂不是在天上形成的，是我們以行為完成的。降生時的靈魂只是一個圖像，有待我們以人生實現它。

於是，代蒙成了人的行為準則之源，幸福人生（希臘人所謂的 eudaimonia）也就是有益於代蒙的人生。代蒙不僅以召喚來護佑我們，我們也以各自的方式去追隨它、庇護它。

既然代蒙的「背面」是不可見的，取悅代蒙的行為準則也就不可能是清晰、標準化的。好習慣造就好個性、好人生，但代蒙要的不是童軍那一套。受代蒙驅使的行為可能是不可思議的，比如卡內提為了幾個字而拿著斧子追著他姊姊，或柏格曼因為同學洩露了他的馬戲團幻想而想要刺殺他。代蒙所驅動的還可能包括壞種的人格特質。代蒙的索求不一定合乎情理，而是為了迎合它的非理性需求。悲劇性的缺陷或人格障疑都存在著非人性的一面，似乎在遵循著某種不可見的秩序。

個體的一貫行為來自於「習性」，現代心理學稱之為性格。[7] 性格指的是人格中難以改變的深層結構。如果性格對社會有害，就會被稱為佛洛伊德所說的性格官能症，或人格障疑。這些難以撼動的命運軌迹，即是代蒙，它們各有獨特的紋路。「性格」（character）一詞原意為標記符號，能刻出不可磨滅的線條。[8]「風格」（Style）一詞則來自拉丁文「stilus」，是一種鋒利的工具，能刻寫出 character（如字母）。難怪行事風格能揭示一個人的性格，而且難以改變；也難怪性格障礙一直是精神疾病和反社會人格診斷中的核心議題。

三位顯要證人

以下要談的三個人物是「美國夢」三位顯要證人。這三人都表現了堅定不移的習慣，而且被人讚許為從不違背自己的個性。三人的環境條件均屬中等，先後銜接起一九〇二年至一九九五年的美國歷史。一九〇二年杜威（Thomas E. Dewey, 1902-1971）州長誕生；一九九五年則是美國名佈道家葛培理仍在推動美國全面宗教運動，以及諾斯（Oliver North, 1943-）上尉被奉為民間英雄的時候。

我們將從三人之中看到一個核心特徵，即是每個人性格中的代蒙，並且看到其中驚人的相似之處。我們因此可以理解他們的習性如何與美國社會大眾產生共鳴。透過他們，我們可以瞥見美國人性格中至關重要的代蒙。

乍看之下，這三個人似乎很不相似。杜威州長留著小鬍子，身高五尺六，穿著修身的黑色套裝，一絲不苟、小心謹慎。（「巡視監獄時，他會待人為他開門而不會自己碰觸任何門把，如果沒人懂他的暗示，他會從外衣口袋拿出手帕蓋住手掌，然後輕輕拭擦囚犯每天抓握的門吧。」）葛培理十八歲剛從高中畢業，「穿著孔雀色領帶和酒瓶綠配上黃色細邊的軋別丁呢外套」。諾斯「穿著迷彩服來到越南準備上戰場。他穿戴防彈背心，眼睛塗上黑色油彩以遮掩目光，在野外他總是扣好頭盔，一切準備就緒。除了發給每個將領的〇．四五口徑左輪手槍，他還多帶了一支十二口徑的獵槍。這些防護好像還是不夠，他胸前戴著個十字架。」[9]

要細說這三個人的不同點是說不完的：時代背景不同；所受的教育不同；職業不同；年輕時的氣質不同（葛培理天真而好誇耀；諾斯頑強而一本正經；杜威聰敏而傲慢）。但是我們要看的是三人的相同之處。

第一個相同之處就是飽和的天賦能量。杜威是獻身工作、直面應對挑戰且要求嚴苛的行政長官，被譽為「流氓掃蕩者第一人」；他在學生時代從未缺席一天、從未錯過一次球隊訓練。諾斯深受愛戴，「永遠有求必應」；他在越南期間不顧自身傷痛而勇往前線，被授予「一枚英勇作戰者的銅質獎章、一枚銀質獎章、兩枚紫心勳章和一枚海軍突擊隊勳章」。葛培理「精力太充沛，以至父母親在他十一、二歲時帶他去看醫生……。他的一位親戚說，他一學會騎三輪腳踏車，就迫不及待地到處騎，雙腳動作迅速得你幾乎看不清」。這樣的豐沛能量得以控制，是因為他們三人都有堅定的信念。

第二個共同點是自律。諾斯選擇加入海軍，這是他的自律人生的縮影。他自小懂得服從命令，「不會花太多時間在外頭玩……，回家時間一到，他媽媽總是一聲口哨就把他叫回來了……。他總是穿得比我們整齊」。葛培理「自小在家就被要求勤奮、虔誠；他十歲時，已經熟記《韋敏斯德小要理問答》中所有的一〇七條」。杜威的命運則直接把他扔到一個高度紀律的生命中：「他三歲時得到一部腳踏車，並且被警告如果摔倒腳踏車就會被沒收。這孩子迫不及待爬上車，車子很快就被沒收了，而他媽媽完全不退讓地把腳踏車收起來整整一年。」

在大學期間，杜威「似乎與年輕人的放蕩不羈格格不入」。葛培理常常觸電，癡迷於女孩，「與女孩接吻直到嘴唇裂開」。但是「不知為何，在性方面我從未逾越道德界線。出於某種原因上帝保持了我的清白，我甚至從未摸過女孩的胸」。高中時，諾斯「不常約會」。十歲時，他和朋友誤闖戲院看了一場性感女星碧姬・芭杜（Brigitte Bardot）的電影，「當她在螢幕上投來火熱的目光時，諾斯匆匆避開眼神，他跟朋友說：『我們不應該看這個』，然後兩人急速離開，去了冰店。」

信心與熱情

我認為，這三個人物最重要的一個共同特性是：信念堅定，憑信心而有無比的說服力：

杜威七歲時，便拖著手推車到鄰居家去收舊報紙來賣……。九歲時，他開始推銷報紙和雜誌……。他的極端熱忱令人難以招架，一位認購者說：「湯姆（杜威）跑來推銷《星期六晚郵》（*Saturday Evening Post*）的時候，似乎是中了邪……。我跟他說我不要訂這個雜誌，他卻只是用他那雙看透人的黑色眼睛不服氣地望著我，把雜誌往我辦公桌上一放。他舉出十幾個我該訂閱的理由，我辯不過他；索性變成他的固定訂戶，省得傷腦筋。」

一九三六年夏，美國南方遭受乾旱與經濟蕭條期間，葛培理高中畢業，在南北卡羅萊納兩州挨家挨戶推銷「富勒牌刷具」。

他在兩、三星期內做出來的銷售成績，簡直令區域推銷經理佩服到家……。經理想不透，單槍匹馬的一個人怎可能在這麼短的時間內賣掉那麼多刷子。葛培理自己表示：「我對這些產品有信心。銷售這些小刷子變成我的奮鬥目標。我覺得每個家庭本來就該有一個富勒牌刷具……。」「我發現，誠意是推銷任何東西的最重要條件，這包括勸人接受救恩在內。」

他自己買了富勒牌的刷子給女朋友作禮物，並且時時認真地用富勒牌牙刷刷牙，以致「他的牙齦都開始萎縮了」。

令諾斯信心十足的不是象徵美國社會文化的牙刷和雜誌，而是美國本身。他既深信美國之優秀，也熱衷說服別人相信這一點。早在他未在參議院和電視上公開促銷之前，「美國」就一直是他的信仰。曾與他高中同學的一位人士說：「有個同學說了一些指責美國陸軍太笨的話，又說我們，也就是指美國，不該牽扯到國外的戰爭裡去。諾斯火了，他對那個同學說：『你不喜歡待在美國的話，你大可滾蛋。』」

銷售的產品如刷子、雜誌、不准過問是非的愛國心，或許表現出集體的平庸特質，但他們的銷售成績卻絕不平庸。習性即個性，並且成就命運。諾斯高中時代的這件事，揭示了他未來對自己執行的一切海外任務所抱持的信念。

雄心、大志、潔身自愛、工作特別勤奮，都是領袖人物的標記。這些人的價值觀和實際所為，他們的好惡與交往同伴，也許都沒有超出中產階級的風格品味，但三人都達到了峰頂。葛培理三十出頭就掌握了通俗福音佈道的想像，引來大批迷惘的、追求倚靠的，以及富有的群眾皈依。杜威年方三十五歲便任職紐約曼哈頓的地方檢察官，成為有史以來最年輕的地區檢察官。三十八歲時，他差一點獲得共和黨提名為總統候選人，四十二歲時終於成為羅斯福總統角逐白宮的對手。當時他已經寫下懲治黑幫老大、走私集團、詐騙集團的輝煌成績。

諾斯還不到四十歲的時候，便能自在從容地在華府的權力核心圈子裡走動了。眾議員巴恩斯（Michael Barnes）說：

> 他常和季辛吉一起……。他在博取重要人物好感這方面，頗有一套技巧。他和最高法院法官們、將軍們、參議員們親近往來，卻一點兒也沒有不自在……，好像是和他們平起平坐。他挾白宮的認可而來，經常是伴在季辛吉左右的。

幾年後，諾斯便執掌了美國在加勒比海地區（格瑞納達）、中美洲、中東（伊朗、利比亞、以色列）的大量外交事務。

葛培理也登上國際舞台。身為艾森豪、詹森、尼克森、福特、雷根等美國總統的牧師，他也處於權力的中心。杜威的圈子可能小一些，但正是他在共和黨內巧妙地策劃了艾森豪和尼克森的成功提名，這兩人才得以在二十世紀中期執掌美國政權。這三位懷抱美國中產階級美德的名人，他們的積極作為幾乎影響了世界上的每一個人。

他們堅守路線、貫徹原則，並且作風節儉。三十歲的杜威仍然「將每一筆開支，小至十五分的鞋油和八十五分的早餐，都有條不紊地記錄在小本子裡」。他從州長職位卸任時，紐約的賦稅比他剛上任時降低了百分之十。葛培理的事業常收到巨額捐款，他常跟富豪們一起打高爾夫球，然而他的妻子說：「他總是花上好幾個小時，努力想著要如何不收那些錢。」

為信念而戰

造成三人共同特性的，也許只是自我克制的習慣。但這不是一般所說的自制，而是指為了信念採取克制陰暗面的行動，因為這信念原本就是要制伏陰影。

諾斯在國會的聽證會上把這個道理講得很清楚：國際共產主義和削弱美國愛國精神的姑息主義是目前的大敵，我們必須整頓這種為害的情勢。杜威要制伏的乃是罪行：曼哈頓黑街的幫派份子，愛爾蘭人的腐敗政治，猶太人的詐騙集團，義大利人的強盜勒索。杜威在清除美國的污垢，要按他自己一絲不苟的作風重塑美國。葛培理的大任是淨化全世界的心靈，他的事業被稱為聖戰（crusade）。[10]

要克制自己的弱點與劣性，也要克制別人之惡。杜威做的是把罪犯定刑送入監獄；諾斯是轟炸薩爾瓦多、格瑞納達、利比亞的壞蛋；葛培理令罪人信基督而將撒旦與罪惡擊敗。即便各人對抗的陰影不同，三個人都是基於信念而發揮克制力與對抗陰影的熱忱幹勁。

這是對自己的目標理想有信心，抑或是對自己的信念有信心？有人指摘葛培理犯了「知識思考的自殺」之罪，他回答說：「我就是信。我只知道這無疑惑、無保留的相信使上帝在我的生命中做了什麼……。我決定了要信。」諾斯自辯的時候曾說，他之對國會說了謊話，是基於對美國和三軍統帥有信心。信心強到足以移山，卻也成了它自己的翳障。哲學家桑塔雅納[11]說，狂熱會看不清目標，會使心力加倍付出。

一九四八年大選意外敗給杜魯門之後，杜威並不讓敗績影響前程，他說：「落選的事到此為止，我現在要往前走。」果然，他以運作權謀來否認選民不支持他的事實。諾斯為了信念而加倍付出的功夫，包括在海軍官校期間曾因擔心腿傷的記錄讓他進不了陸戰隊，而打算去偷改

（或竊取）體檢表。

這三個人因為全心為自己所信的奉獻，所以曾經企圖消滅那些可能阻擋他們的影響力。葛培理的妻子曾說：「他當然也有過疑惑，但時間不長，因為他從來沒有真正存過那種心。」他的終極否認行為，是在尼克森下台並且喪失葛培理眷顧之後發生。信念太堅，從未有疑惑之心，致使葛培理經歷尼克森陰影之後一直不曾恢復元氣。水門案布下陰影以後，他陷入一生中的沮喪最低潮，經歷信心動搖的危機，他坐立不安，吃不下，睡不著。信仰的矛盾——為信仰而必須在知性思考上或道德上、感覺上扼殺自我——一時之間逼得他不知何去何從。他說：「我確曾相信，尼克森是有史以來最有可能把這個國家帶入偉大輝煌時代的人。」「水門案那些錄音帶暴露出一個我從不認識的人；我從來沒看見他的那一面。」

先是盲目不見真相，繼而不能接受事實。後來葛培理熬過這次難關；重新找回信心，回到純真，他又繼續向前進了。

美國性格的本質

三人的信念都是不屈不撓的。雖然道德上都有瑕疵——葛培理不能接受事實真相、諾斯說假話、杜威好權謀，信念卻使他們能經歷污穢而不受腐化，不被自己的陰影遮蔽而保持純真。

我認為，這信念堅定的美國習性正投合保守務實的平庸大眾所好。所以，這個成分，不論是文學批評家說的純真、心理學家說的否認事實、相信者所說的信念，必是美國性格的本質，杜威、葛培理、諾斯之所以是美國習性的出色代表人物，道理也在此。

儘管先前我們反駁過心理學上使用的「平庸」一詞，在此卻不得不承認，我們發掘了美國平庸氣質是在什麼心理條件下誕生的。能否認、能保持純真、能利用信念來防禦所有形態的經驗世故——知性、美學、道德、心理，就能夠長保美國式性格不覺醒。美國性格始終不理解的是，平凡中庸的那些長處——崇高紀律、秩序、克己、正直、信仰——本身即是要提防的陷阱，即是惡魔的預兆。

在現今反勢利主義的社會氛圍中，人們努力工作、安分繳稅、恪守道德，擠進中產階級的行列；因此我們更應該強調社會中的卓越人物。社會正在喪失靈魂、喪失代蒙、天使與天賦的感召，要尋回它們之前，何不先問問是什麼趕走了它們？也許從我們的社會中趕走這些無形事物的，正是平庸——安安分分成為團體的一員、做好份內的工作、恪守「家庭價值」、加入沃爾瑪（Wal-Mart）[12]的會員、保持冷靜、畏懼極端主義、遠離非主流觀點。

為什麼卓越會遭受質疑、抗拒？是不是因為我們害怕靈感，認為那是精英才可能有的心智，讓他們寧願與靈界溝通而不與社會交流？我們的文化是不是把靈感看作是反社會的？不就是這樣的文化讓我們無法擺脫乏味的平庸嗎？

不要忘了，是那些受到靈感啟發的人帶著社會向上提升，例如急救室的護理人員、年度傑出教師、投出漂亮三分球的隊員。個人靈感閃現的瞬間並不是對團隊的否定，這一刻屬於團隊和整個社會。在最後一秒投下一球挽救了一場比賽，這不單純只是個人的英雄事蹟。此事件重構出「英雄」的原型概念——所謂英雄，就是為了城邦和神的榮辱受到感召並表現出神蹟的人。西方文明的自我中心與競爭心態忽視了感召聖舉服務社會的一面。「靈感」只是意味著「神靈的吸入」，而不是「賦靈後的欣喜」。

有些社會要求成員為了社會而尋求靈感。例如美洲原住民的靈境追尋、淨化儀式等等都是為了全體福祉。他們的社會哲學是：唯有在彼世界（Others）的感召之中，你才能真正服事此世界的他者（others）。

我並非因為名譽而奉承名譽，我只是使用了放大鏡來檢視代蒙。以卓越人物為例，並不意味著卓越特質只能存在於這些人物身上。本書列舉的人物，是無形代蒙的有形化身，是他們讓我們看到了代蒙的作用。這些卓越人物為我們傳達了一個觀點：所有生命皆蘊含著卓越，只是未被現有的心理學和生物學理論所闡釋。

例如，馬諾列特和柏格曼的事蹟是值得借鑒的，但他們的存在並不是為了供後人模仿或複製，而是作為代蒙的展示。展現在他們生命中的傑出天賦，是普遍共有的。你也有。他們只是強化版的稟賦見證者。

使用這種誇大的老方法，目的在於激發軟弱者和倦怠者重新感受每一個人，不論男女、不論他在統計分布上如何平庸，所擁有的橡實都蘊含著偉大潛能。只有廢除了平庸作為一種心理學概念，我們才可能正當地讚頌卓越。否則，列舉這麼多名人而且極盡讚美，看起來好像是勢利地在奉承名人。因此，我們把「平均值」、「中間值」、「平庸」等概念踢出心理學，讓它們回到它們該在的領域（經濟學、流行病學、社會學、市場學），讓讀者可以試著從卓越的角度來想像自己。這亦是本章乃至本書的目的。

諾斯、葛培理、杜威都是不平庸的人物，即便有人勢利地竊笑葛培理的軋別丁呢西裝、杜威的奢華外表、諾斯的一板一眼而有平庸氣息。事實上，這三人都忠於自己的稟賦圖像，以一貫的行為證實自己的特有個性，包括短處在內。

在這樣一個社會、一個時代，天賦異稟的人被擱置在庇護所裡、被注射血清素，引人注目的個性將受到群體的強力規範，而過去特殊的人只會被邊緣化；此時，積極肯定卓越者的非凡特性，對這個群體的意識而言是非常重要的。若說卓越取決於命運，而命運在於性格，那麼赫拉克立特的這句話也可以倒過來唸：要提升性格，光靠道德教誨是不夠的。我們只需看看命運，特別是名人的命運；他們的圖像，其中包括他們的勇氣、願力，以及冒險精神，都是我們的引導。前述的三個人都是美國中間階層的極端代表，曾激起數以百萬計的美國人的信仰與政治熱忱。看看這三人的個性，絕不是平庸之輩。

中等之中的傑出形象，顯示中等也是一條路。我們可以藉此理解中等的固有價值，不必譏嘲小資產階級的集體劃地自限，更不必為了害怕稜角而躲入其中。我們必須從每個平庸的實例之中發現特有的個性，肯定每個橡實的獨一無二性，才能改寫平庸的定義。

柏拉圖主義裡的民主精神

本章的潛在張力，也是我思考許久的問題。二十五年前，或許更早些，研究早期基督宗教諾斯替教派[13]的荷蘭學者奎士貝（Gilles Quispel）和我坐在義大利的馬焦雷湖（Lago Maggiore）畔，他像一名從康拉德[14]小說裡走出來的老船長一樣，吸著菸斗，狡黠地問我：「希爾曼，你怎麼可能既是柏拉圖主義者，同時又是民主主義者呢？」

奎士貝瞥見了我命運中的代蒙，而我花了些年來回答這個問題。當然，他的問題背後所假設的，是對柏拉圖和柏拉圖主義的一些普遍看法──崇尚極權主義、精英統治、家長制，並且為威權政體提供了權威性的基礎。奎士貝的問題也假設了民主意味著群眾、世俗、不談超越性的存在。民主可以有建國之父，但不會有天使。因此，奎士貝的問題是：一個人怎麼可能同時相信精英主義和群眾主義、既追尋永恆原則又接受黨派變換；或者用他更熟悉的古典哲學語言來說：我怎麼可能同時擁抱真理（Truth）與觀點（opinion）。早從公元五世紀的古希臘哲學家巴門尼德（Parmenides）開始，這就是個令西方思想家頭痛的問題了。

在我們的國家，教會和國家之間有一道牆，清楚分明地區分了真理與觀點的範疇。然而，《獨立宣言》宣稱，美國的民主建基於一個超越性的「真理」之上——「人人生而平等」。這種說法的基礎是什麼？一出生，不平等就存在了；任何一個助產護士都可證明，每個嬰兒都與眾不同。就基因而言，技能、氣質、情感更是各有不同。而且，還有什麼比我們的生長環境更不平等的呢？一些人處於不利境地，一些人則從一出生就在先天和後天條件處處占優勢。

既然先天和後天都沒有平等可言，「人人生而平等」這樣的想法到底是從哪裡來的呢？這不可能來自經驗事實，更不可能簡單歸結自人人都有相同的直立身驅、使用符號語言等人類的共有特徵，因為個體特徵比這還要複雜千百萬倍。平等只可能推斷自個體的獨特性，也就是經院哲學[15]所稱的「個體性原則」（principle of individuality）。即是，每個人出生時都帶有影響性格形成的獨特因素，讓他成為他，而不是別的樣子。

所以平等必須是自明之理的、是既定的；如《獨立宣言》所說，「我們是平等的」是一個不言自明的真理。我們的平等來自於獨特性。就定義而言，每個人都跟其他所有人不一樣，所以平等。我們是平等的，因為每個人都帶著使命來到這個世界。「天賦異稟」是我們唯一平等的，其他方面則一概不平等——比如每個人都會受到不公平、不公正的待遇。因此，民主的基礎是橡實。

橡實使人超越，它的激情就是要得到實現。生命需要無障疑的自由來回應感召，那是與生俱來的自由，而這種自由無法被社會所保障。（如果取得自由的機會是由社會來裁定，那麼社會也就具有了上層的權力，而自由就受支配於社會的權威了。）除了每個個體受到的感召的獨特性，民主主義中的平等不可能建立在其他的基礎上，因此自由取決於完全獨立的生命感召。當《獨立宣言》的作者說人人生而平等的時候，他們看到了這一命題必然包含著另一個命題：人人生而自由。生命感召讓我們平等，而完成生命感召的行動要求我們必須自由。此兩者的守護者，即是那不可見的個人稟賦。

我們不要再把柏拉圖看成是懷揣空想而且令人討厭的法西斯主義者，更不要把民主想像成迷失方向卻又繼續哄騙人民的騙局。我們會看到，柏拉圖主義和民主不必然如磁鐵的兩極一樣相互排斥，相反的，這兩者的共通處在於提出了靈魂對個體的重要性。柏拉圖的國家是為了靈魂而存在，而不是為了國家本身，更不是為了國家之中任何的利益集團。在他的《理想國》（*Republic*）中，靈魂的層次和國家的階層相互類比。如果照著柏拉圖主義的真實呈現，我們對國家所為即是對靈魂所為，而對靈魂所為也就是對國家所為。

此外，我們在本章所看到的，個體獨特性是民主的條件，也是美國民主得以確立的基礎，而個體性所仰賴的就是靈魂，或者稱作守護天使、橡實、天賦，或任何美好的名稱。個體靈魂至關重要，這是柏拉圖主義和民主主義的共同理想。

在柏拉圖的神話中，代蒙本身看來不僅像個柏拉圖主義者，更像是個民主主義者，因為它降生到一個萬物相互作用的世界。它出生在世界各地，彷彿換上當地的服飾，彷彿要在這個世界棲身堅守。只有神學和薩滿教敢於將無形之物與有形世界分開談論。死亡和彼世界不是橡實的目標，它是要在有形世界裡作用，它是有形世界的嚮導。代蒙喪失了，民主社會也會跟著崩塌，群眾迷茫地在迷宮般的商場裡彷徨、徘徊，尋找出路。如果個體失去方向的引導，社會就沒有出路。

所以，奎士貝教授，如果我們再次在密林相遇，我會告訴你：柏拉圖主義和民主主義可以和諧共處。兩者皆奠基於靈魂，兩者都關心靈魂如何在世界中生存，如何圓滿實現。追求卓越、實現感召，並不會陷入精英主義，也不會丟失民主。

註釋 NOTES

1 編註：猶太民間傳說中「Golem」是泥造假人，相傳猶太拉比將上帝之名寫在它額頭上，或將寫上神祕文字的土牌放進它口中，它便會像活人一般活動，然而「Golem」頂多只像是真實生命的影子般，不會說話，也非得創造者下令才會行動，因而只能當作傭僕使喚。後世的《科學怪人》故事靈感即由此而來。

2 原註1：George R. Marek. *Toscanini* (New York: Atheneum, 1975), 22.

3 編註：馬蒂（*Marty*, 1955），又譯「君子好逑」，獲第二十八屆奧斯卡最佳影片等多項大獎，亦獲得第八屆坎城影展最佳影片。故事敍述一位相貌平凡、性格內向的義大利裔中年肉販馬蒂，在一個週末舞會中，邂逅同樣內向的女教師克拉拉，她因被朋友拋棄而深感自卑，馬蒂適時為她打氣；兩人在愛情路上跨越了階級和學識的差異，最終修成正果。

4 原註2：William H. Epstein, *Recognizing Biography* (Philadelphia: Univ. of Pennsylvania Press, 1987), 71-73.

5 原註3：Theodore Zeldin, *An Intimate History of Humanity* (New York: HarperCollins, 1995).

6 編註：本書英文版原註4列出赫拉克立特名言英譯版的參考書目。赫拉克立特名言的中譯版由本書譯者譯自英文。

7 原註5：Thomas L. Pangle, *The Laws of Plato* (New York: Basic Books, 1980), 792e.

8 編註：英文Character一詞有書寫或印刷符號之意。非拼音字母組成的文字符號如中文與日文，個別文字通常被稱為character。

9 原註6：有關杜威的內容出自：Richard Norton Smith, *Thomas E. Dewey and His Times* (New York: Simon and Schuster, 1982)；葛培理：Marshall Frady, *Billy Graham: A Parable of American Righteousness* (Boston: Little, Brown, 1979)；諾斯：Ben Bradlee, Jr., *Guts and Glory: The Rise and Fall of Oliver North* (New York: Donald I. Fine, 1988)。

10 編註：Crusade原義為「十字軍」、「神聖戰爭」，亦指「為改革而奮鬥之運動」。

11 編註：桑塔雅納（George Santayana, 1863-1952），西班牙裔美國哲學家、散文家、詩人、小說家，年輕時曾在哈佛大學學習。著有《批判實在論論文集》、《懷疑主義和動物信仰》、《存在的領域》等。其最著名的一句話：「那些不能銘記過去的人註定要重蹈覆轍。」

12 編註：美國最大的跨國零售店。

13 編註：諾斯替宗教一般認為起源於公元一世紀，比正統基督宗教的形成略早，盛行於二至三世紀，至六世紀幾乎消亡。「諾斯」（Gnosis）一詞的希臘語意為「屬靈的知識」，意譯為「靈知」，透過這種特別的知識和直覺，可脫離無知及現世的遮蔽，超越物質和肉體的囚禁，使靈魂得救。諾斯替泛指在不同宗教運動及團體中的同一信念，這信念可能源自於古老的東方，卻於公元前後數個世紀活躍於地中海周圍。

14 編註：康拉德（Joseph Conrad, 1857-1924），生於波蘭的英國小說家，是少數以非母語寫作而成名的作家，被譽為現代主義的先驅。年輕時當海員，中年才改行寫作。一生共寫作十三部長篇小說和二十八部短篇小說，代表作有《黑暗之心》、《吉姆爺》等。

15 編註：經院哲學（scholasticism）是歐洲中世紀時期形成、發展的哲學思想流派，由於其主要是天主教會在經院中訓練神職人員所教授的理論，故名「經院哲學」，又稱作「士林哲學」，意指學院（academy）的學問。起初受到神秘、直觀的教父哲學影響，後來又受到亞里斯多德哲學啟發。

【尾聲】

細說橡實

選用有機體的象徵意義來形成理論，是否不智？「橡實」這個名詞會不會立刻令人聯想到自然生長，從而把橡實原理附屬到它想避開、推翻的兩種觀念之上：一切取決於遺傳因子，時間促成演變發展？

對物種、天體、疾病的命名，總會使用那些具有根本隱喻的事物，體現出某種世界觀。在殖民時代，高山海島的命名也是如此。歐洲的統治者，以及偉大的科學家們，他們的名字占據了各種自然現象——星體、植物，乃至自然界的運作過程。解放運動扔掉了這些舊世界的名字所帶來的壓迫。我們是否應該摒棄任何生物機能演化論的殘餘，把「橡實」改稱為「本質原理」、「圖像原理」、「天資原理」，或索性直呼「守護神靈的心理學原理」？

我決定不改，因為橡實教我們讀出有機圖像的意義，而不致陷入生物機能說。我們用「橡實」這個自然形象，卻用反自然的方式，把順著時間發展的生命逆轉過來看，所以橡實不能只放在自然法則和時間範疇裡來解釋。我們既把它以原型的意念來想像，它就不只具有橡樹種子或果實這一層意義，而是另有神話、形態學、詞源學的多重意義了。

我們保留了這個名詞，但是要脫離我們原有的思維模式。橡實一詞並沒有問題，我們要拋棄的，是對橡實的自然論解讀或時間性的思考。

我們既然把橡實想像為原型，作為一種原型的概念來掌握，那麼它就不再屬於自然律與時間的範疇了。從狹隘的自然論定義，把「橡實」認定為橡樹的種子或果實，這只道出了其中的一個層次，只屬於植物學或語義上的解說。這只是第一層次，如果停在這裡，則阻斷了其他層次的浮現——即橡實的神話學、形態學與詞源學意義。

橡實也是一種神話象徵，是一種形象，也是一個自遠古而來，承載著意義與想像的字眼。往各種方向拓展「橡實」的內涵，像我們現在所做的，能超越自然主義所設下的標準定義。而且，當我們轉化「橡實」的意義和擴大它的潛能時，我們其實也正在帶著人們逃脫生物屬性的限制框架。

我們不妨從橡樹與橡實在神話上的象徵意義講起。古代的地中海一帶、歐洲的克爾特人和北方日耳曼人部族之中，都相信橡樹有魔力，是祖靈之樹。凡是和橡樹有密切關係之物，都帶有幾分威力，如棲居在橡樹上的鳥、樹幹裡的癭蜂、蜜蜂和其蜜、纏在樹上的寄生植物，以及橡實，都在此例。古時的橡樹是父樹，能使雷霆從天而降，是由希臘神話中的天神宙斯、日耳曼神話的雷神多納（Donar）、北歐神話的主神沃頓（Wotan）掌管。橡樹也是母樹（proterai materes」；希臘文意指「最初的母親」），有許多敘述人類始祖的神話故事說，人是橡樹生的。此外，樹（tree）和真理（truth）是同源字，蘊含橡樹形態的橡實也可以說是蘊含了真理。[1]

神仙之家

概念語言用句子陳述意思；神話語言則用意象來表達。橡實是人格原型的圖像，是因為橡樹裡住著神諭人物。橡樹特別具有精神意義，因為蜜蜂常在其上築窩製蜜，而古代地中海一帶與許多其他地區都相信，蜂蜜是神祇享用的瓊漿玉液。更重要的是，山林仙女、占卜預言者、女祭司都會以橡樹為居所或生活在橡樹旁，用暗示或警語表達橡樹預知先見的事。西非巫師作家馬里多瑪・梭梅[2]說，所有高大樹木都是睿智的，它們的一舉一動細微難察，地上地下緊密相連，而且外形豐茂而實用。橡樹如此高大、古老、俊美而穩健，尤其睿智，而橡實的小果仁濃縮了橡樹的所有智慧，像無所不知的天使在針尖上跳舞。無形之物僅需最小的空間。但它們的聲音洪亮清晰，這聲音正來自橡樹。

這聲音可能在木葉蕭蕭中聽見，或不經由外部的感官知覺而被天賦異稟的祭司所聽見，如荷馬史詩便提到希臘西北部鐸多那（Dodon）的神諭樹。因為橡樹知悉命運，人們前來祈求解惑，如：「某甲祈求宙斯明示娶妻之事，是否可行？」「某丁求問宙斯與狄歐妮（Dione），是否畜羊較適合且獲利較多？」或是祈求解答日常生活中更瑣碎的疑問：「我的布匹是某戊偷的嗎？」[3]

鐸多那以及其他地方的橡樹神論習俗中，有兩項事實切中我們的論點。第一，橡樹知道凡胎肉眼看不見的事；第二，橡樹知道的這些事可以讓某些人尤其是婦女「聽見」，由他們說出來。葛雷夫斯（Robert Graves）所著《白色女神：文學神話史人門》（*The White Goddess: A Historical Grammar of Poetic Myth*）指出，鐸多那的女祭司，以及古代高盧人的占卜者與巫師等人，為了進入神力附體的恍惚狀態，會咀嚼橡實。[4]研究鐸多那與奧林匹亞神論的帕爾克（H. W. Parke），只在書中收集神諭證據，卻不記述祭司的回答。祭司們聽到的訊息對求問者也許極為重要，但就祈問的行為而言，關鍵在於他們能「聽見」。

「橡實」的深意

橡樹是被子樹物，橡實蘊含胚胎，整棵橡樹的精髓就在裡面。從神學意義上說，橡實就是奧古斯丁所說的「種子理性」（rationes seminales）。早至斯多噶主義、諾斯替主義、以及柏拉圖主義者如斐洛，[5]一些古老的思想認為世界充滿著邏各斯的種子（spermatikoi logoi），也就是字根的種子或原初概念。先驗賦予萬物的原初形態，在創世之初早已存在；這些種子字讓萬物得以顯露各自的本性，以音聲宣說。大自然透過橡樹的聲音傾訴，這是自古以來鮮明的幻想圖像，在百年前仍是畫家作品中的主題。[6]

能被自己靈魂的原始種子喚醒而聆聽它述說，實非易事。我們該如何辨識它的聲音？它會發出什麼訊號？回答這些問題之前；我們必須曉得自己有耳聾的毛病，因為所謂的常識教我們有一句說一句、力求簡化、唯科學是尊，我們已經聽不見別的聲音了。我們的頭腦太精明冷靜，不再輕易相信，但是除了網際網路之外還有別處來的訊息，更關係著我們的生命。這訊息無法迅速便利地取得，而是隱藏在痛苦的異常事端之中；也許非得靠神靈之力才能喚醒我們去聆聽不可。

雅各布・格林[7]在《德意志神話》（*Teutonic Mythology*）中的一則北歐傳說中提到這一點：

大巨人斯克里米爾（Skrymir）想要在巨大的老橡樹下睡個覺。雷神索爾過來用錘子敲了一下他的頭，斯克里米爾醒了過來，以為是樹葉掉在他身上。他繼續睡，發出怪異的打呼聲，索爾於是更用力打他，他醒過來問說是不是橡實打在他頭上，然後又再睡著了。索爾這次打得更用力了，但是巨人從睡夢中醒過來時卻說：「一定是樹上的鳥，一定是牠們拉屎在我頭上。」[8]

橡實理論對巨人來說就是鳥屎。巨人的形象就是反應遲鈍、頭腦簡單、目光短淺，而且總在餓肚子（因為他們太空洞了嗎？）。斯克里米爾永遠不會明白神諭，他正象徵了我們的一板一眼和簡單劃一。在神話故事中，巨人身邊常會有機智的角色，比如小精靈或聰明的女僕——他們不會把橡實看成落葉或鳥屎。他們總能及時體會事物的隱喻，而巨人卻只能憑著簡單思維看到世事的最低層次，這樣他就不必離開山洞，也不需要從鼻鼾聲中醒來。

橡樹通過女性傳達神諭；而且大樹也被賦予母性象徵，因為樹總是庇護人類、給予滋養，為人提供基本的物質需求。儘管如此，橡樹和橡果卻被想像成男性。這不僅是因為在神話中橡樹是偉大的父神樹（象徵羅馬神話的朱比特，或北歐神話的多納），更因為橡實被稱作 Juglans，意即朱比特的龜頭（如此我們就從神話來到了形態學的領域）。

陰莖光滑的頭部和翻下來呈杯狀的包皮，正是橡實的形狀。在德文，Eichel 的意思是橡實，也是龜頭；法文的 gland、拉丁文的 glans、希臘文的 balanos、西班牙文的 bellota，都是同時包含兩者的意思。西元一世紀的羅馬醫生、《醫學論》（*De Medicina*）作者塞爾薩斯（Celsus），以及自然主義者如老普林尼（Gaius Plinius Secundus, 23-79）和亞里斯多德，把龜頭與橡實聯想在一起，並且把那些跟生殖力有關的儀式，連結到橡實的神話和橡樹果實的形態。

我們來到第三個層次，即詞源學的解釋。橡實（acorn）一詞跟 acre（土地）、act（動作）、agent（動力）有關。Acorn 的詞源與古高地德語中的 akern（果實、生產）最接近，指的不僅是種子，而是已經豐滿的結果。Actus（行動、動力、動因）與 acorn 相關，因而橡實應該被視為已完成的結果，而非僅僅是新樹發展階段中的開端。慣有的思維在這裡被顛倒過來。

再往前推，acorn 可追溯至梵文，後成為希臘文中的 ago、agein，再衍生成各種詞形，但基本的意思都是往前推動、引導。（荷馬史詩中，頭領被稱為 agos。）祈使語態的 age、agete 表示啟動、出發。從同一個源頭而來的，我們還有這些較為熟悉的英文字：agenda（議程），以及 agony（痛苦）——這正是「橡實」在我們的生命中的「推動」作用所帶來的經驗。9

發現橡實中蘊含如此豐富的語言寶藏，能不令人驚訝嗎？還不僅如此，希臘語中同時指龜頭和橡實的字 balanos，來自 ballos 和 bal，意思是「投擲」或「落下」，像果實從樹上掉下來，或者像是擲骰子那樣。這字也有「投身」的意思。Ballos 的「落下」或「投擲」之意，決定了你生命的事例（case），而 case 一字來也自拉丁文 caere，意思為「落下」。你經歷的事例，即是落到你身上的命運，生命中所有的事例就是命數所「投擲」出來的景緻。橡實中濃縮著命運的要素，而你的生命就是它的投射。

跟橡實 balanos 同源的，還有 ballizon 和 ballistic，前者是伸出腳的意思，後者則是發射的弧線形彈道。來到羅曼語系，就有了 ballet（芭雷舞）和 ball（舞會）等詞。詞源學上的橡實，留存著原生的美——橡實與生命共舞，讓人生盡是命運的投射，而且，它跟陰莖的頭部一樣敏感。我們從神話中、從它的形態、從它的字義，挖掘出了這一切，而且正印證了我們理論中的圖像。

傾聽靈魂的青春激情

橡實原理的傳記故事幾乎源自永恆的青春（拉丁文 puer eternus），用的語言也是超越現世的：象徵既永恆卻又脆弱的青春。[10]這故事從另一個世界來到人世時，出現在早熟兒童的身上，化身為不可抗拒的召喚，小提琴家曼紐因和影藝巨星茱蒂．嘉蘭的故事即是證明。那些年少成名，顛覆平凡，隨即化為傳奇的人物，尤其呈現永恆青春的典型：如影星詹姆斯．狄恩（James Dean）、音樂神童莫扎特、詩人濟慈、雪萊；如亞歷山大大帝（三十歲逝世）、耶穌（三十三歲逝世）；又如漢彌頓十八歲時就有美國開國元勳的架勢。爵士樂手兼作曲家查理．帕克（Charlie Parker）三十五歲辭世，搖滾樂先驅郝利（Buddy Holly）只活了二十二歲。我們每個人都能數出一長串這種人名，他們未必全是卓越傑出或駭世驚俗之人，但都曾以光芒觸及我們的生命，然後就消失不見了。

我們一般上稱這些明亮的新星為「天才」（genius）。Genius 與 puer（青春）的連結，就像橡實與陰莖的連結，都指向羅曼語系中 genius 的含義——陰莖的生殖力量；而陰莖的自發性力量也就代表了「天才」特質的一部分。[11]因此，男人覺得擁有屬於男人的直覺、意願，而且認為這些對命運都有重大影響。男人會盲目迷戀這個器官，為它的神祕舉動而賦予無形的神聖意義。對陰莖的妄想、自戀、偏執，以及超值觀念[12]（現行治療法中的用語），若放置到這樣的神話背景中，從puer的角度來理解，會帶來不一樣的視角。

與puer相關的形象，如春天與喜悅之神巴德爾（Baldur）、古巴比倫的穀神塔木茲（Tammuz）、耶穌，以及婆羅門教神祇克里希那；[13]他們把神話帶到現實世界，傳達的訊息是神祕的。這人像神話般，如此易於受傷、容易消亡，卻總在重生；這是所有想像活動中的生殖基礎。這些人物跟神話一樣看起來並不「真實」，他們感覺像非真實的存在；關於他們的故事講述的都是流血、跌落、衰退、消失。他們是來自超然世界的傳教士，從來沒有放棄為另一個世界獻身。在彩虹的那一邊。影片《天堂的孩子》（*Les Enfants du Paradis*）中，白臉小丑說：「La lune, c'est mon pays.」（月亮，是我的國度。）癲狂而孤獨、可愛而蒼白——這就是青春，戰戰兢兢且必定性慾旺盛地以陰莖龜頭接觸大地，希求大地的接納。

心智狀態（state of mind）的轉換，激勵出青春的幻想，點燃反叛的火把，推動著轉變國家的心智（mind of the state）。來自彼世界的感召，要將此世界顛倒過來，讓此世界更靠近月亮一些，那裡有瘋狂、有愛、有詩。如一九六〇至七〇年代美國加州反文化運動的口號「花的力量」（Flower power）；如一九六九年那三天的胡士托（Woodstock）音樂節；如一九六八年法國學運的哭喊「權力歸於想像」（Imagination au pouvoir）。這裡沒有漸進主義、沒有妥協，因為永恆不管時間，而啟示與願景本身就是結果。後來呢？不朽倒向死亡，發生了肯特州立大學（Kent State University）槍擊事件，[14]然後世界迎來了嬰兒潮，商業世界崛起。「黃金歲月的少年少女們，一如掃煙囪者，終將化土化塵。」而馬諾列特正在沙地上流血。

原型形象不僅觸及生命史，理論也有其原型風格。在「青春」影響下，任何理論都衝勁十足，都是對非凡的索求、對唯美的炫耀。這真理永恆而無垠，無需費任何力氣證明。青春將在此起舞、盡情想像、挑戰成規。受「青春」感召的理論將在現實中跛行，面對所謂現實的質問時即灰飛煙滅。提出質問的是「青春」的宿敵——那灰臉國王帶著蒼老又頑固的鼻子、頑固的屁股，舉著高壓手段；他要的是統計、是例證、是研究，他不懂圖像、願景和故事。

這彷如星座圖，你認識、理解了它們，如果影響你的見聞、你的反應，你也就找到了自己在原型地圖上的位置——在某個時刻，你沉迷於革命理想，或許在另一個時刻卻覺得這一切根本是胡扯。

這一類自我反思屬於心理學的方法。跟別人看他們的方式不一樣，原型的心理學看待這些概念時總離不開他們自身那些神話似的假設，他們帶著那些假設開始祈問；而這裡要祈問的是橡實的神話。理論不是在腦中編造，也不單從數據而來；理論其實是思維概念的世界裡上演的一齣神話，劇情在範式變遷的爭論中鋪陳下去。

橡實的國度

談過了「青春」，我們回來談橡實。淵博多產的古代醫學作者蓋倫（Galen, 129-216）在作品中證實，古人確實相信橡實是原始的食物，你從你自己的內核獲得滋養——這聽起來猶如神話。感召是你心靈最早的養分。蓋倫說，希臘人學會種植穀物之後，阿卡迪亞人仍然食用橡實。這也就是說，得到自然之母的文明教養以前，人的生命先有了橡實的支持。代表自然之母的，是掌管農業、穀物和母性之愛的女神狄蜜特（Demeter）以及掌管豐收、農林的女神刻瑞斯（Ceres），她們滋養著人類農耕與文明，世間的穀物以她們的名字命名。橡實是在文明教養之前，大自然所給予的，那是來自神祕又純潔的自然，無從知曉、無從把握。據社會人類學家與神話學家詹姆斯．弗雷澤爵士（Sir James George Frazer, 1854-1941）的說法，橡實屬於月亮女神阿耳忒彌斯（Artemis）的國度，她掌管著小孩的誕生。

來到現代的法國和英國，橡實的國度阿卡迪亞（Arcadia）[15]成了原初自然的意象風景，就像伊甸園或天堂，無拘無束的自然靈魂在那裡與大自然共生。心理治療把阿卡迪亞移植到童年，在那裡自然地生活、食用橡食——心理治療為內在的小孩施洗。取代那滿是動物、蛇蟲、罪與知識的伊甸園，或是把吃橡實的阿卡迪亞人取代成受盡虐待且被理想化的內在小孩，這舉動本身即是虐待。在無神論者眼裡，你並沒有「回到童年」，你也沒有為了回到自由自在的田園生活而神化純真；你該去的是阿卡迪亞，在那一片想像的疆土，我們受守護天使的眷顧。

橡實果仁的滋味

存在橡實之中的，不但有即將活出來的完整人生，也有不得實現的遺憾挫折。橡實曉得一切是怎麼回事，它竭力催促慫恿，卻是於事無補。種源與樹木之間的差異，天界女神手中的紡錘與凡界家人之間的交流不一，使得橡實充滿了無能為力的忿怒，與可愛而不可及的遺憾。橡實因為不能照著它的想像做，而氣得如滿臉通紅的孩子。

橡實硬殼裡面的果仁雖然能滋養生命，卻也是苦澀的。它原本又澀又酸，會縮得又硬又頑固。所以，食用橡實之前，必須經過浸泡、濾洗、煮燙等軟化過程，才能研磨成可食的粉狀。食用說明上寫得很清楚：「苦味消失時便確知已可食用。」美麗的「永恆青春」也有令人懼怕的苦味，甚至是有毒的。看早夭的巴基亞（Jean-Michel Basquiat）的畫作，聽乍然亡逝韓屈克斯（Jimmy Hendrix）、喬卜林（Janis Joplin）的搖滾音樂，都有這種苦澀，這種等不及長成橡樹的自殺絕望。橡實原理也躲不了這陰影，它帶給生命不凡的鼓舞——想像空間、美感、命運走向，卻有些令人難以下嚥。

生命不只是一個自然過程，它也是個奧祕，而且奧祕的成分還多於自然。如果假設人的靈魂生命只遵從進化論或遺傳學所說的自然定律，乃是將生命暗藏的意義與自然界作類比，是犯了「自然主義謬誤」。人類不時企圖破解靈魂的結構密碼，想要一窺它的本質。假如它的本質既不順乎自然又不合乎人情；假如我們尋找的不但不是我們預期的那麼回事，而且在我們尋找的範疇之外，又該如何呢？即便有召喚在示意我們去尋它，卻又無處可尋。這時候，與其去尋找召喚的來處，不如直接聽從召喚為上策。

事物隱而不見的一面，拉丁文稱之為隱蔽之神（deus absconditus），只能用喻義、象徵、弔詭的謎語來闡述，如同埋在群山之中的珍貴寶石，如可能燎原的星星之火。按這古老的說法，最重要的必是最不明顯的。橡實便屬於此種隱喻。

橡實隱喻「小」的意思，代蒙和靈魂亦然。它們甚至比「小」還要小，因為它們根本是看不見的。靈魂不是可以衡量的實體，不是物質，不是一種力——雖然我們在受它的力量的召喚。因此，代蒙的本質和靈魂的結構密碼不是有形方法所能涵蓋的，它只好在好奇的念頭、熱忱的感情、暗示的直覺、大膽的想像之中。

橡實原理的主旨是要啟發、要突破，也要激起另一種濃烈情感：教你善待自己的人生故事，好好想像你的生命。因為，你會如何教養子女，用什麼心態面對青春期的困擾，怎樣與人共處、適應老年、接受死亡，端看你用什麼方式設想自己的生命。這個設想方式的影響所及，包括如何實施教育、進行心理治療、撰寫傳記故事，以及如何做一個社會人。

註釋 NOTES

1 原註1：Alexander Porteous, *Forest Folklore, Mythology, and Romance* (London: George Allen and Unwin, 1928); Dr. Aigremont, *Volkserotik und Pflanzenwelt* (Halle: Germany: Gebr. Tensinger, n.d.); Angelo de Gubernatis, *La Mythologie des plantes*, vol. 2 (Paris: C. Reinwald, 1878), 68-69.

2 編註：馬里多瑪・梭梅（Malidoma Patrice Somé, 1956-），來自來自西非布吉那法索（Burkina Faso）的達格拉（Dagara）部落，是一位學者、巫師及出色的占卜師，也是一位了不起的老師、傳教士與治療師；在他的母語裡，馬里多瑪的意思是「與陌生人或敵人交友的人」。他透過達格拉人的傳統醫療行為，引領西方讀者進入諸般儀式，以非洲原住民文化和它的智慧為現代文明的日常生活灌注意義。

3 原註2：H. W. Parke, *The Oracles of Zeus: Dodona, Olympia, Ammon* (Oxford: Basil Blackwell, 1967), 265-273.

4 原註3：Robert Graves, *The White Goddess: A Historical Grammar of Poetic Myth* (London: Faber and Faber, 1948), 386.

5 編註：裴洛（Philo Judeaus, c. 25 BCE – c. 50 CE）生於亞歷山大城的猶太哲學家和政治家，他嘗試結合宗教信仰與哲學理性，故在哲學史和宗教史上有獨特地位，更被視為希臘化時期猶太教哲學的代表人物和基督宗教神學的先驅。他主張以「寓意法」解讀《聖經》，對諾斯替宗教亦有很大的影響。

6 原註4：有關樹在當代美國的說法，見Michael Perlman, *The Power of Trees: The Reforesting of the Soul* (Dallas: Spring

Publications, 1994)：有關語言與場景的關係，見David Abram, *The Spell of the Sensuous: Perception and Language in a More-than-Human World* (New York: Pantheon, 1996)。

7 編註：雅各布．格林（Jacob Grimm, 1785-1863），德國法學家、作家，和弟弟威廉．格林（Wilhelm Grimm, 1786-1859）共同創作《格林童話》，以格林兄弟之名廣為人所知。

8 原註5：Jacob Grimm, *Teutonic Mythology*, 4th ed., trans. James S. Stallybrass (London: George Bell, 1882-1888).

9 原註6：有關詞語翻譯的引用，出自：Julius Pokorny, *Indogermanisches etymologisches Wörterbuch* (Bern: Francke Verlag, 1959)：Pierre Chantraine, *Dictionnaire étymologique de la langue grecque* (Paris: Klincksieck, 1968)：Henry George Liddell and Robert Scott, *A Greek-English Lexicon*, 7th ed. (Oxford: Clarendon Press, 1890)：*Oxford Latin Dictionary*, P.G.W. Glare, ed. (Oxford: Clarendon Press, 1982)：*The New Oxford English Dictionary*, corrected ed., Leslie Brown, ed. (Oxford: Clarendon Press, 1993)。

10 原註7：James Hillman, ed., *Puer Papers* (Dallas: Spring Publications, 1980).

11 原註8：Jane Chance Nitzsche, *The Genius Figure in Antiquity and the Middle Ages* (New York: Columbia Univ. Press, 1975), 7-12.

12 編註：超值觀念（overvalued idea），是指由某種強烈情緒加強的，在意識中占主導地位的個人信念。超值觀念並不一定是錯誤觀念，只是某些觀念帶有明顯的荒謬色彩。錯誤的超值觀念是思維內容障礙之一，多見於人格障礙和心因性精神障礙患者；思維內容障礙，主要表現為思維內容的荒誕、妄想和錯誤的強迫觀念。

13 編註：克里希那（Krishna），字面意為「黑天」，通常被認為是毘濕奴神的第八個化身。在《摩訶婆羅多》中，他是般度人首領阿朱那（Arjuna）的御者和謀士、足智多謀的英雄；在《薄伽梵歌》中被稱為「最高的宇宙精神」。克里希那的形象經常出現在印度的民間文學、繪畫、音樂等藝術中。

14 編註：一九七〇年，美國數百所大學串連大罷課，抗議美軍入侵柬埔寨，五月四日，俄亥俄州肯特城肯特州立大學的抗議者被鎮壓，警衛隊在十三秒內向學生射出六十七發子彈，造成四名學生死亡，九名學生受傷，其中一人終生殘廢。

15 編註：阿卡迪亞位於伯羅奔尼撒半島，因為與世隔絕而過著牧歌式生活。古希臘和古羅馬的田園詩將其描繪成世外桃源。

延伸閱讀

- 《靈性之旅：追尋失落的靈魂》（2015），莫瑞・史丹（Murray Stein），心靈工坊。
- 《神話的力量》（2015），喬瑟夫・坎伯（Joseph Campbell），立緒。
- 《作為中介的敘事：保羅・利科敘事理論研究》（2013），劉惠明，世界圖書。
- 《人及其象徵：榮格思想精華》（2013），卡爾・榮格（Carl G. Jung），立緒。
- 《轉化之旅：自性的追尋》（2012），莫瑞・史丹（Murray Stein），心靈工坊。
- 《榮格人格類型》（2012），達瑞爾・夏普（Daryl Sharp），心靈工坊。
- 《榮格心理治療》（2011），瑪麗─路薏絲・馮・法蘭茲（Marie-Louise von Franz），心靈工坊。
- 《榮格心靈地圖》（2009），莫瑞・史丹（Murray Stein），立緒。
- 《人的形象和神的形象》（2007），卡爾・榮格（C.G.Jung），基礎文化。
- 《榮格學派的歷史》（2007），湯瑪士・克許（Thomas B. Kirsch），心靈工坊。
- 《空間詩學》（2003），加斯東・巴謝拉（Gaston Bachelard），張老師文化。

・《諾斯替宗教：異鄉神的信息與基督教的開端》（2003），約納斯（Hans Jonas），道風書社。

・《詮釋現象心理學》（2001），余德慧，心靈工坊。

・《千禧之兆：天使・夢境・復活・靈知》（2000），哈洛・卜倫（Harold Bloom），立緒。

・《內在英雄：六種生活的原型》（2000），卡蘿・皮爾森（Carol S. Pearson），立緒。

・《靈魂筆記》（1998），Phil Cousineau編，立緒。

心靈工坊 PsyGarden
Holistic 099

靈魂密碼：活出個人天賦，實現生命藍圖

The Soul's Code: In Search of Character and Calling

作者—詹姆斯・希爾曼（James Hillman）

譯者—薛絢

出版者—心靈工坊文化事業股份有限公司
發行人—王浩威　總編輯—徐嘉俊
責任編輯—徐嘉俊　特約編輯—陳民傑　內文排版—李宜芝
通訊地址—10684台北市大安區信義路四段53巷8號2樓
郵政劃撥—19546215　戶名—心靈工坊文化事業股份有限公司
電話—02）2702-9186　傳真—02）2702-9286
Email—service@psygarden.com.tw　網址—www.psygarden.com.tw

製版・印刷—中茂製版分色印刷事業股份有限公司
總經銷—大和書報圖書股份有限公司
電話—02）8990-2588　傳真—02）2290-1658
通訊地址—248新北市新莊區五工五路二號
初版一刷—2015年11月　初版二刷—2022年2月
ISBN—978-986-357-045-5　定價— 450元

國家圖書館出版品預行編目資料

靈魂密碼：活出個人天賦,實現生命藍圖 / 詹姆斯.希爾曼(James Hillman)著；薛絢譯. -- 初版. –
臺北市：心靈工坊文化, 2015.11　面；　公分

譯自：The soul's code : in search of character and calling

ISBN 978-986-357-045-5(平裝)

1.個性心理學　2.命運

173.7　　104021090

心靈工坊 PsyGarden 書香家族 讀友卡

感謝您購買心靈工坊的叢書，爲了加強對您的服務，請您詳填本卡，
直接投入郵筒（免貼郵票）或傳眞，我們會珍視您的意見，
並提供您最新的活動訊息，共同以書會友，追求身心靈的創意與成長。

書系編號－HO099　　書名－靈魂密碼：活出個人天賦，實現生命藍圖

姓名　　是否已加入書香家族？ □是 □現在加入

電話（公司）　　（住家）　　手機

E-mail　　生日　　年　　月　　日

地址 □□□

服務機構／就讀學校　　職稱

您的性別－□1.女 □2.男 □3.其他

婚姻狀況－□1.未婚 □2.已婚 □3.離婚 □4.不婚 □5.同志 □6.喪偶 □7.分居

請問您如何得知這本書？
□1.書店 □2.報章雜誌 □3.廣播電視 □4.親友推介 □5.心靈工坊書訊
□6.廣告DM □7.心靈工坊網站 □8.其他網路媒體 □9.其他

您購買本書的方式？
□1.書店 □2.劃撥郵購 □3.團體訂購 □4.網路訂購 □5.其他

您對本書的意見？

封面設計	□ 1.須再改進	□ 2.尚可	□ 3.滿意	□ 4.非常滿意
版面編排	□ 1.須再改進	□ 2.尚可	□ 3.滿意	□ 4.非常滿意
內容	□ 1.須再改進	□ 2.尚可	□ 3.滿意	□ 4.非常滿意
文筆／翻譯	□ 1.須再改進	□ 2.尚可	□ 3.滿意	□ 4.非常滿意
價格	□ 1.須再改進	□ 2.尚可	□ 3.滿意	□ 4.非常滿意

您對我們有何建議？

□ 本人＿＿＿＿＿＿＿（請簽名）同意提供真實姓名/E-mail/地址/電話/年齡/等資料，以作為心靈工坊聯絡/寄貨/加入會員/行銷/會員折扣/等用途，詳細內容請參閱：http://shop.psygarden.com.tw/member_register.asp。